BRETT UND STEIN
VERLAG

GUNNAR DICKFELD

SCHWARZ AM ZUG

DAS GO-ÜBUNGSBUCH

10 KYU – 5 KYU

BRETT UND STEIN
VERLAG

In dieser Reihe sind bisher erschienen:
Schwarz am Zug. 30 Kyu – 25 Kyu.
Schwarz am Zug. 25 Kyu – 20 Kyu.
Schwarz am Zug. 20 Kyu – 15 Kyu.
Schwarz am Zug. 15 Kyu – 10 Kyu.

Bibliografische Information der Deutschen Nationalbibliothek
Die Deutsche Nationalbibliothek verzeichnet diese Publikation in der Deutschen Nationalbibliografie; detaillierte bibliografische Daten sind im Internet über http://dnb.dnb.de abrufbar.

ISBN 978-3-940563-35-4

Umschlaggestaltung: HAMMERGEIGEROT
Druck: Books on Demand GmbH, Norderstedt

Die Diagramme in diesem Buch wurden erstellt mit SmartGo™: https://www.smartgo.com/de

Printed in Germany

Vorwort

Das asiatische Strategiespiel Go fasziniert und begeistert die Menschen seit rund viertausend Jahren. Es wird als nützliches Instrument zur Entwicklung des kreativen Denkens angesehen.

Dieses Übungsbuch richtet sich an Spieler, die diese Faszination nicht mehr loslässt und sich nun mit Ehrgeiz mehr Verständnis des Spiels erarbeiten wollen. Der Schwierigkeitsgrad der Aufgaben liegt somit jenseits eines Einsteigers – hier beginnt das Training.

Daher wird mit Ausnahme des ersten Kapitels bei allen Übungen auf eine Hilfestellung in Form eines Aufgabentextes verzichtet. Der Name des Buches ist Programm: Schwarz ist jeweils am Zug und gefordert, die beste Lösung zu finden. Das Buch enthält anspruchsvolle Aufgaben aus allen grundlegenden Bereichen: Eröffnung, Mittelspiel, Tesuji, Leben und Tod, Endspiel. Abgerundet wird es durch drei spezielle Abschnitte, die den Themen Form, Lesen und Ko gewidmet sind.

Innerhalb eines jeden Abschnitts variieren die Aufgaben von leicht bis knifflig. Verzagen Sie nicht, wenn Sie die eine oder andere Übung nicht oder nicht gleich lösen können. Dies ist so gewollt, denn die gleiche Übung mag für den einen kinderleicht und für den anderen etwas schwieriger sein. Jeder Go-Spieler entwickelt sich und seine Stärken anders. Kommen Sie wirklich einmal nicht weiter, dann überspringen Sie die Übung und lassen Sie das Problem in Ihrem Hinterkopf „reifen". Gönnen Sie sich später einen zweiten Durchgang, zur Wiederholung und Vertiefung der gelösten Aufgaben und für einen zweiten Anlauf der noch ungelösten!

Bis auf einige Ausnahmen enthält jedes Diagramm zwei Übungen, eine oben und eine unten, die stets unabhängig voneinander zu betrachten sind.

Viel Erfolg und Vergnügen!

Gunnar Dickfeld

Inhalt

Eröffnung

In der Eröffnung ist die Auswahl an Punkten riesig. Es wird Ihnen einfacher gemacht, indem Sie zwei Punkte zur Auswahl bekommen. Schwarz ist stets am Zug. Begründen Sie Ihre Entscheidung.

Invasion auf A oder Ausbau des Moyo?

1

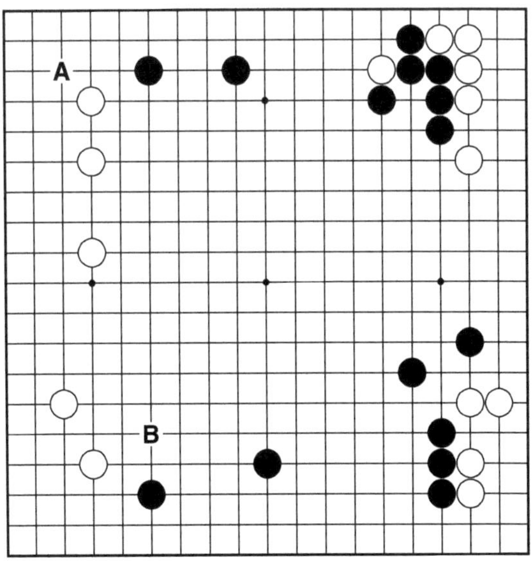

Die Eckannäherung A oder die Ausdehnung B am Rand?

2

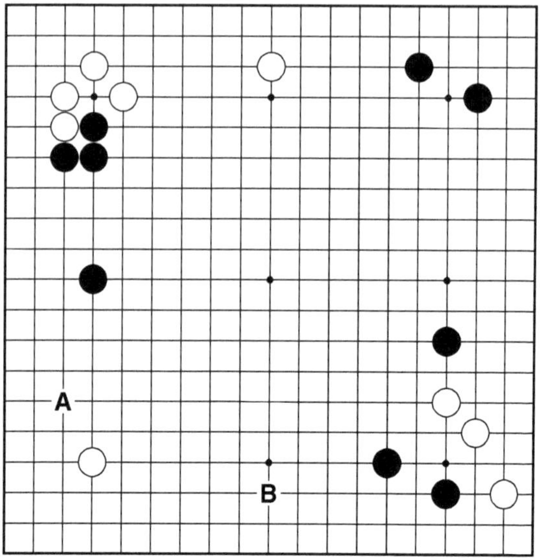

Der Kontaktzug A oder mit B den Rand schützen?

3

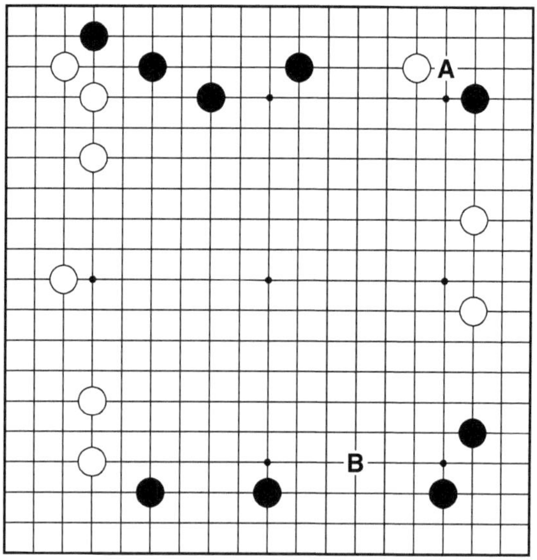

Schneiden, aber links oder rechts?

4

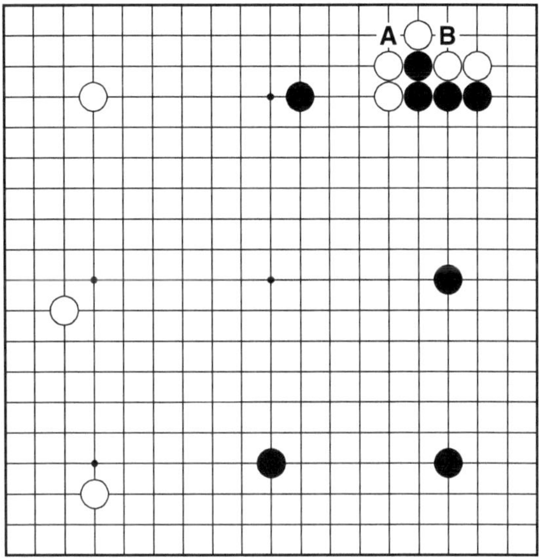

Das Kosumi A oder der Ein-Punkt-Sprung B?

5

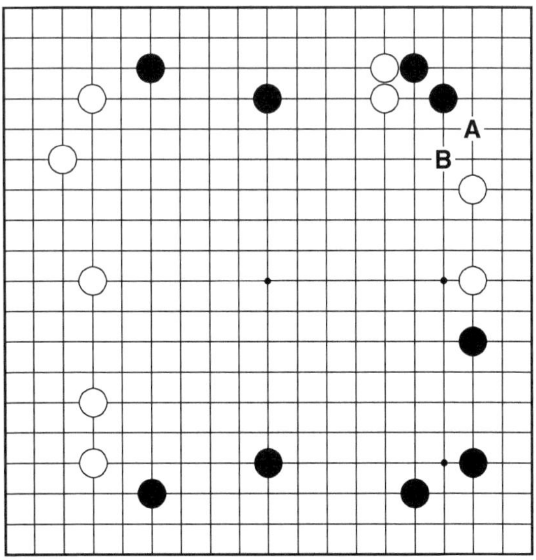

Die Ecke mit A schützen oder das Moyo auf B ausbauen?

6

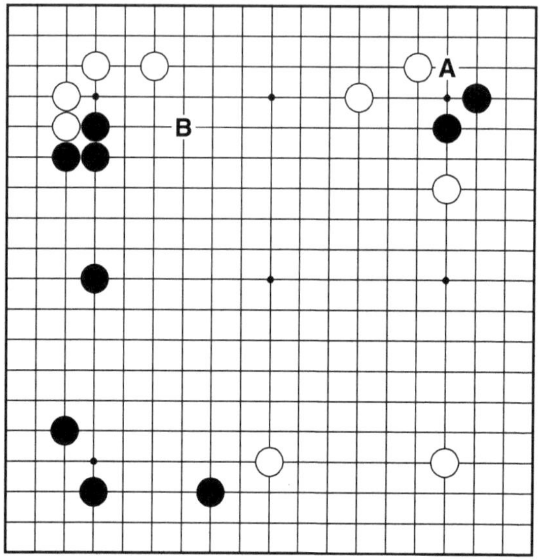

Die Ausdehnung A oder das tiefe Gleiten auf B?

7

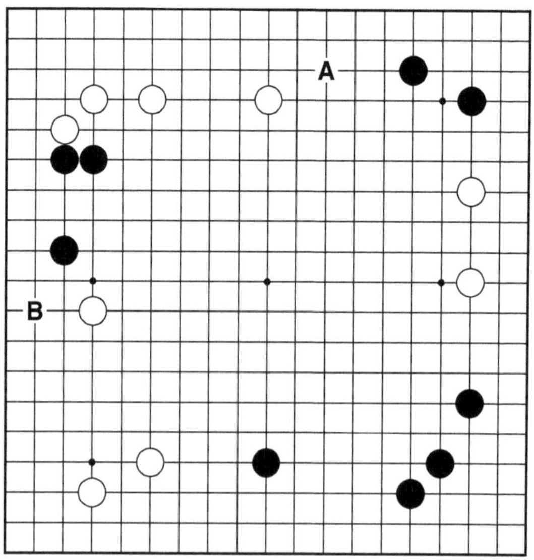

Eine Ausdehnung vom Rand oder von der Ecke?

8

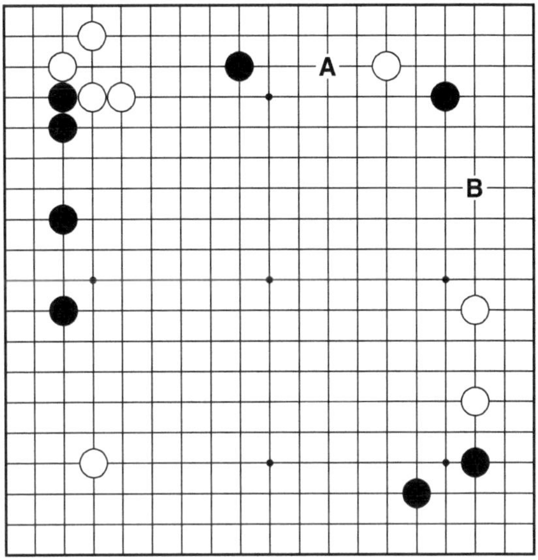

Mit A eng klemmen oder einfach nur auf B ausdehnen?

9

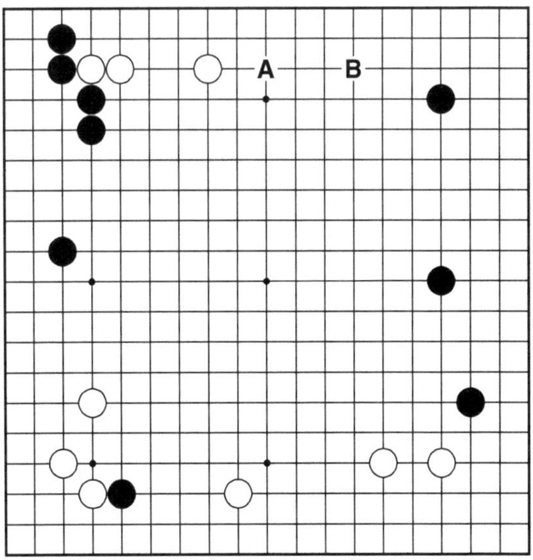

Oben den Rand ausspielen oder links den Rand aufbrechen?

10

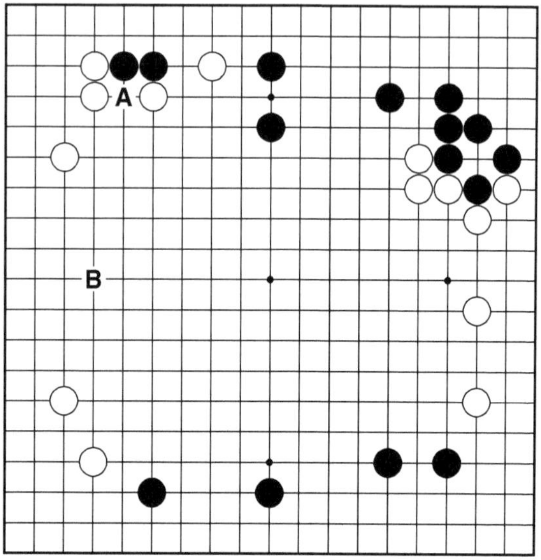

Druck mit A oder ruhig auf B?

11

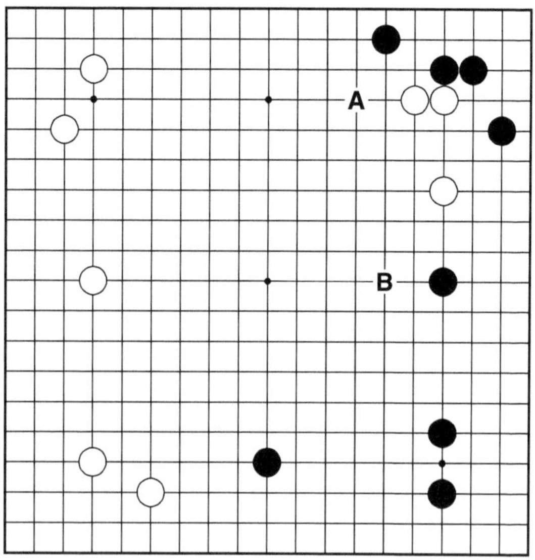

Auf A verteidigen oder mit B angreifen?

12

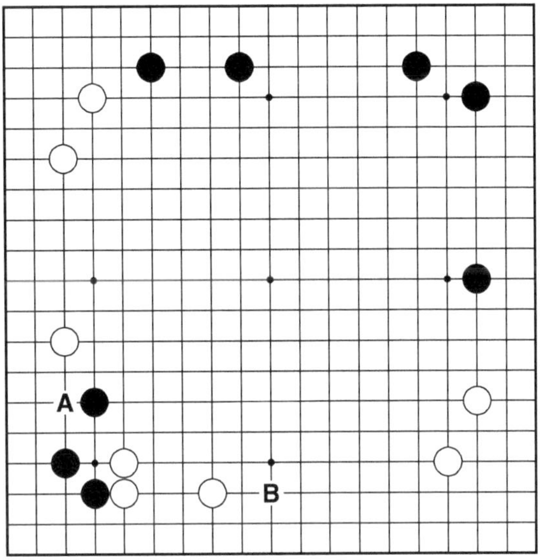

Auf der dritten Linie strecken oder groß ausdehnen?

13

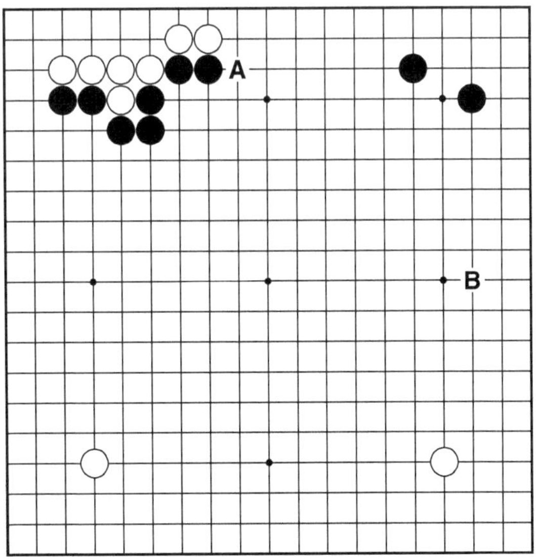

Das Moyo stärken, aber wie?

14

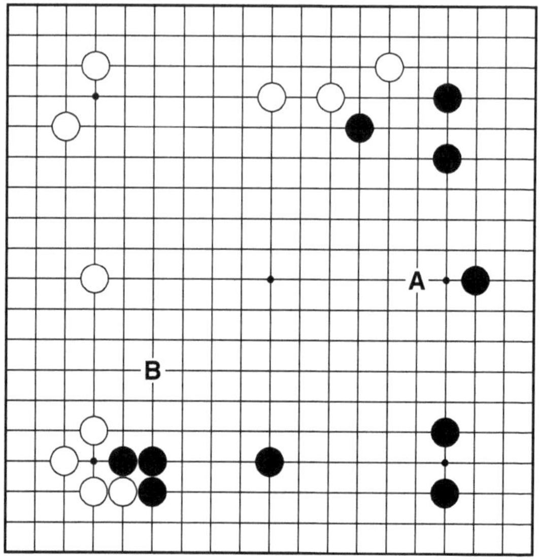

Das Moyo mit A ausbauen oder auf B Gebiet machen?

15

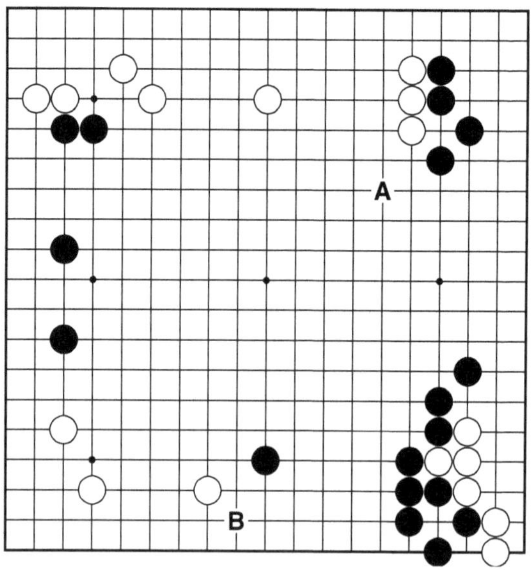

Die Ecke mit A schützen oder auf B in die Ecke gleiten?

16

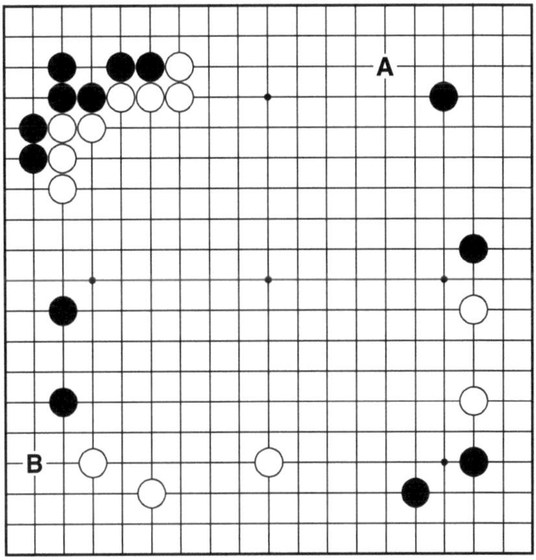

Das Moyo mit A stärken oder auf B Punkte sichern?

17

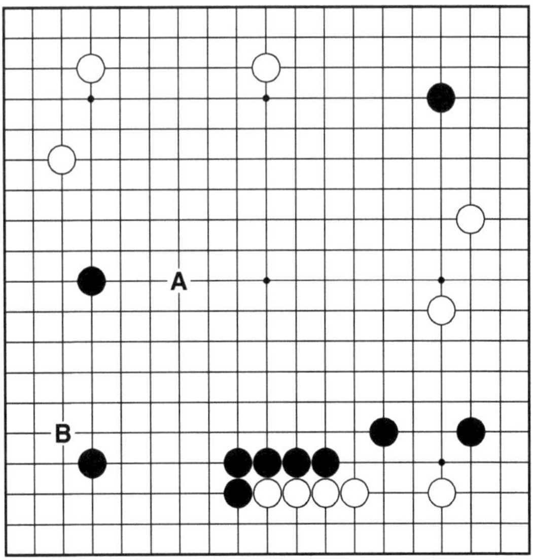

Auf A ausdehnen oder mit B umbiegen?

18

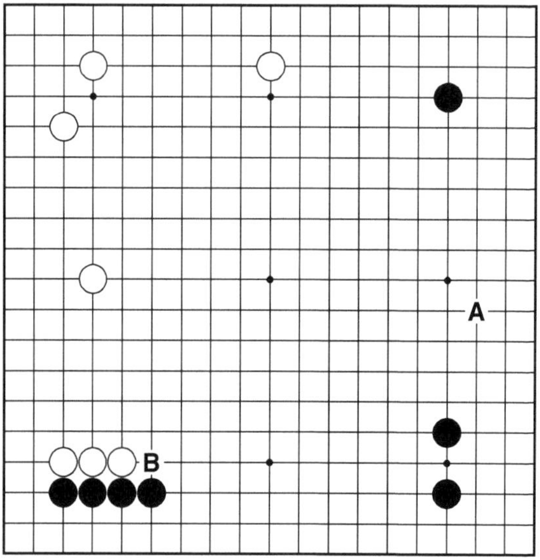

Invadieren auf A oder Ausdehnen auf B?

19

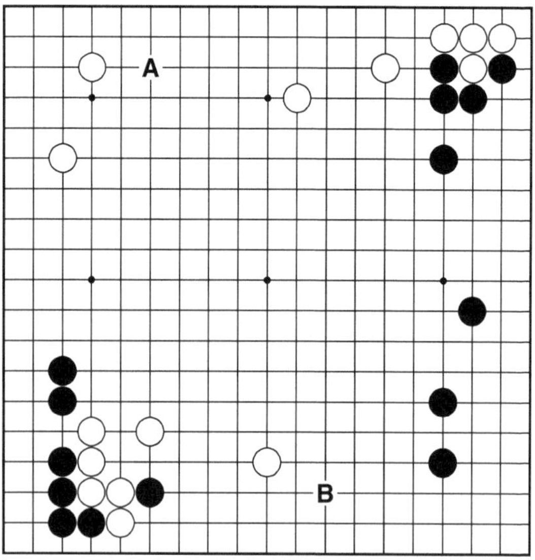

Eine Ausdehnung von der Ecke, aber welche?

20

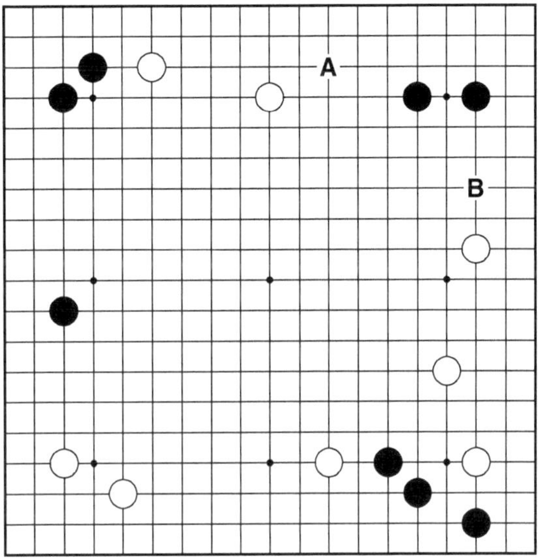

Ein Sprung ins Zentrum oder am Rand ausdehnen?

21

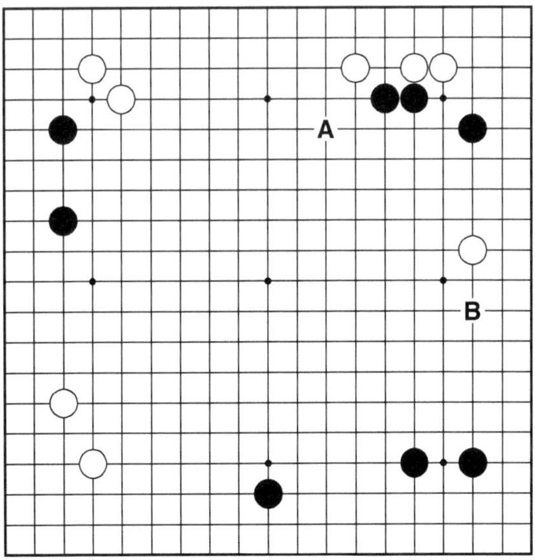

Einen Rand schützen, aber welchen?

22

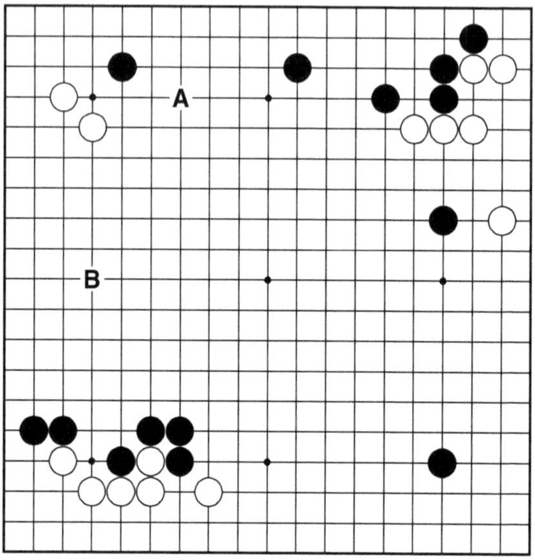

Die Ecke mit A nehmen oder am Rand auf B klemmen?

23

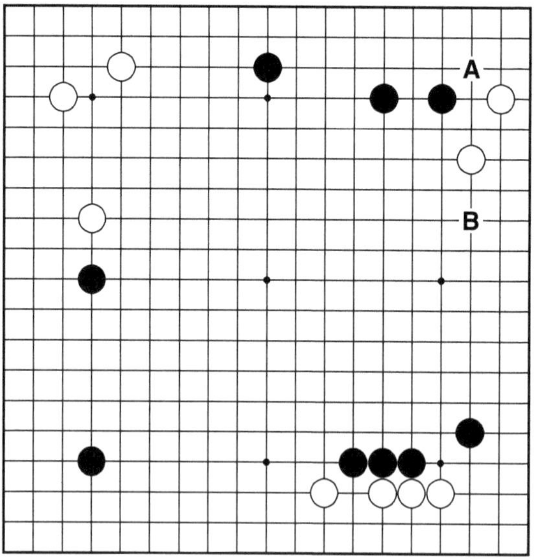

Form

Ein starkes Go-Spiel zeichnet sich durch die Beachtung guter und schlechter Form aus. In diesem Kapitel trainieren Sie Ihr Formgefühl.

Schwarz ist jeweils am Zug.

24

25

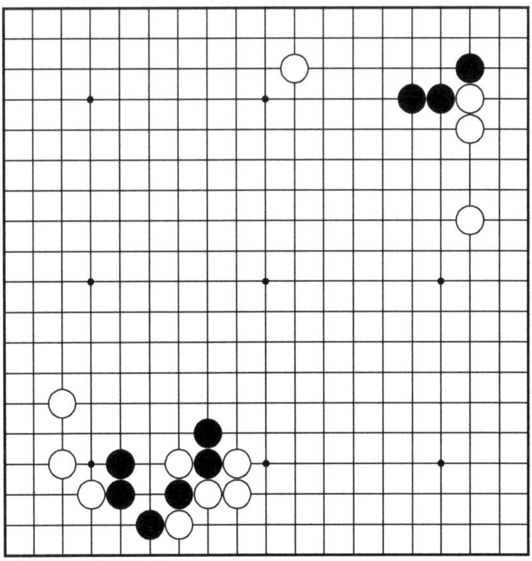

26

27

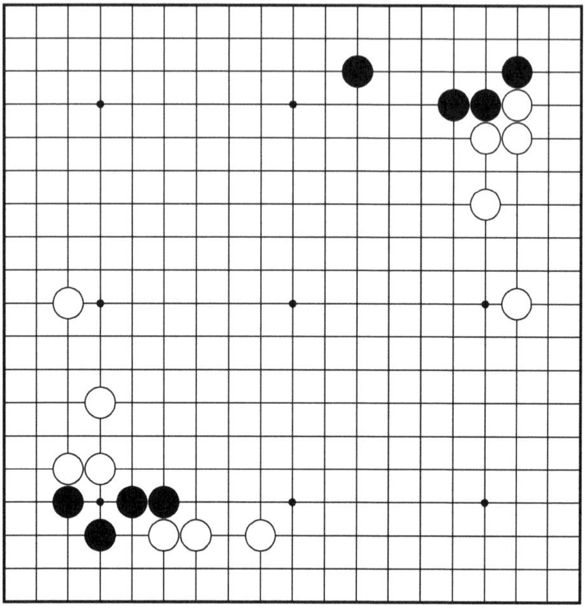

28

29

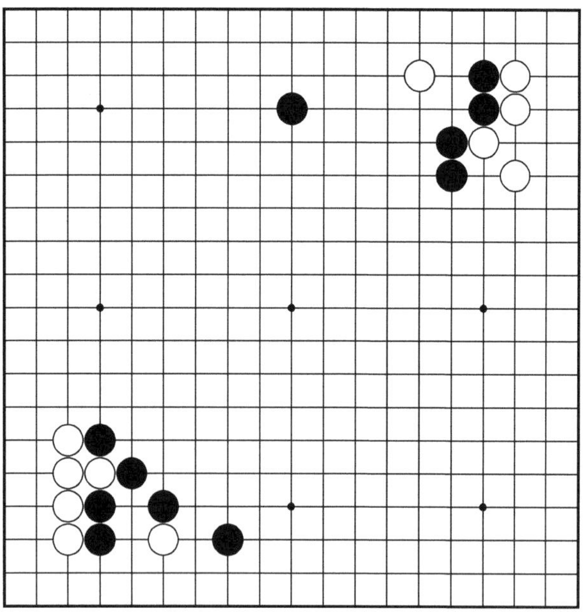

30

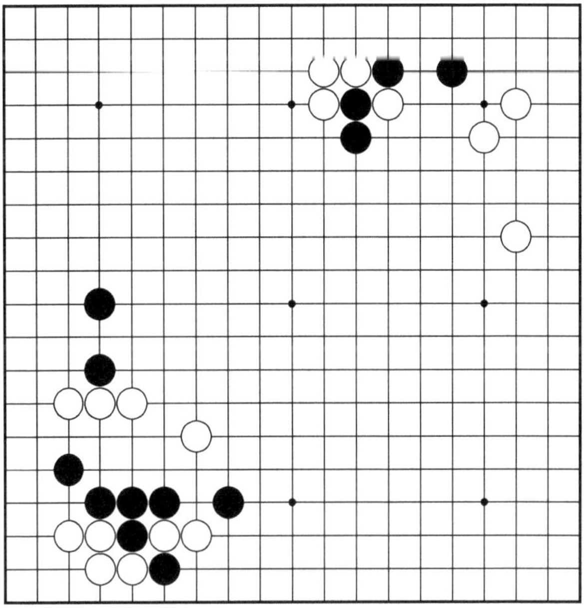

31

32

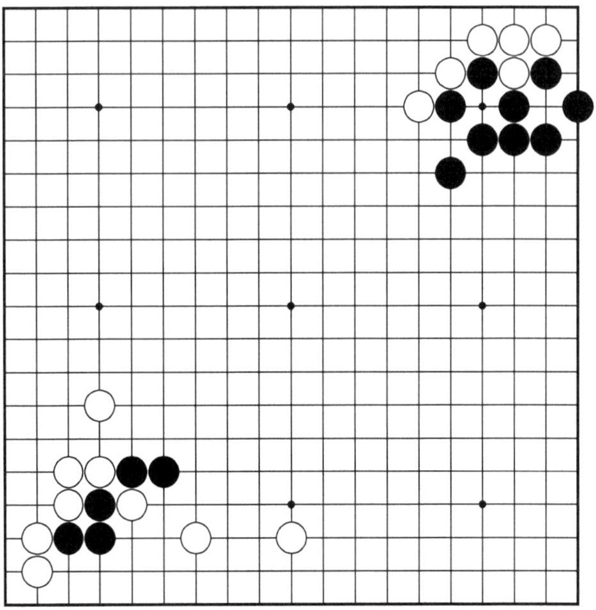

33

34

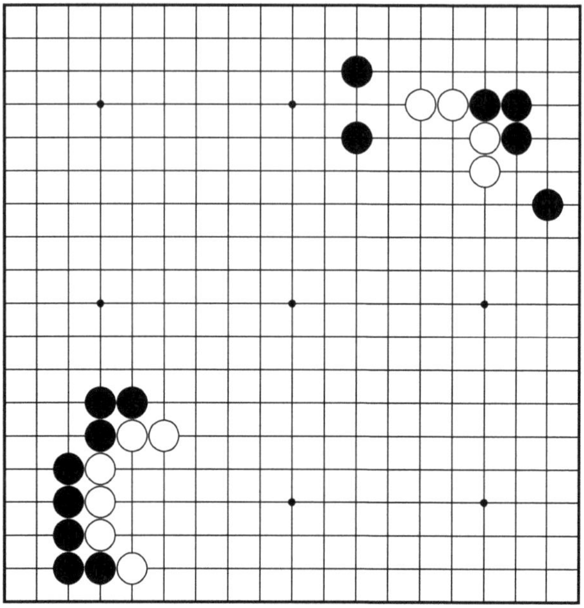

35

36

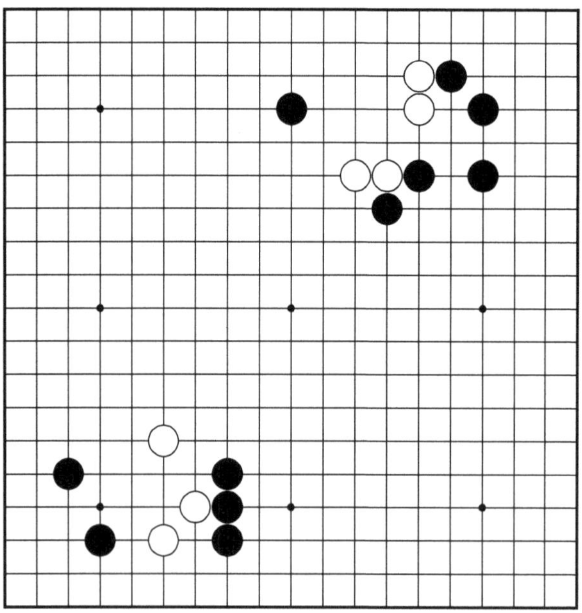

37

38

39

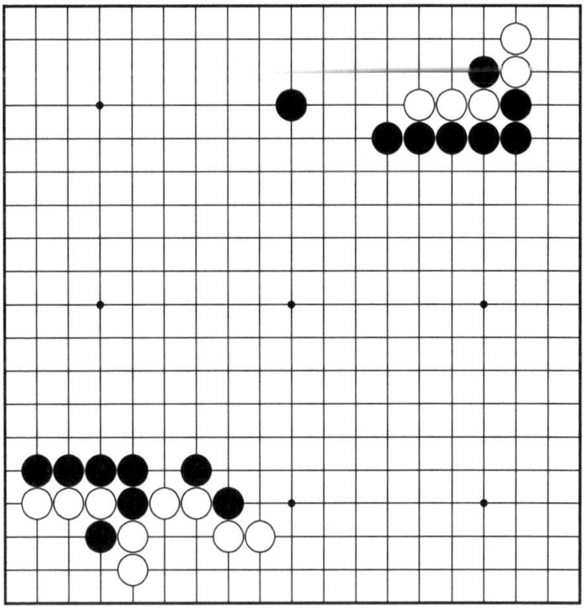

40

41

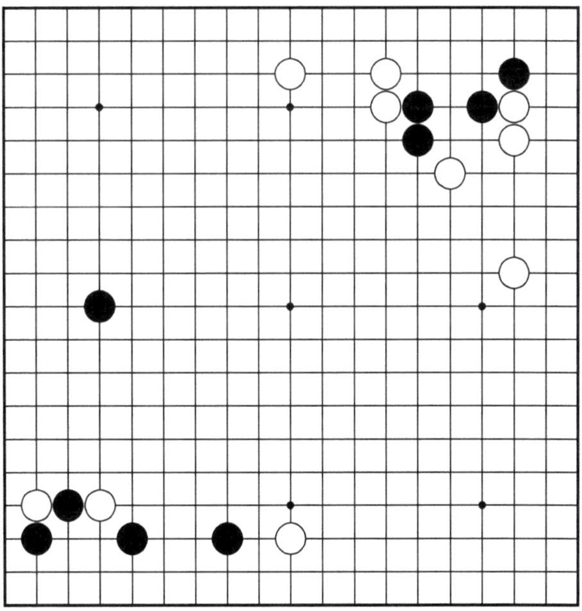

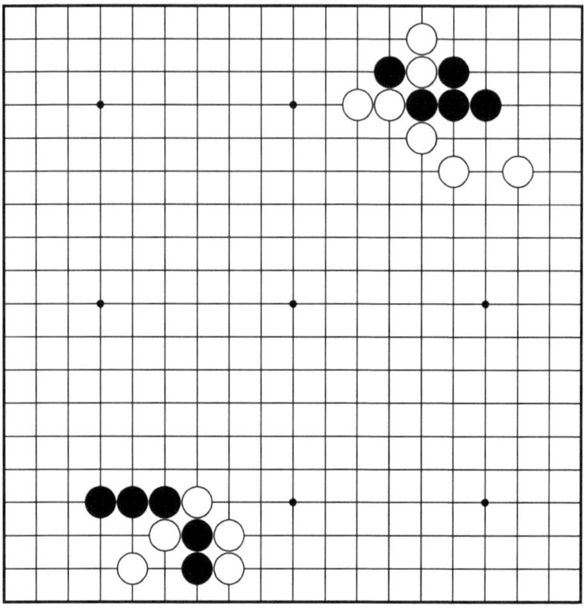

42

43

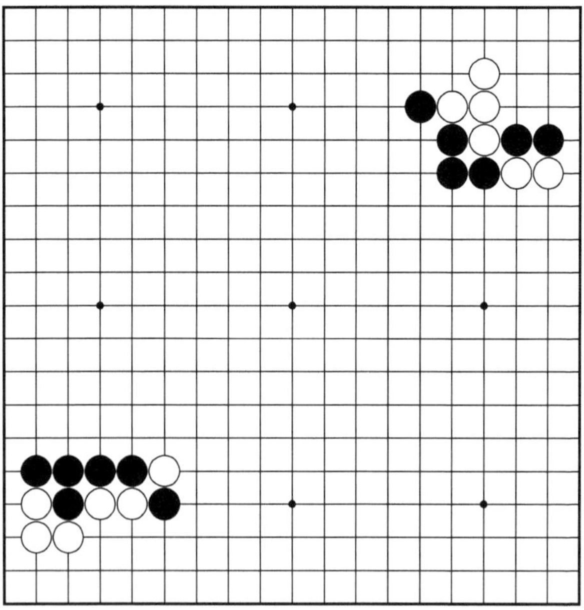

44

45

46

47

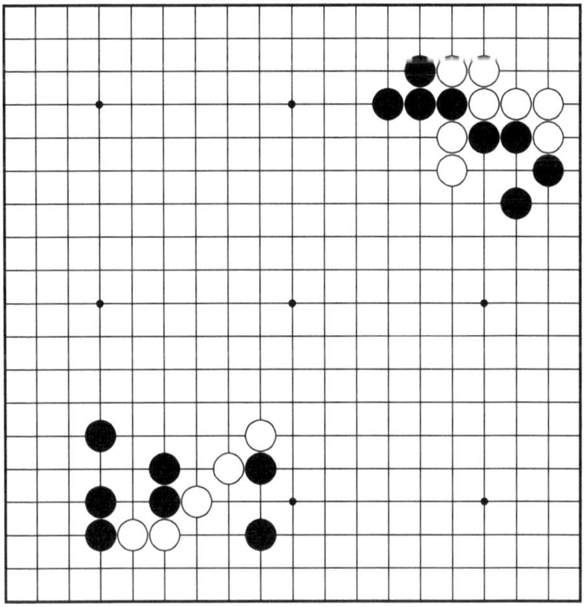

48

49

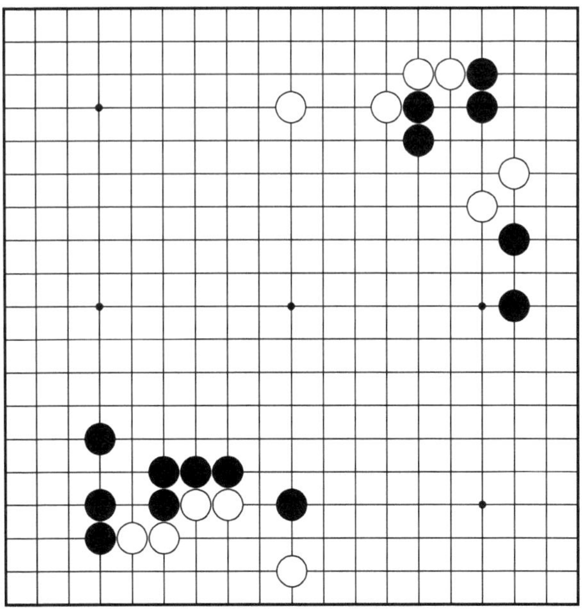

50

51

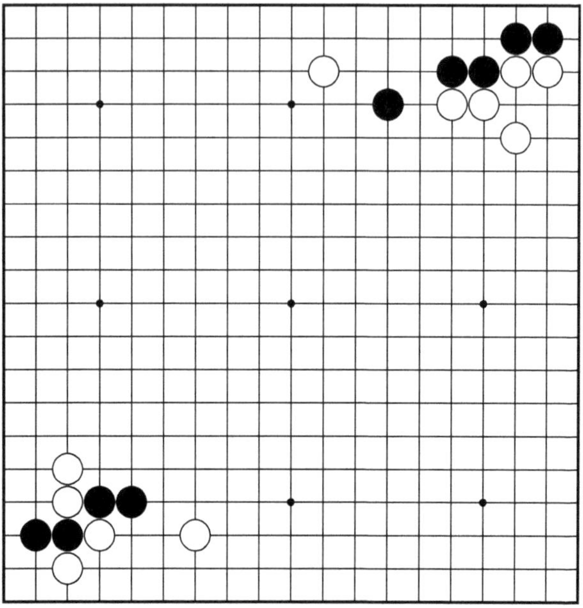

52

53

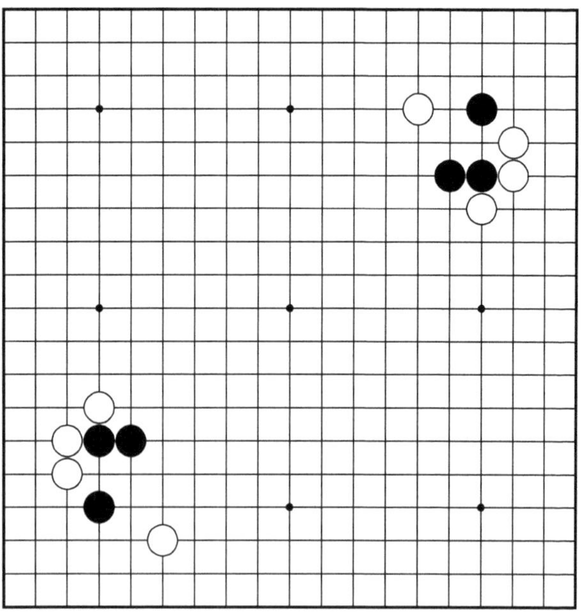

54

55

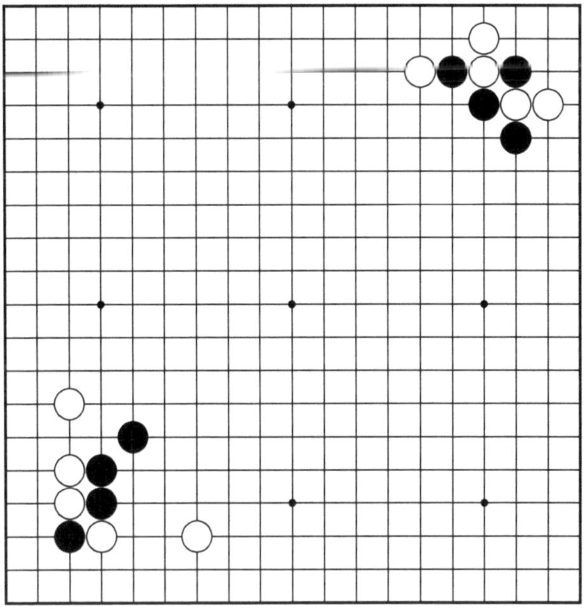

56

57

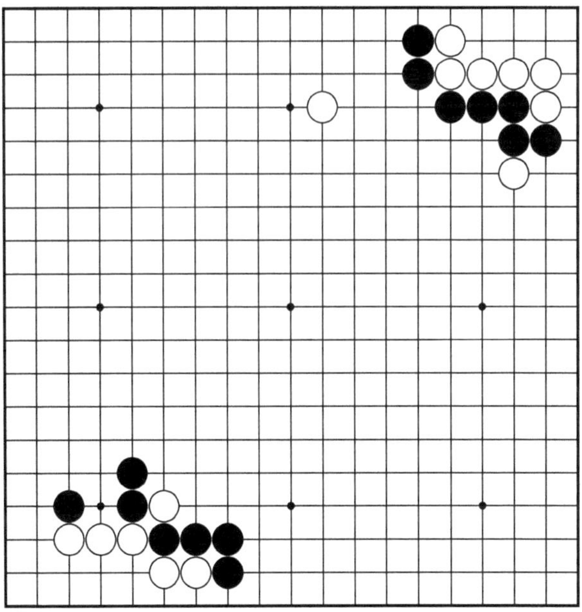

58

59

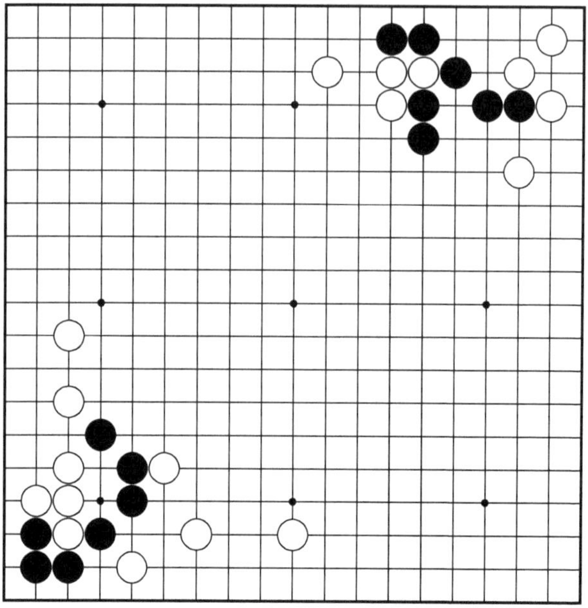

60

61

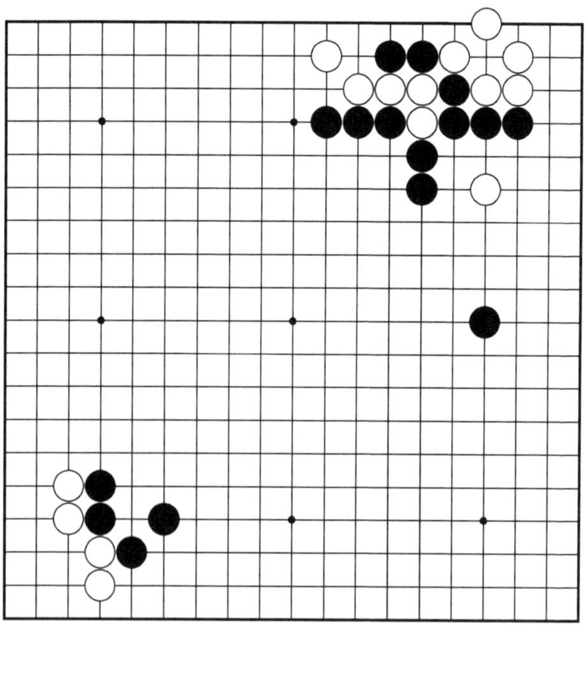

Tesuji

Tesuji sind das A und O des Kampfes. Einige springen ins Auge, andere muss man erst suchen. Viel Erfolg.

62

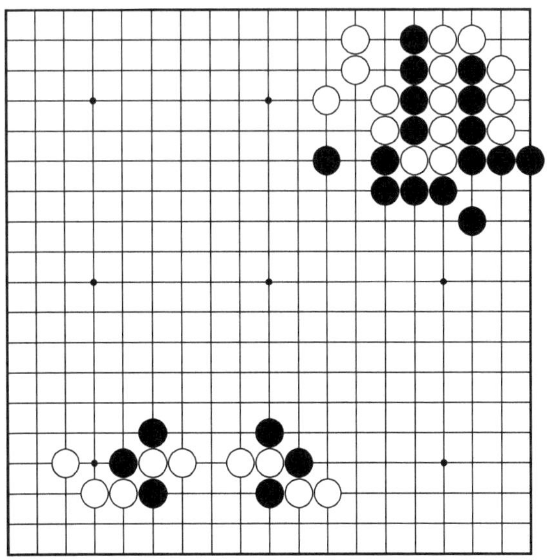

63

64

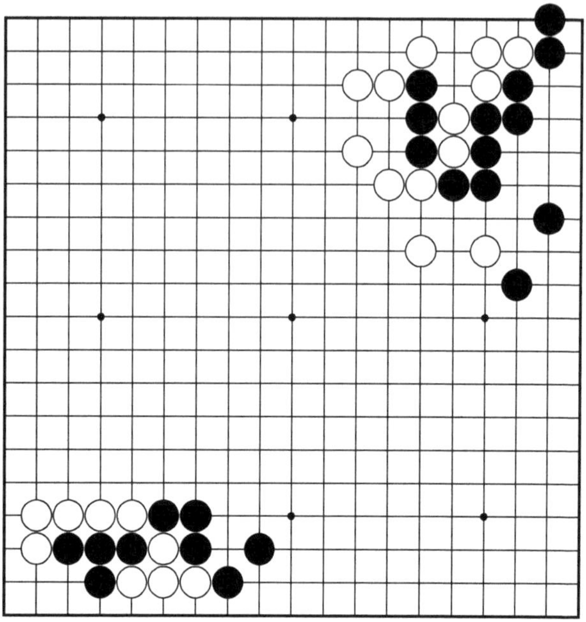

65

66

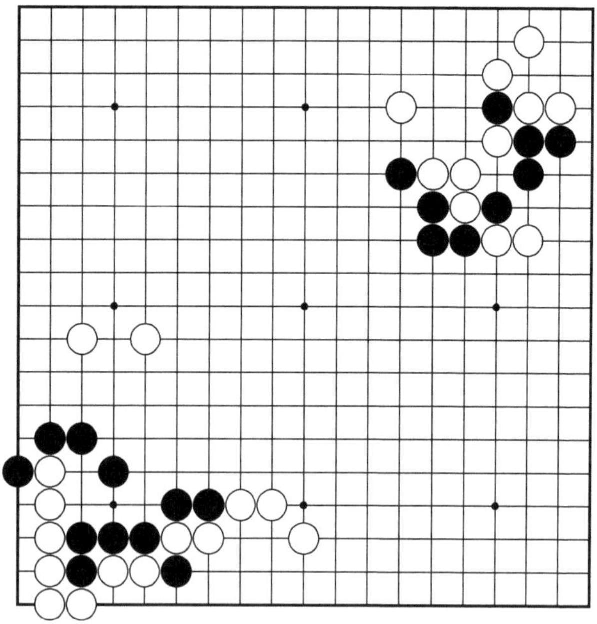

67

68

69

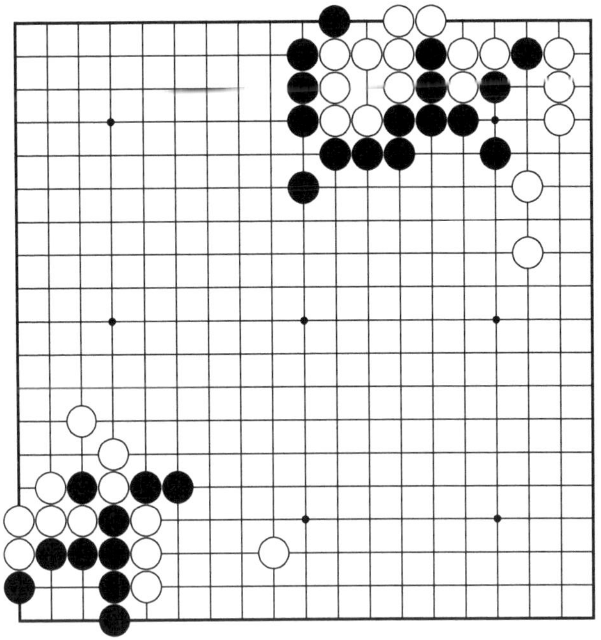

70

71

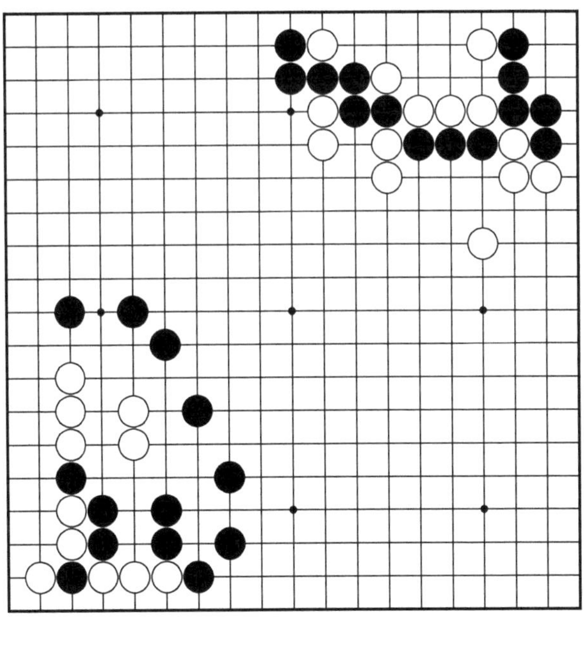

72

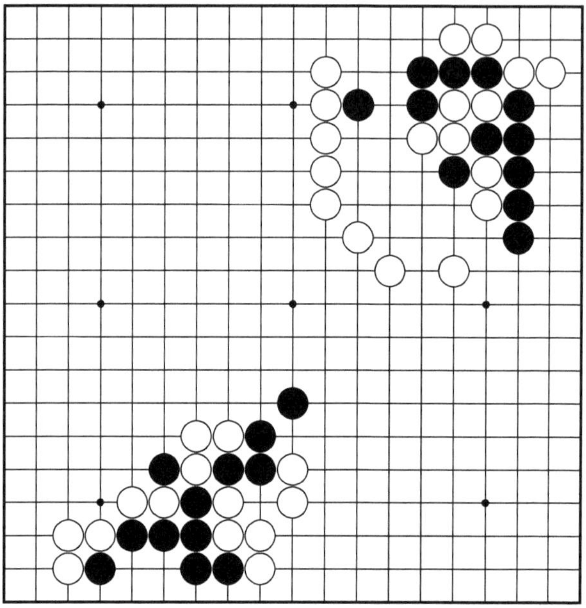

73

74

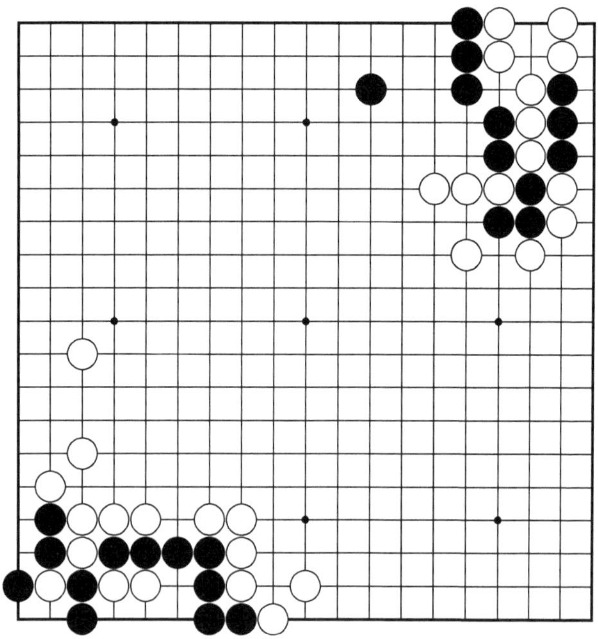

75

76

77

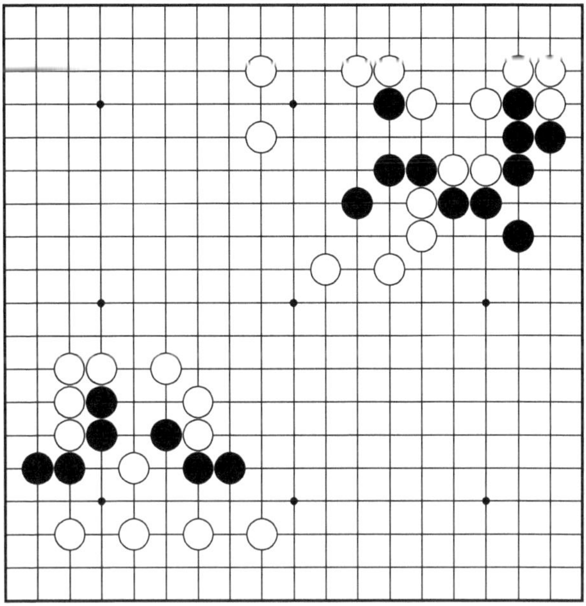

78

79

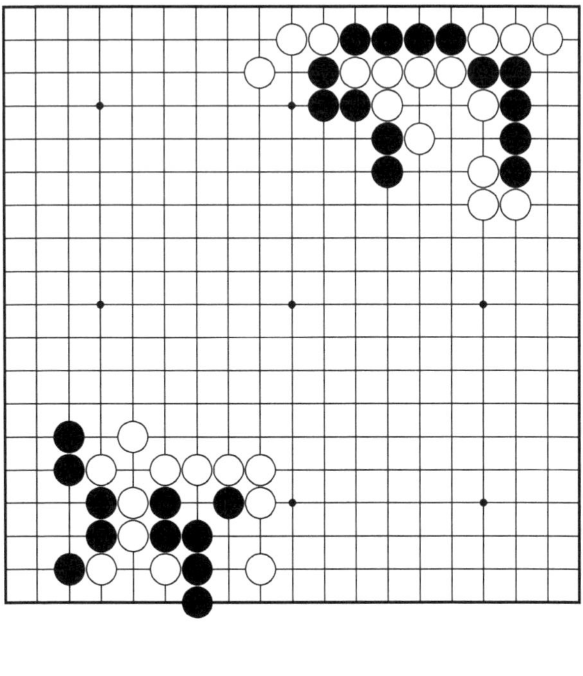

80

81

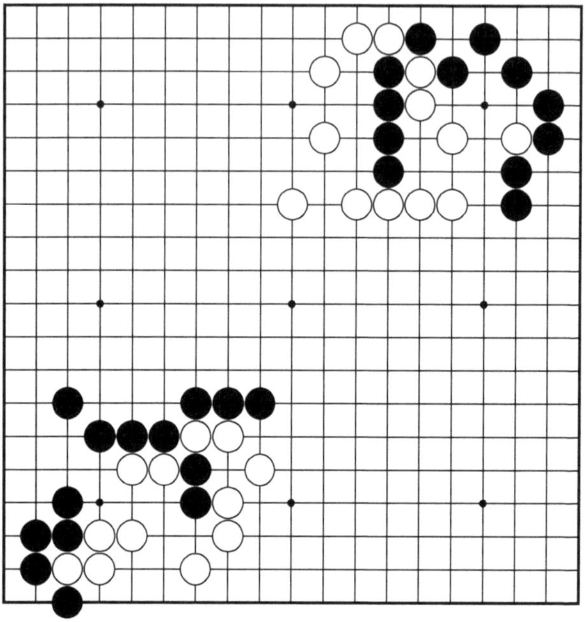

82

83

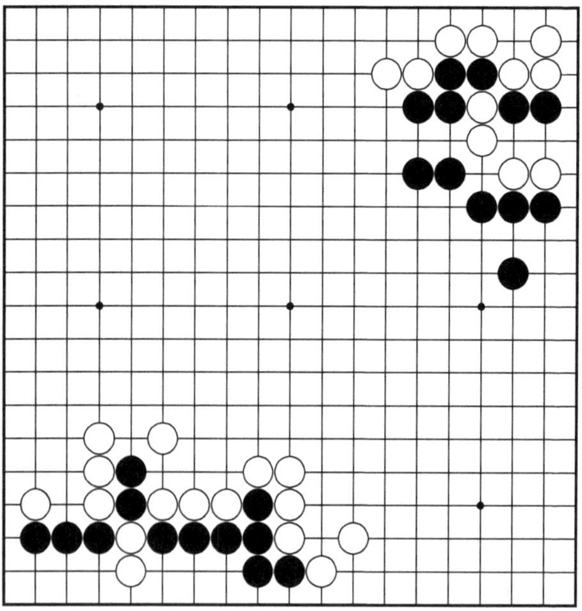

84

85

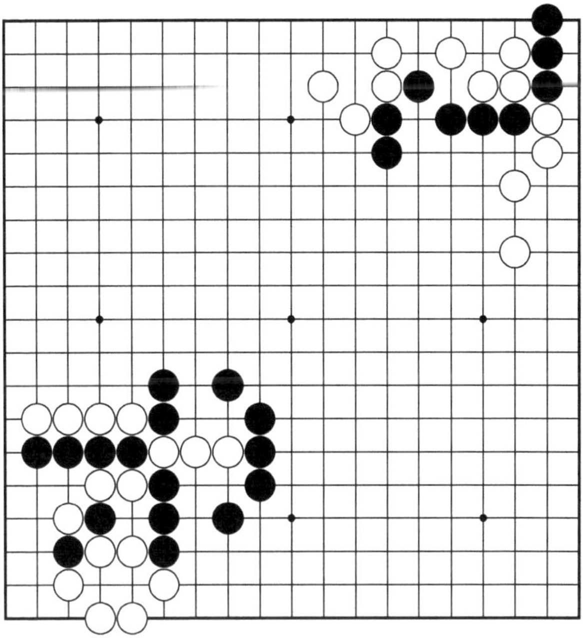

86

87

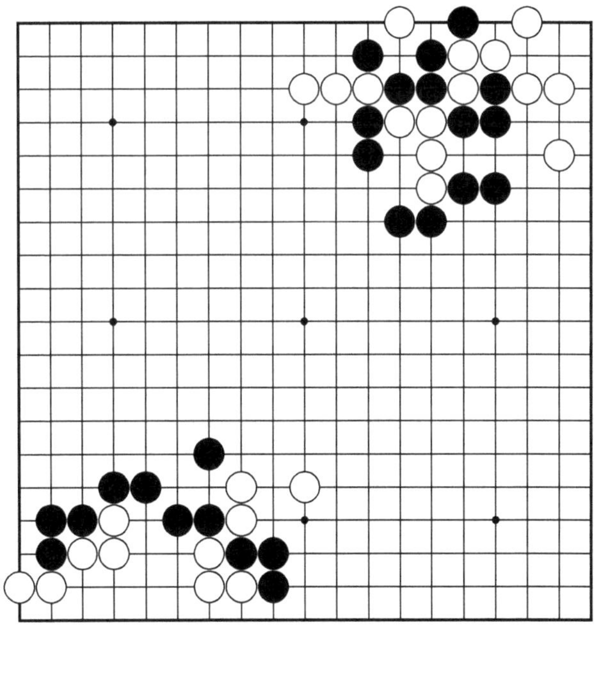

88

89

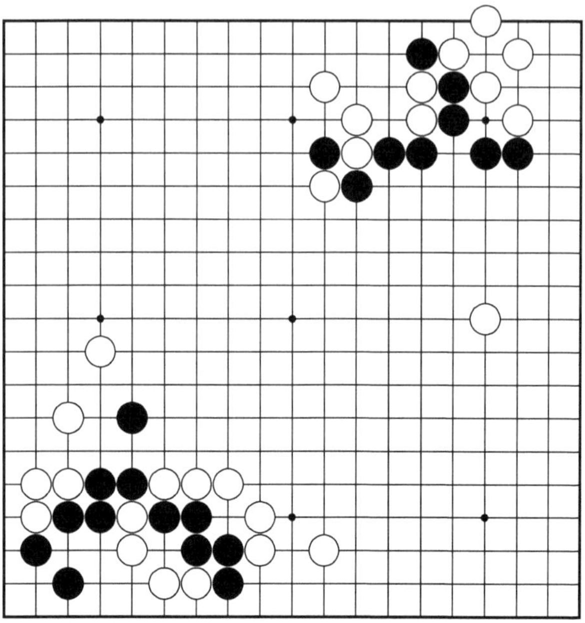

90

91

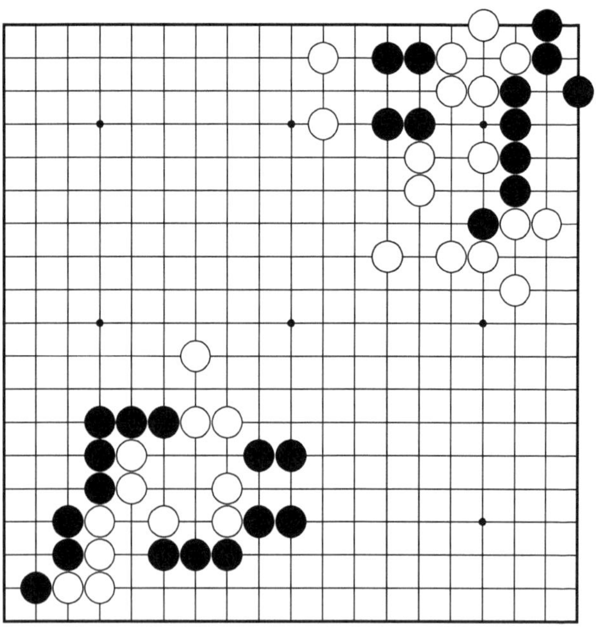

92

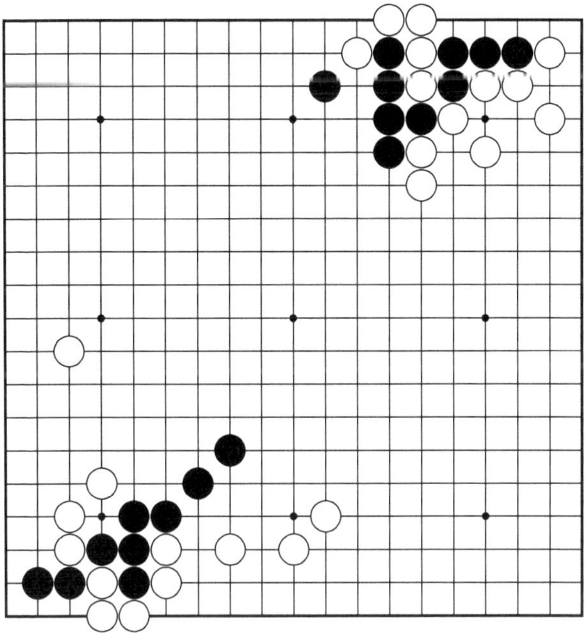

93

94

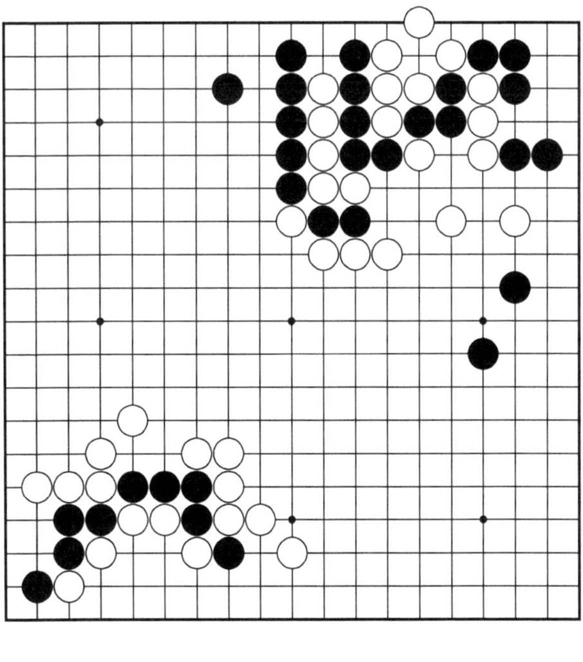

95

96

97

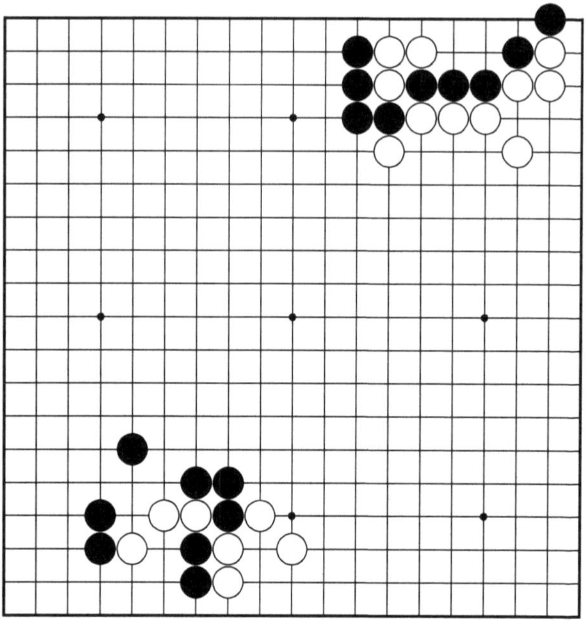

98

99

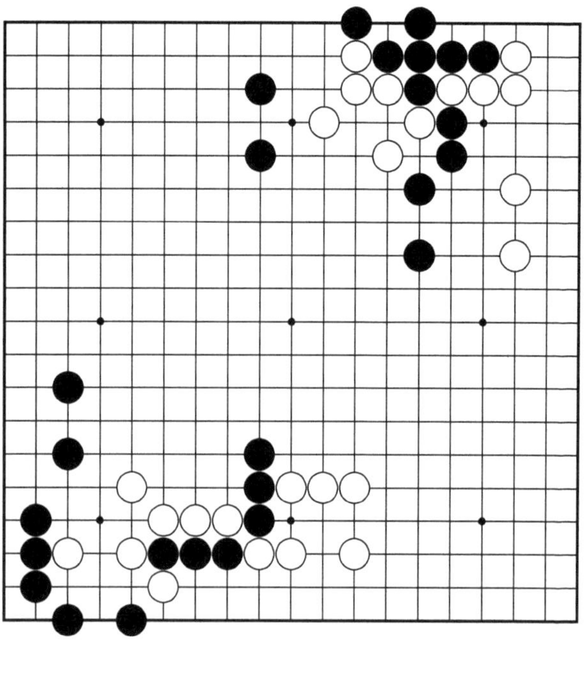

100

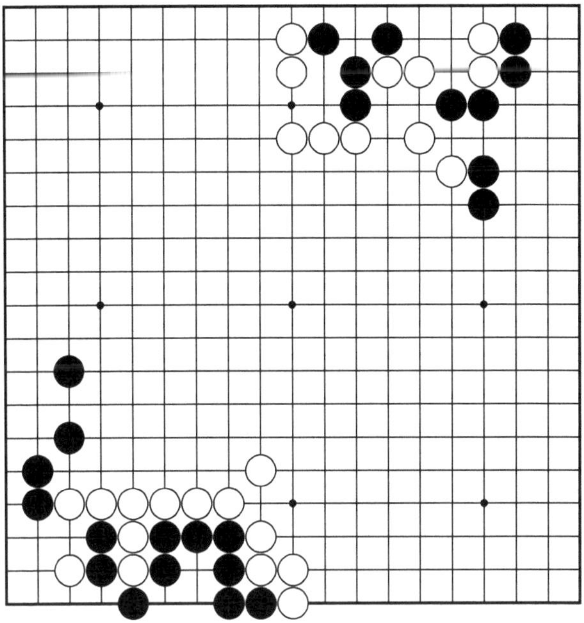

101

102

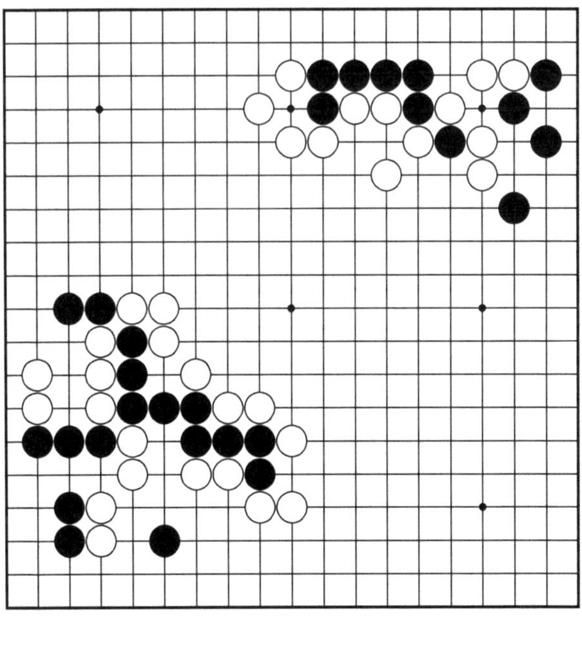

103

104

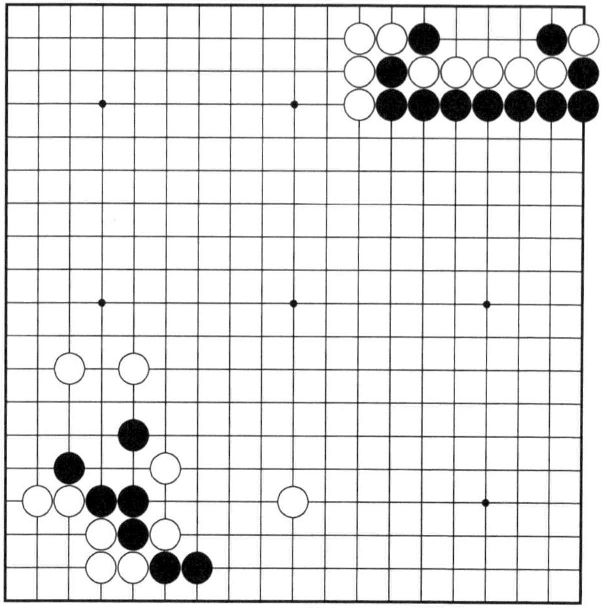

105

106

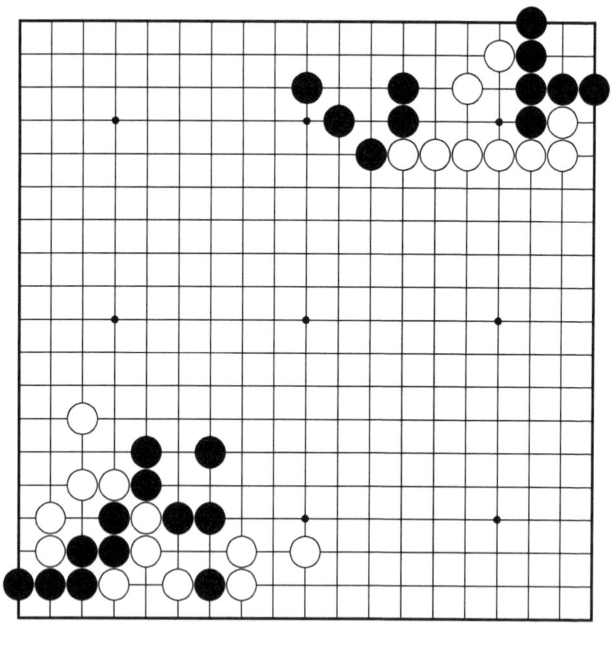

107

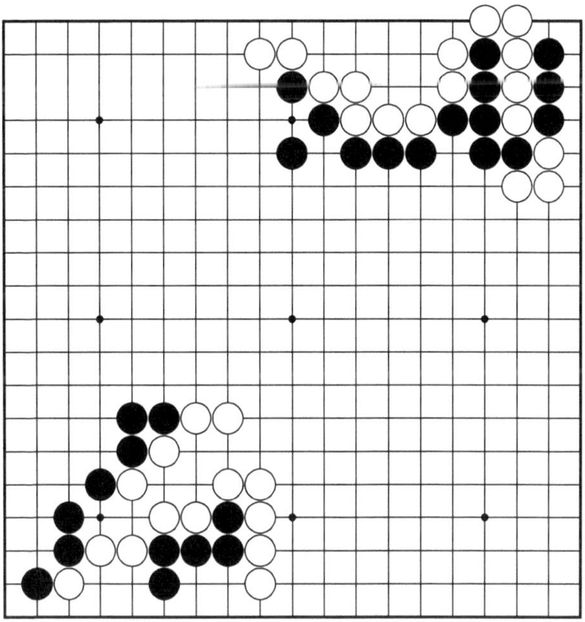

108

109

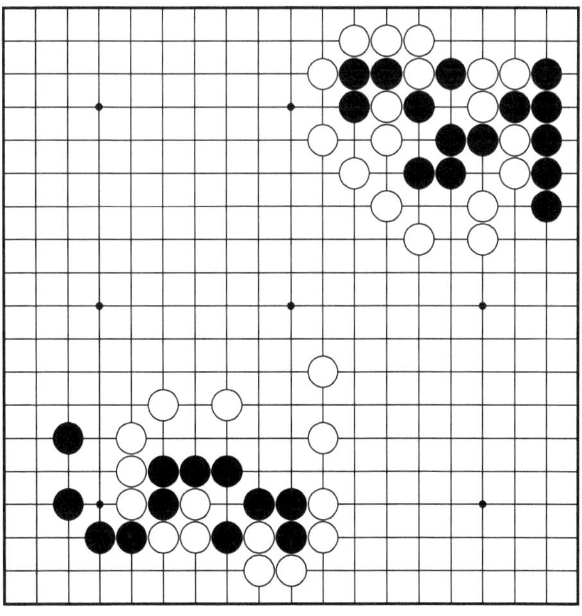

110

111

112

113

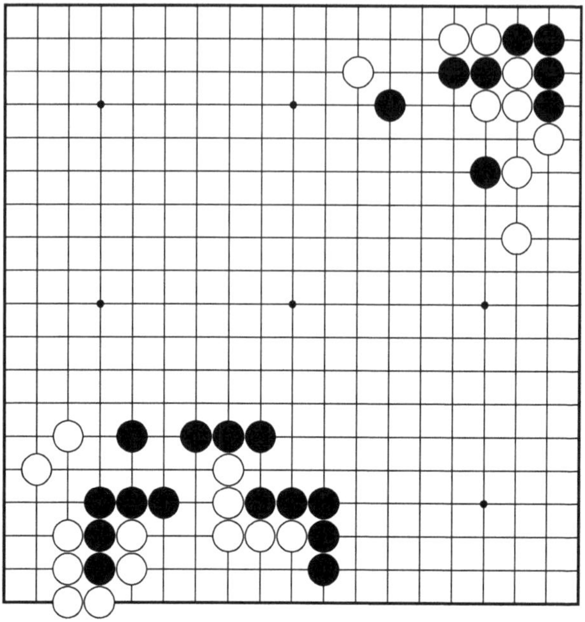

114

115

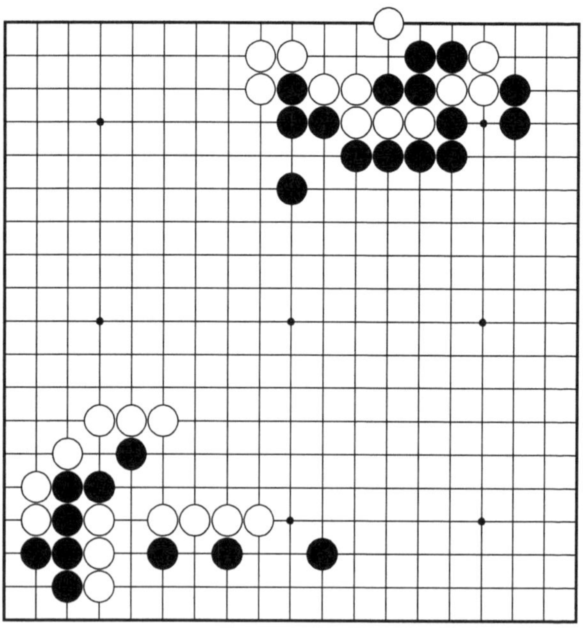

Lesen

In einer Go-Partie ist es immer wieder nötig Treppen und ähnliche Sequenzen auszulesen, wie zum Beispiel im Problem 116:

Weiß hat einen Treppenbrecher gespielt. Kann Schwarz rechts oben noch fangen?

116

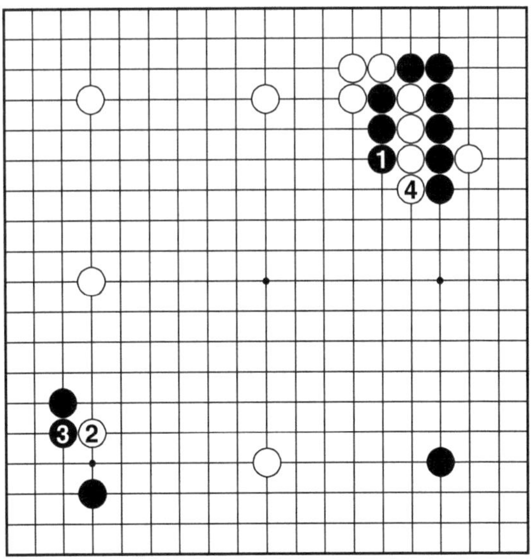

117

118

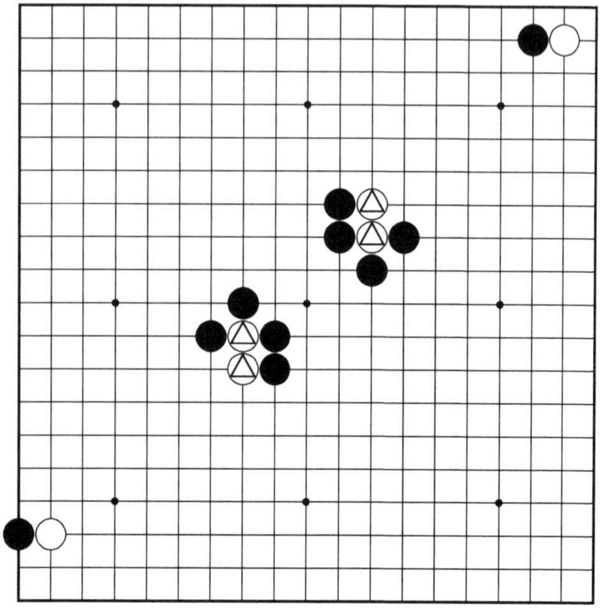

119

120

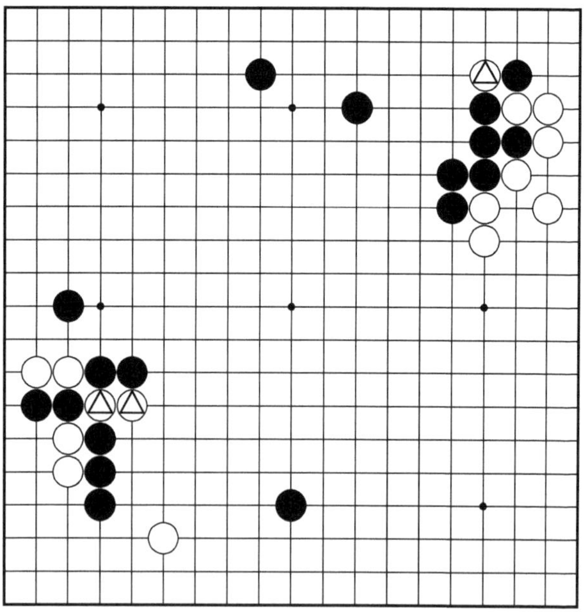

121

122

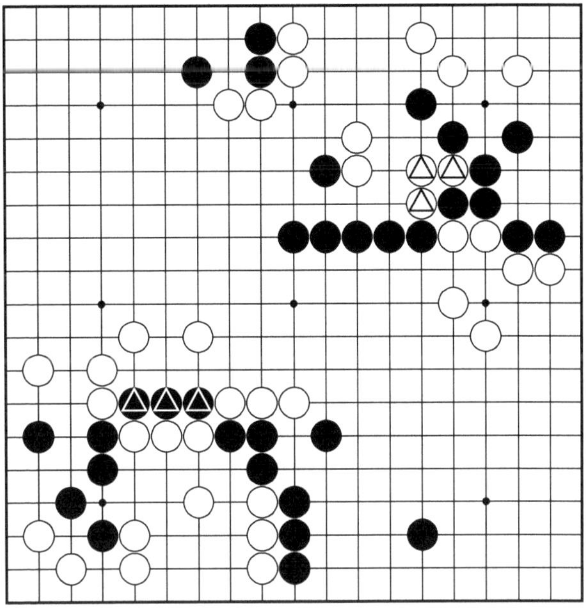

123

124

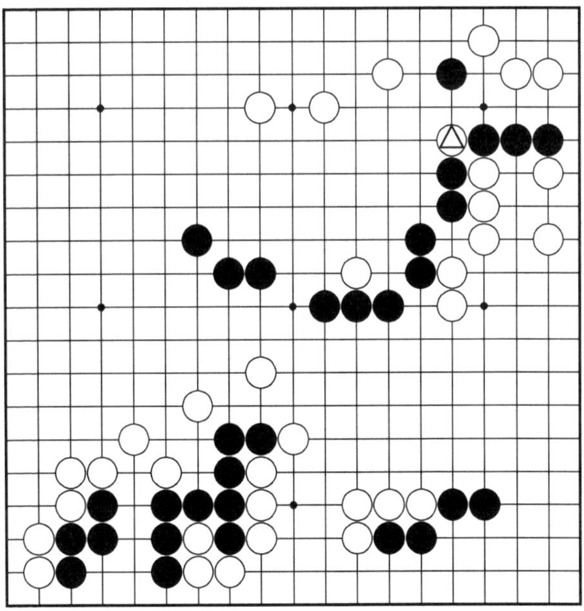

125

126

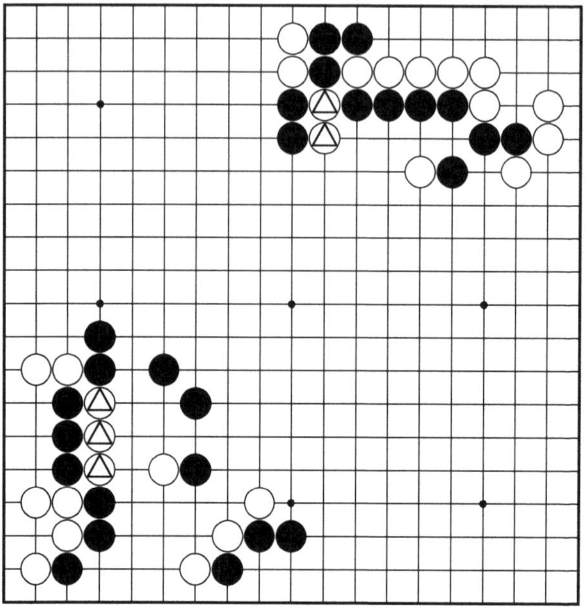

127

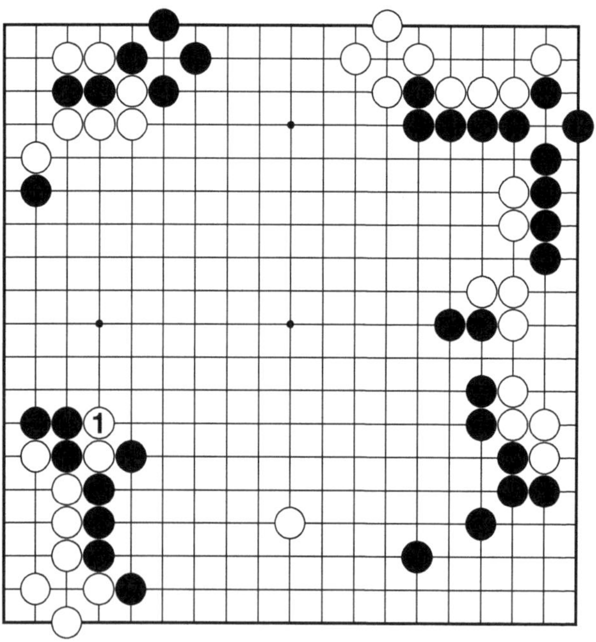

Partie: petgo3 7d (W) vs. redreoicy 5d (S), KGS, 21.3.2018

Mittelspiel

Nach der Eröffnung sind die Ecken verteilt und Positionen bezogen. Und schon beginnt Weiß, einem das Leben schwer zu machen. Schauen wir uns einige dieser unbequemen Züge an. Fallen Sie nicht auf die Tricks herein!

128

129

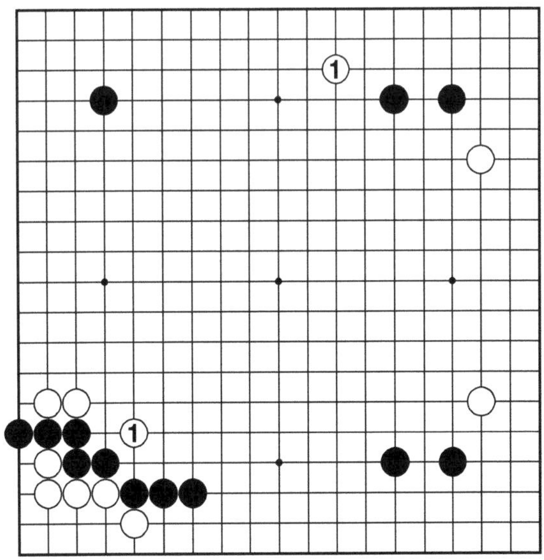

130

131

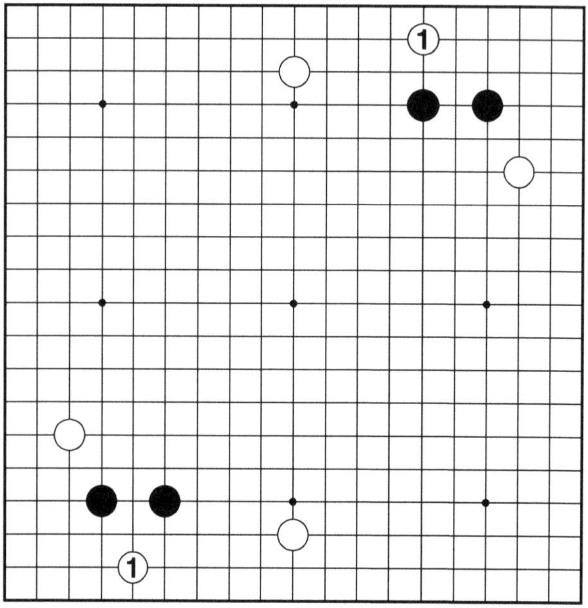

132

133

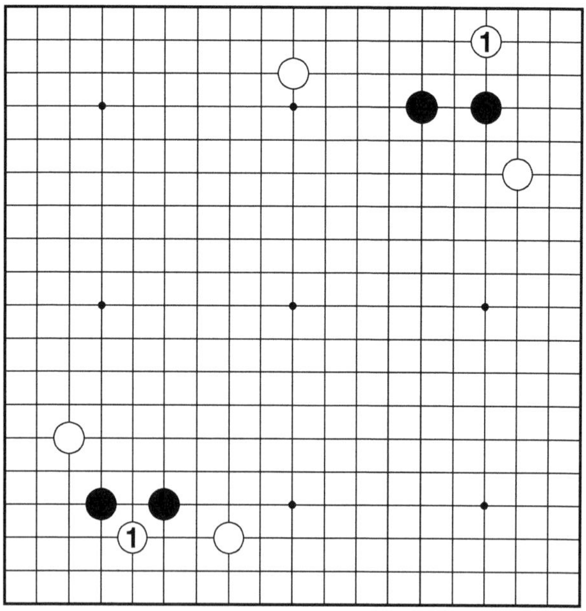

134

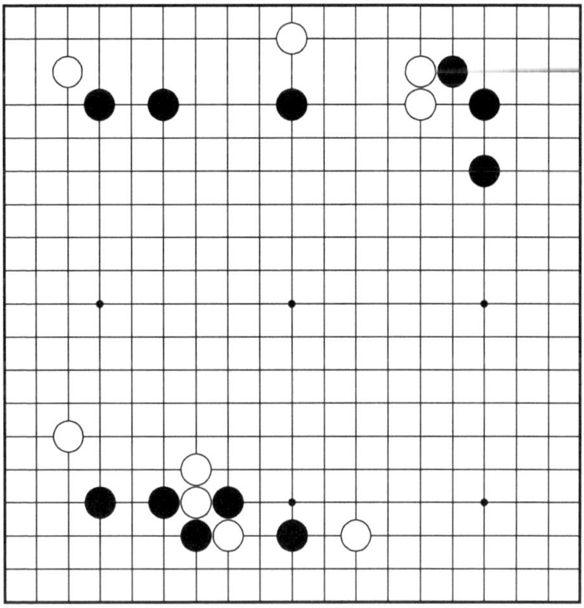

135

136

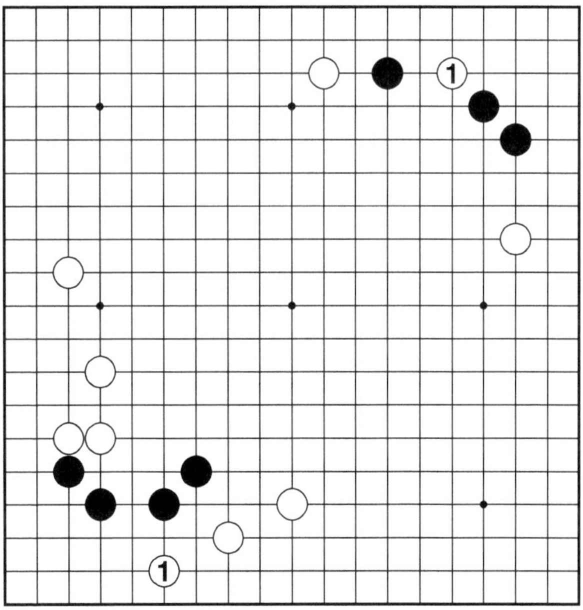

137

138

139

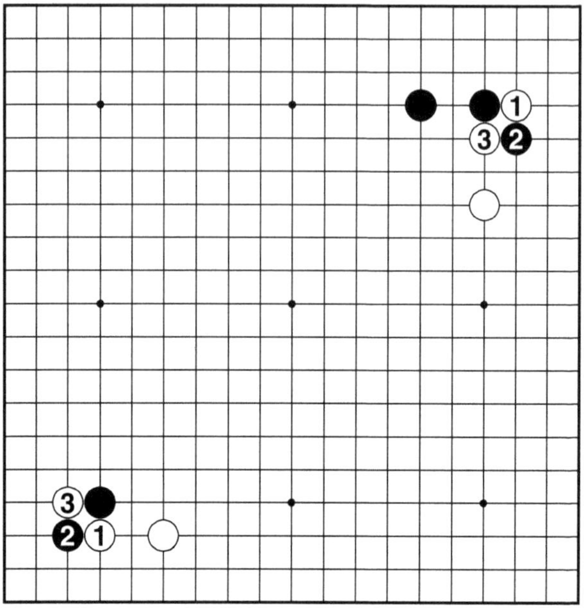

140

141

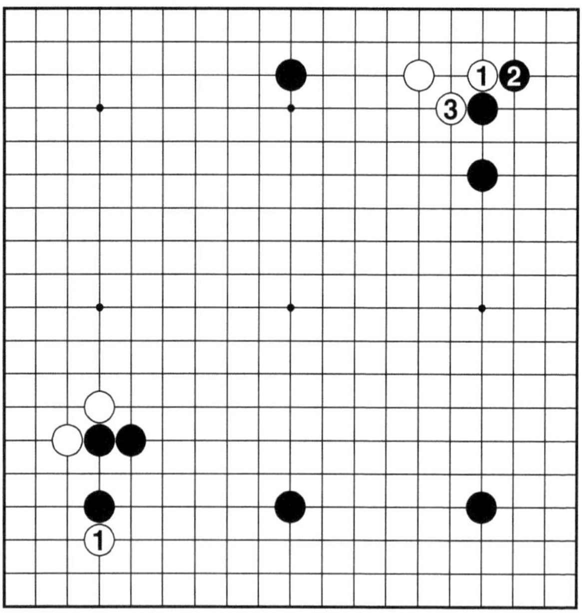

142

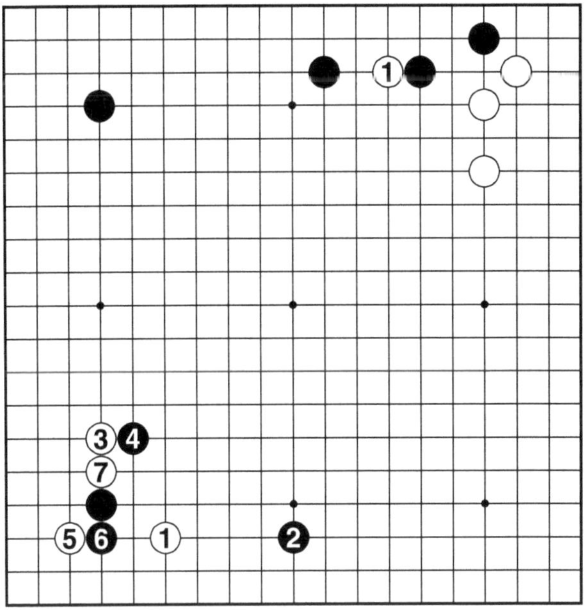

143

144

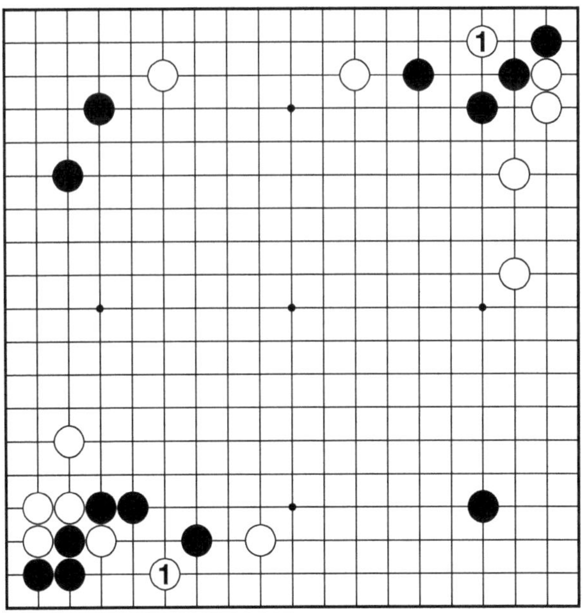

145

146

147

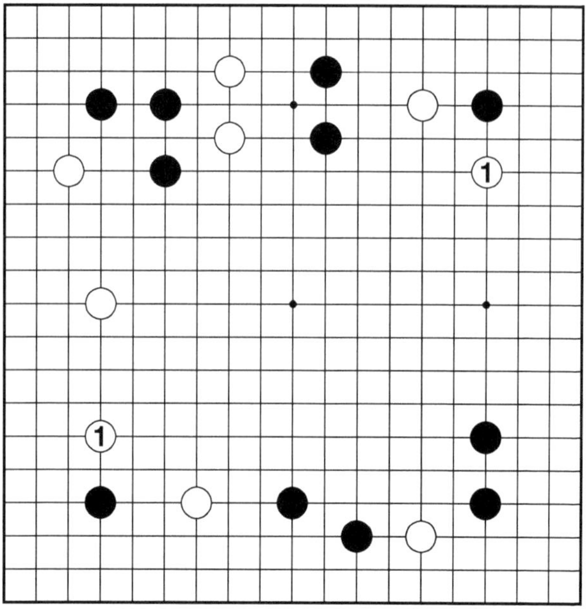

148

149

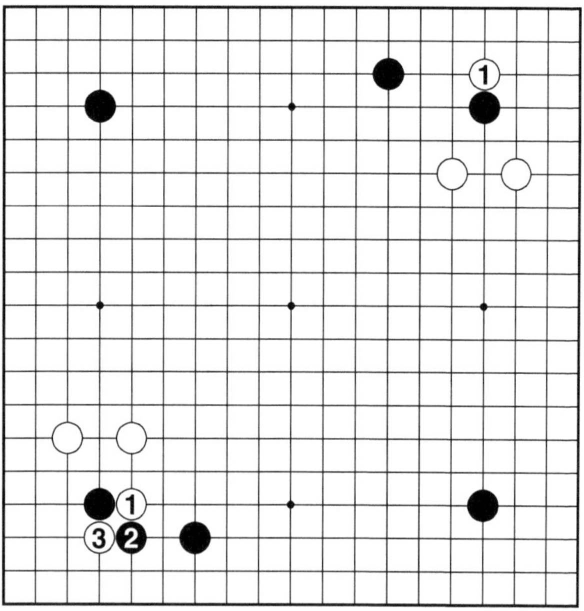

Ko

Ko-Kämpfe in Partien sind immer spannend. Hier ist nicht nur die Zahl der Ko-Drohungen und deren Größe wichtig, sondern auch die Art des Ko. Schauen Sie, wie Sie ein Ko beginnen können und um welchen Ko-Typ es sich handelt.

150

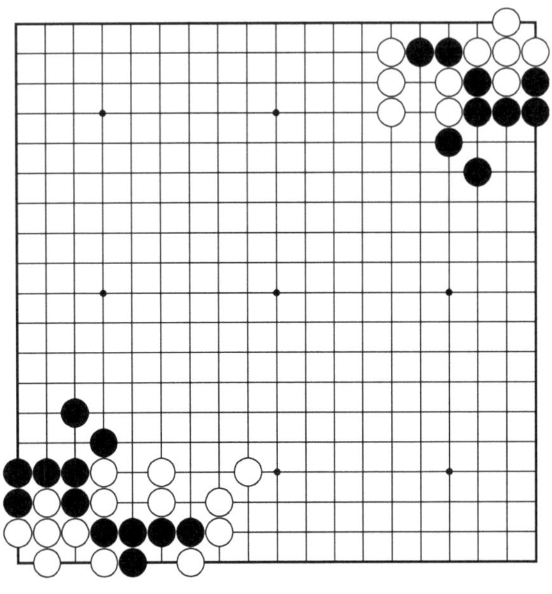

151

152

153

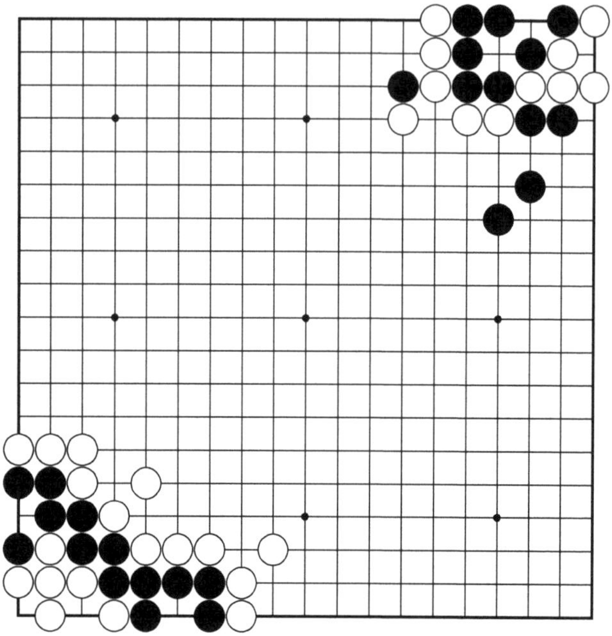

154

155

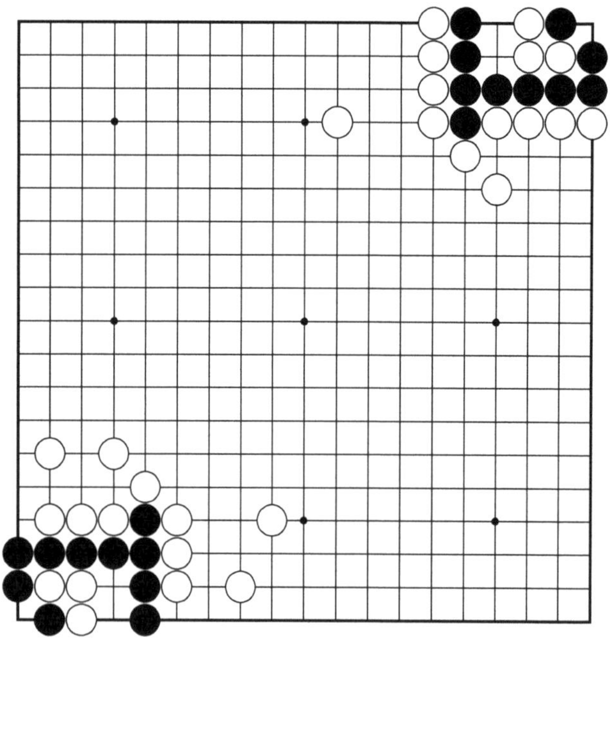

156

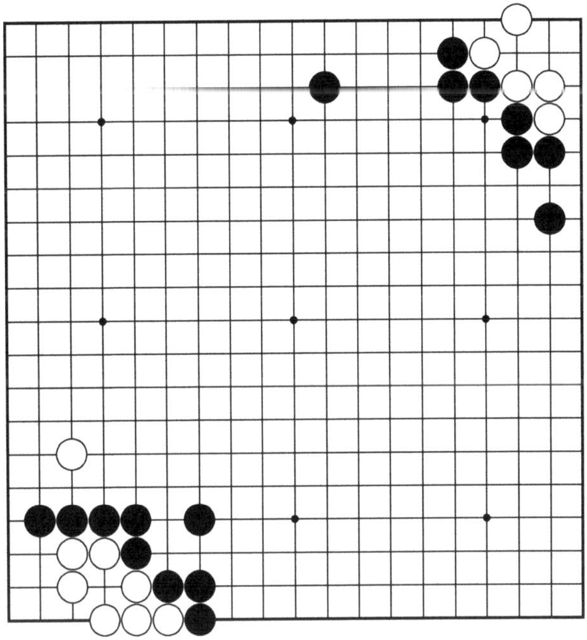

157

158

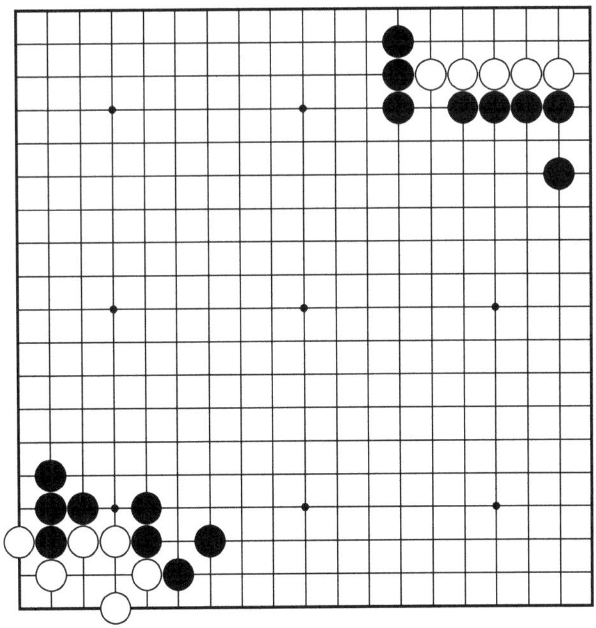

159

160

161

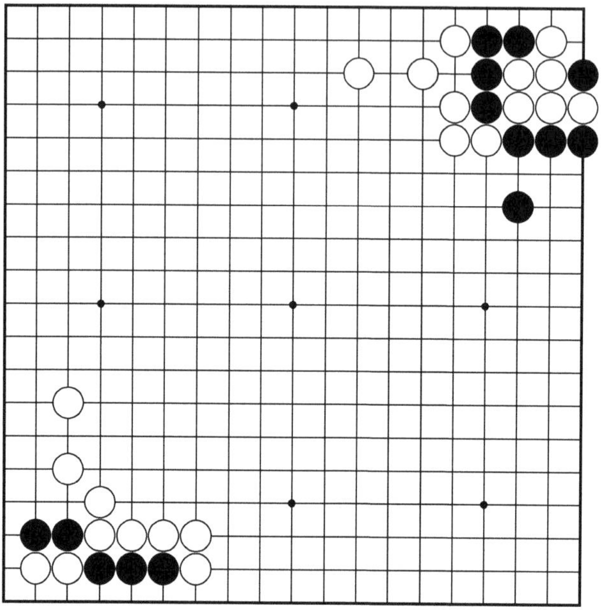

162

163

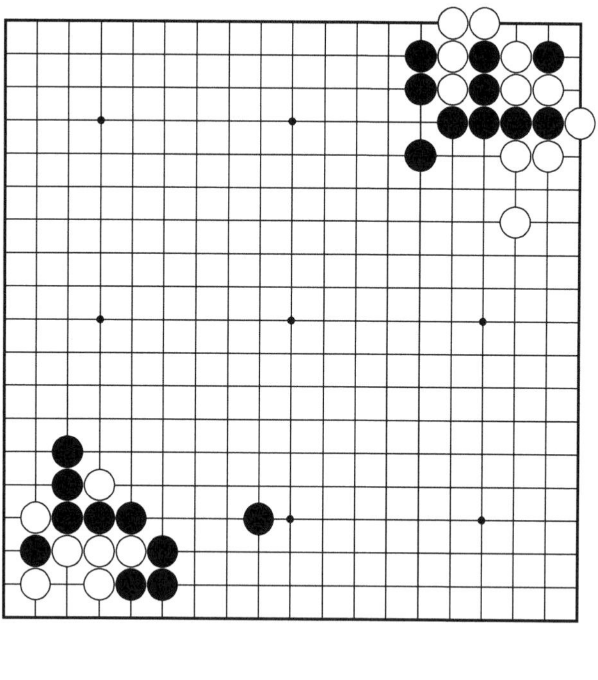

164

165

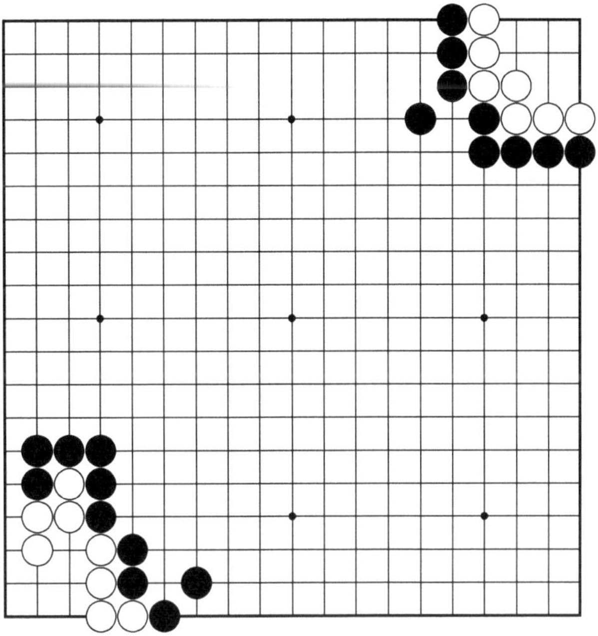

166

167

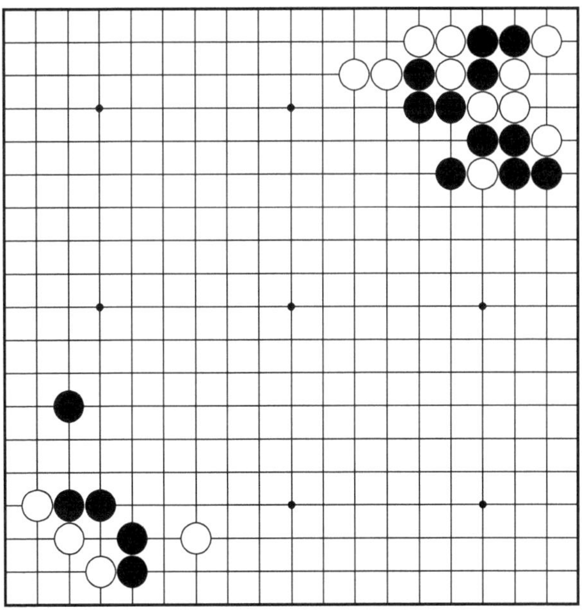

168

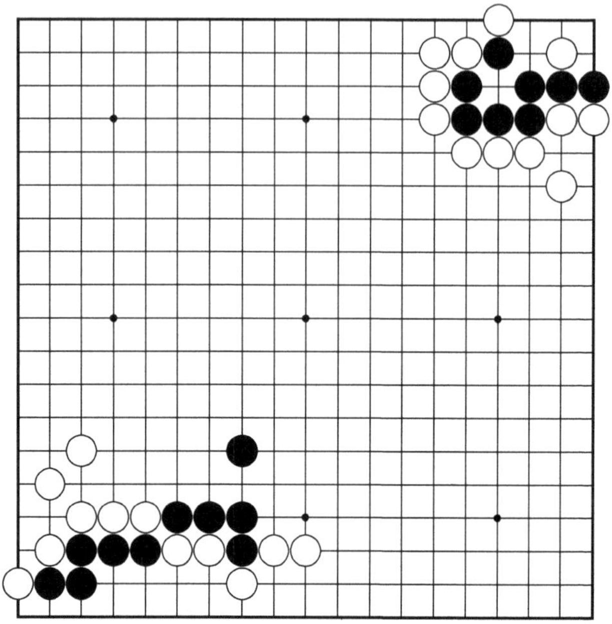

169

170

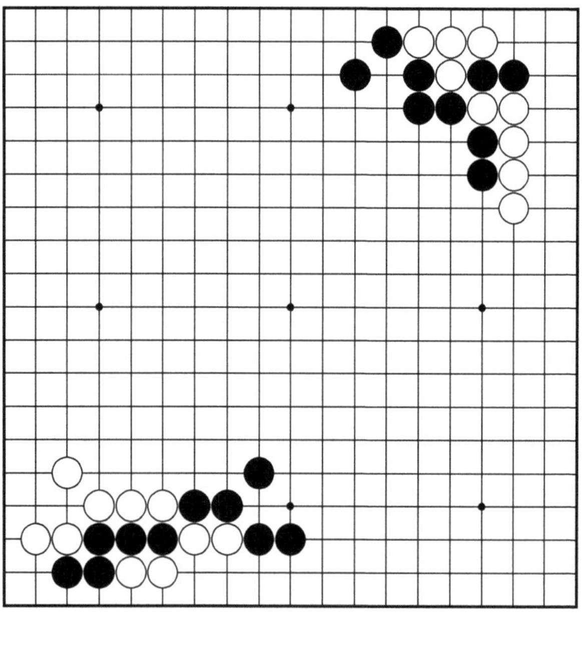

171

Leben und Tod

Leben und Tod kann nicht genug Beachtung geschenkt werden. Beginnen wir mit einigen soliden Standardformen, bevor die Aufgaben vielfältiger und bunter werden.

172

173

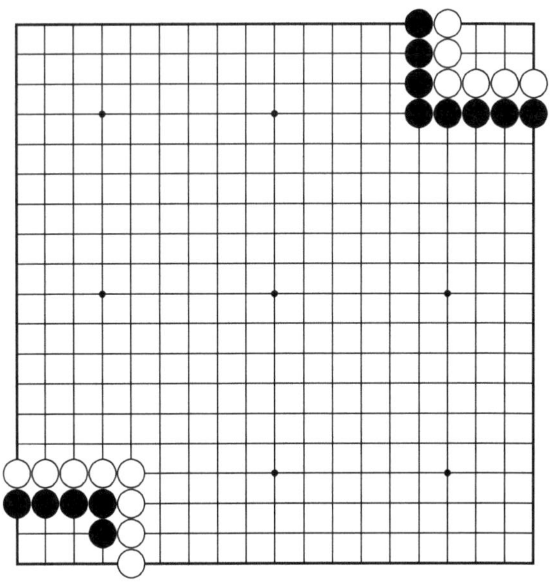

174

175

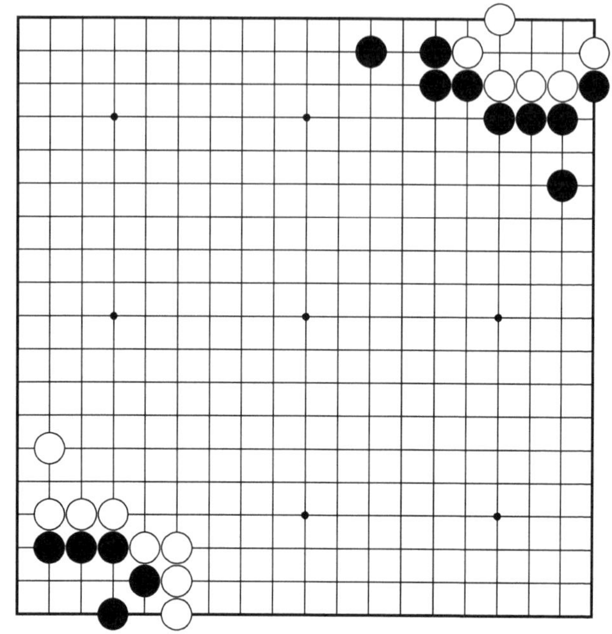

176

177

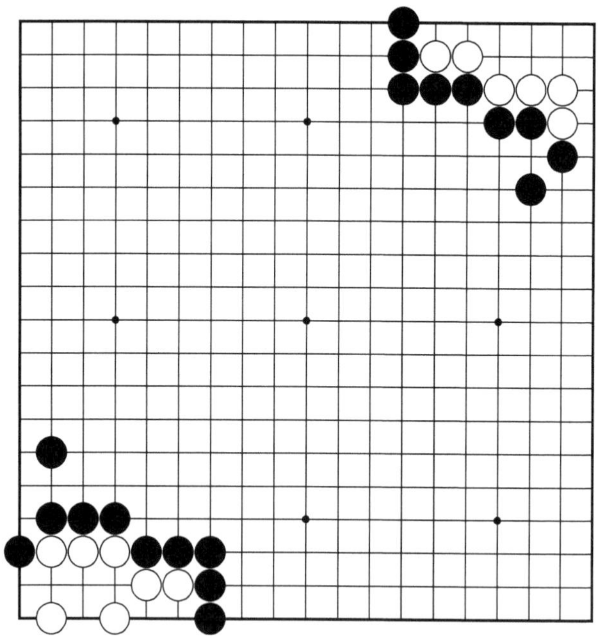

178

179

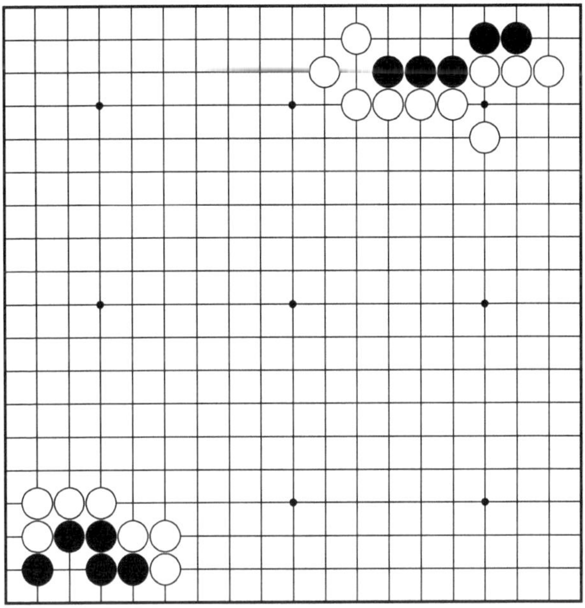

180

181

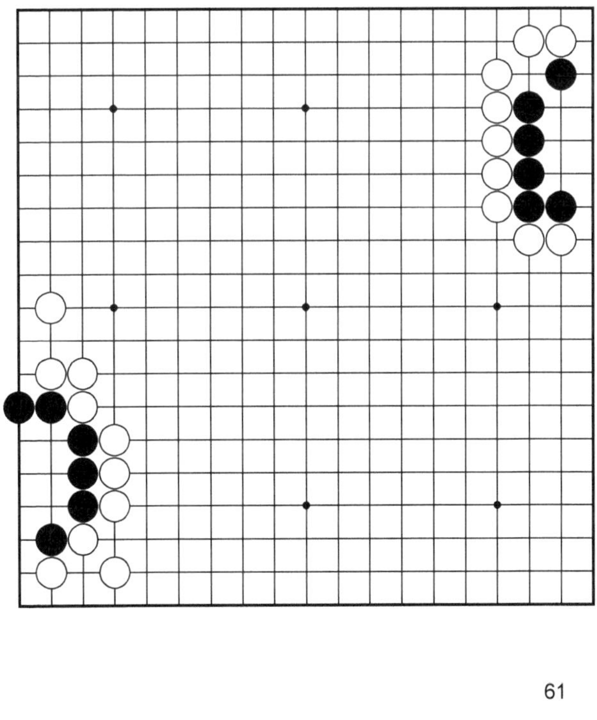

182

183

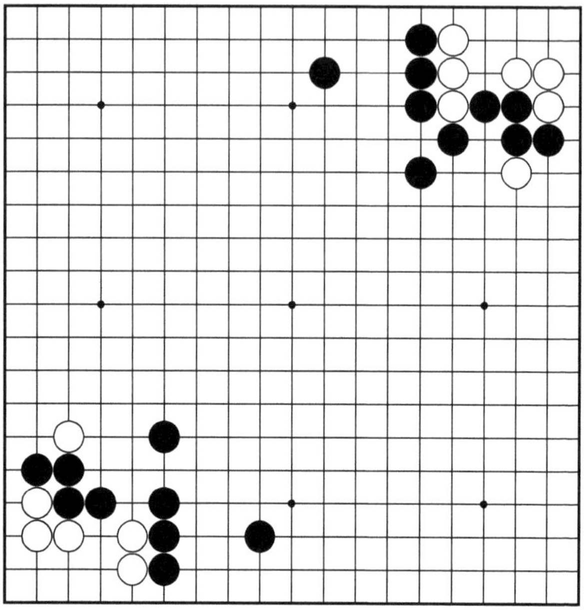

184

185

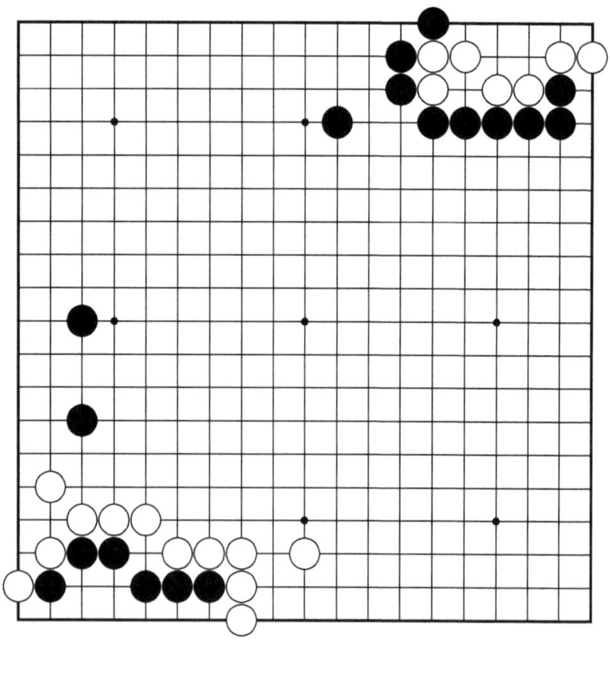

186

187

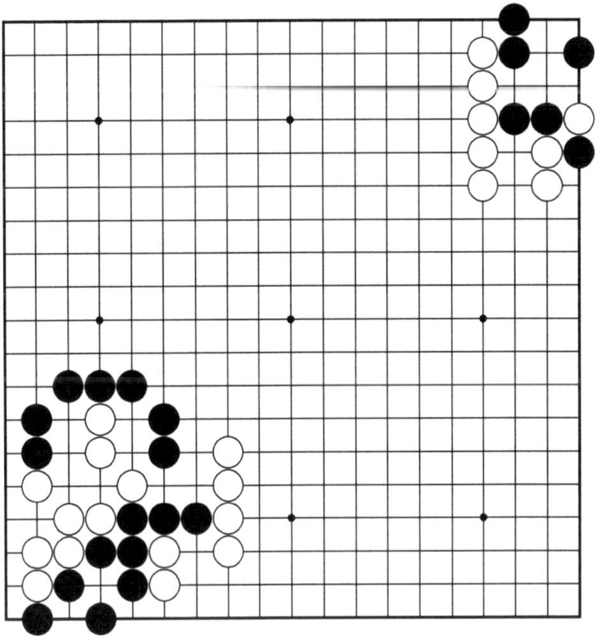

188

189

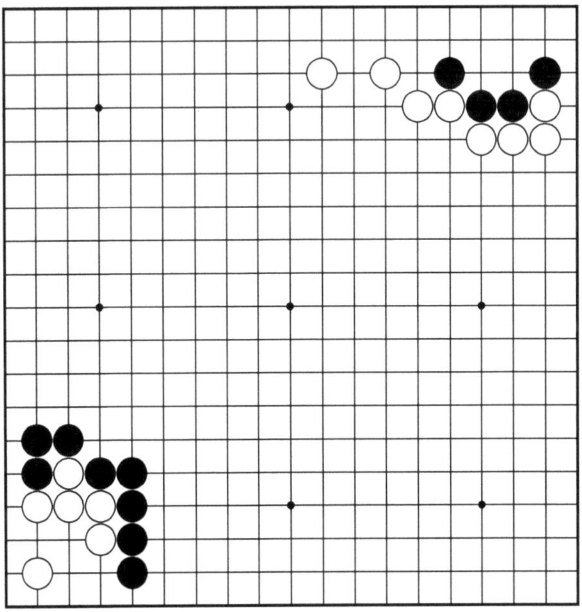

190

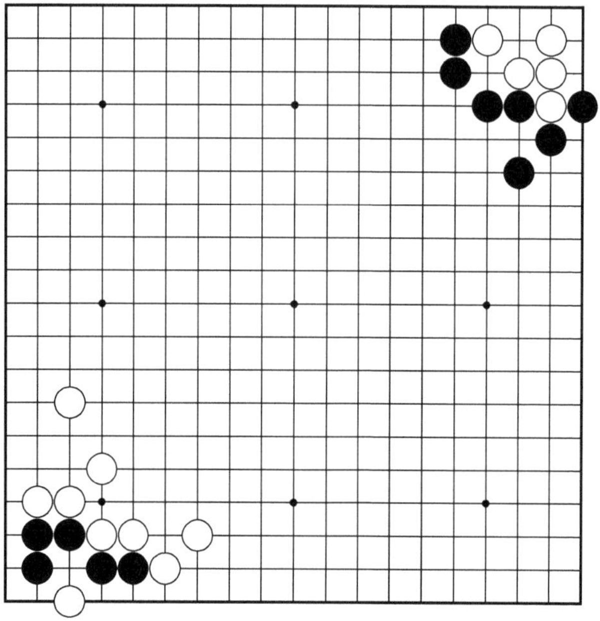

191

192

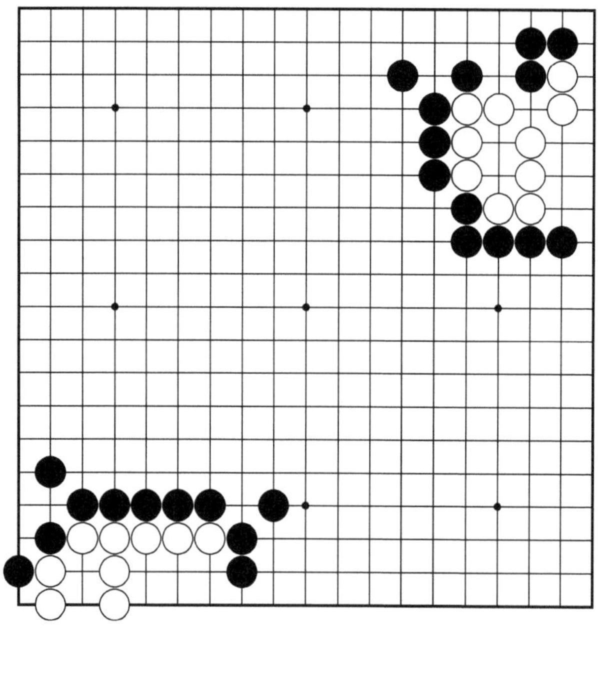

193

194

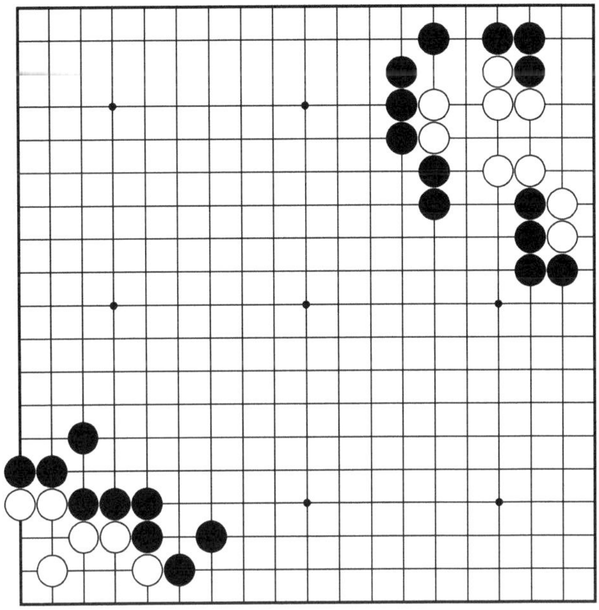

195

196

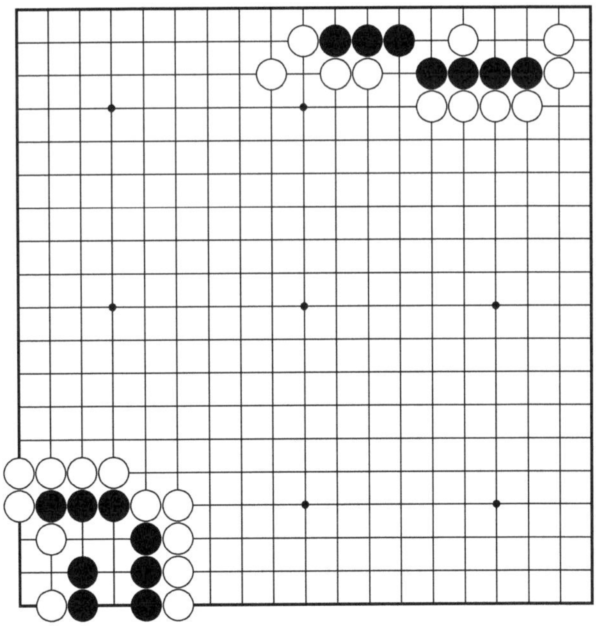

197

198

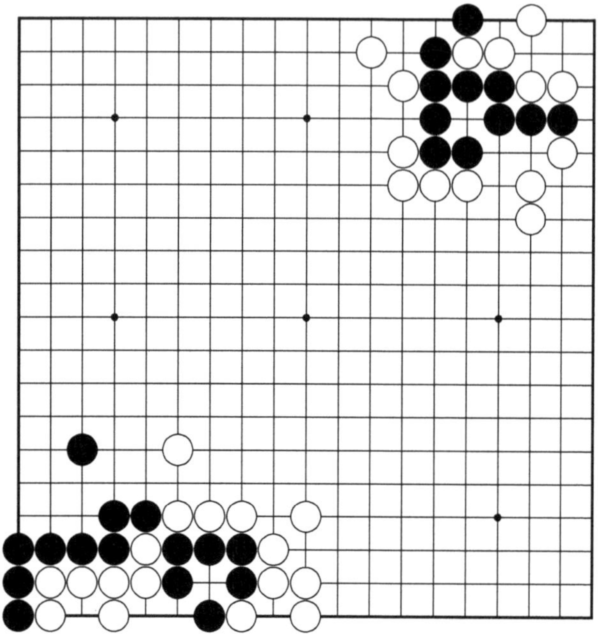

199

200

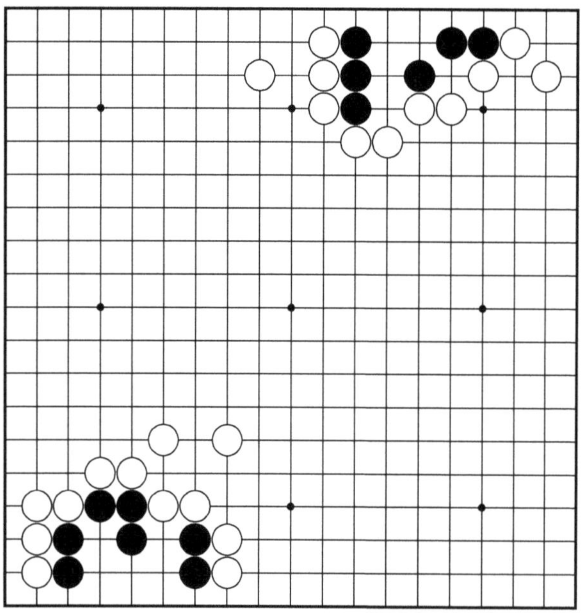

201

202

203

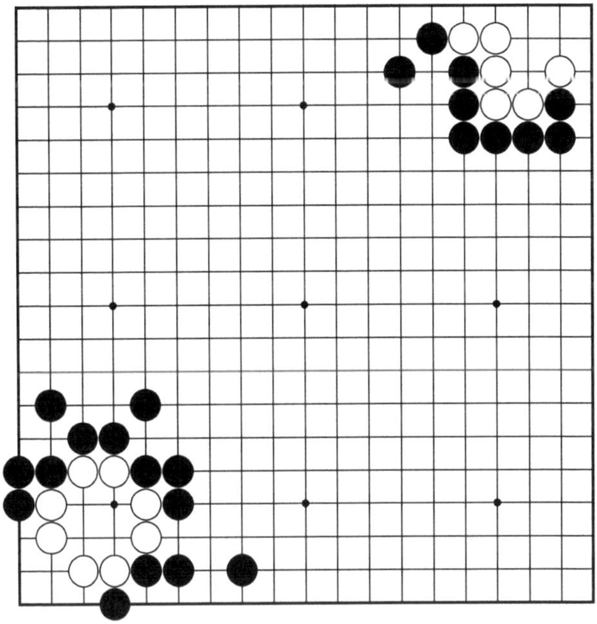

204

205

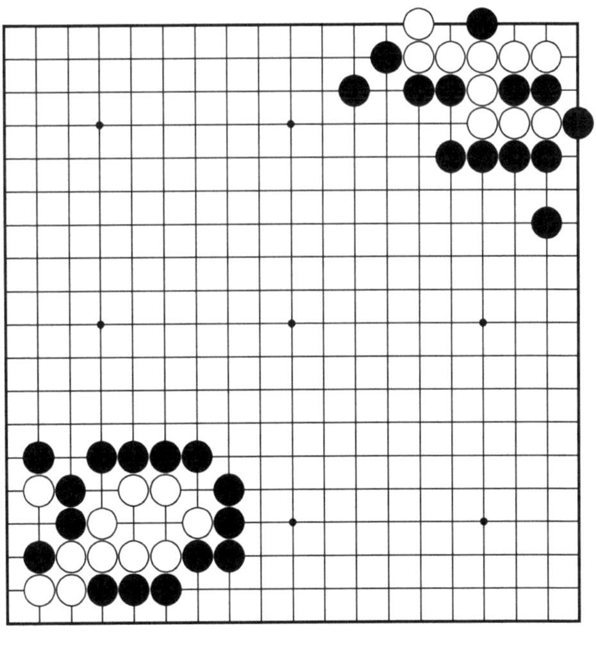

206

207

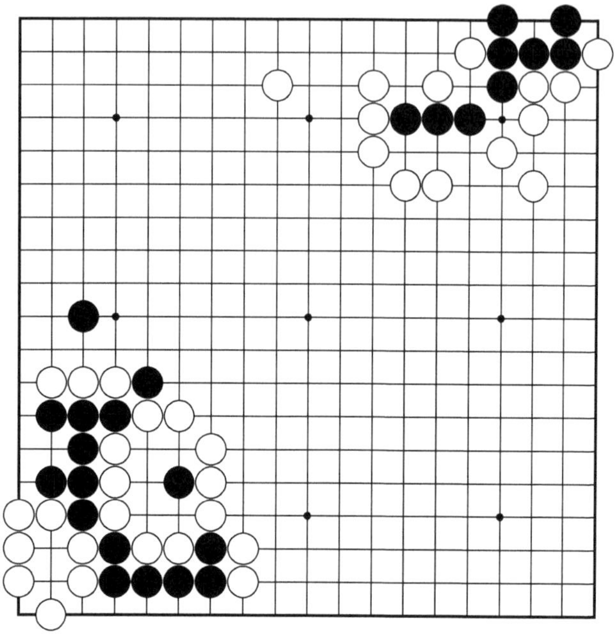

208

209

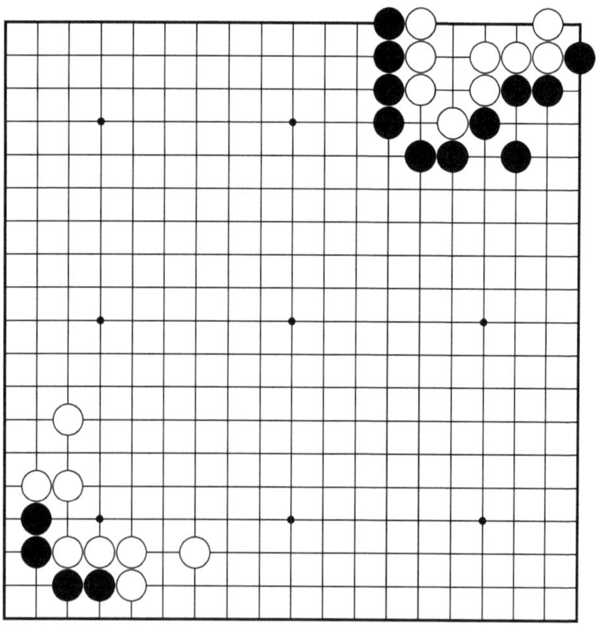

210

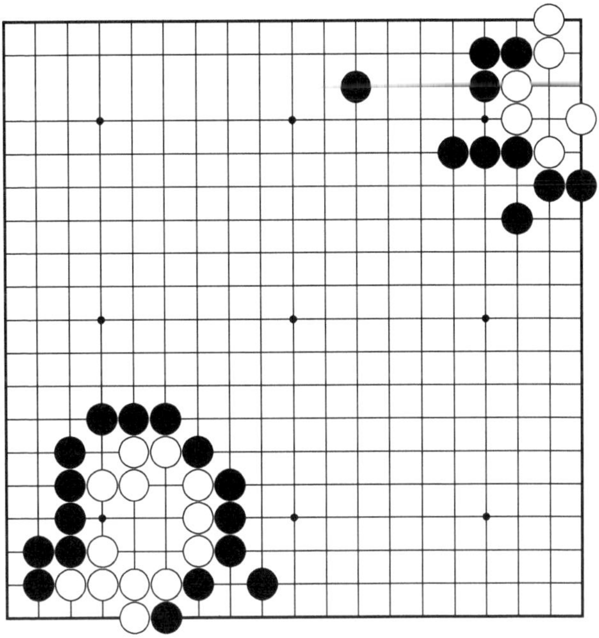

211

212

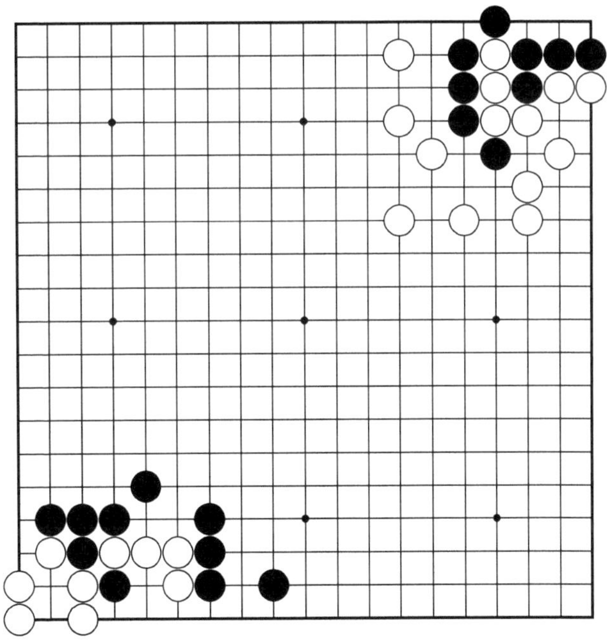

213

214

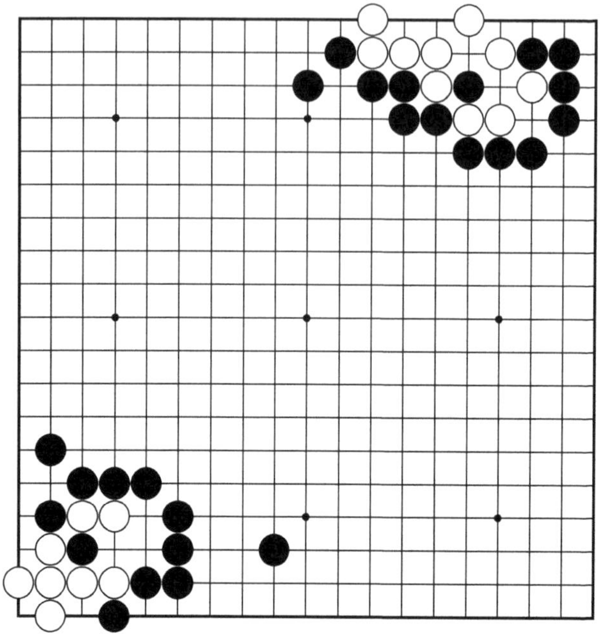

215

216

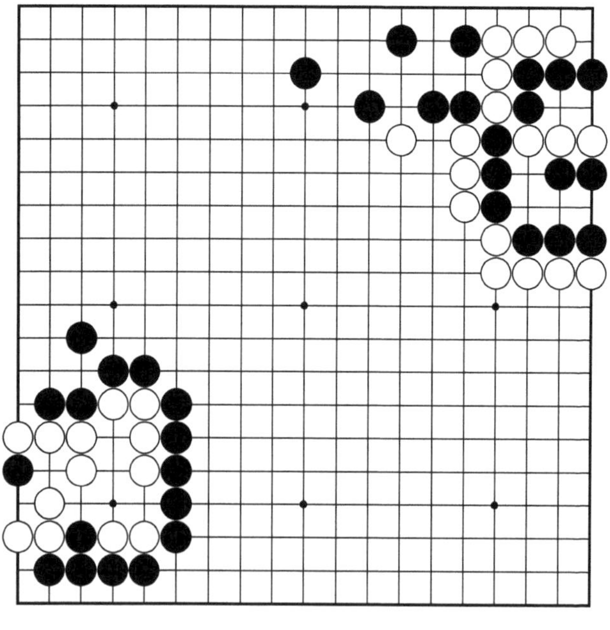

217

218

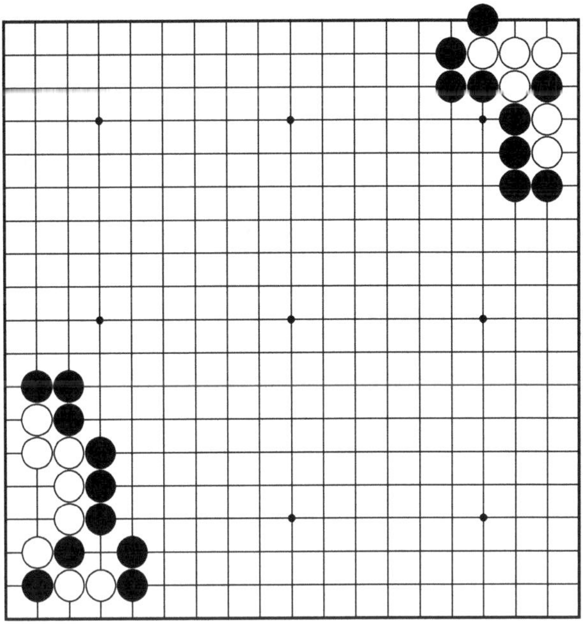

219

220

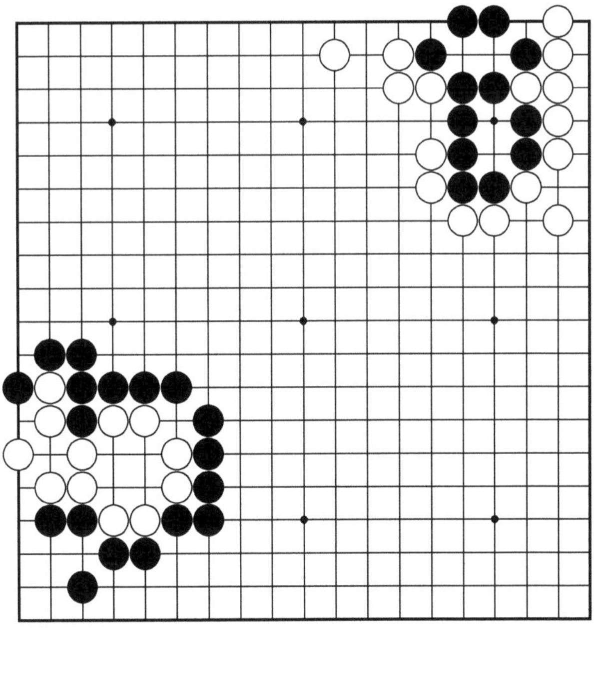

221

222

223

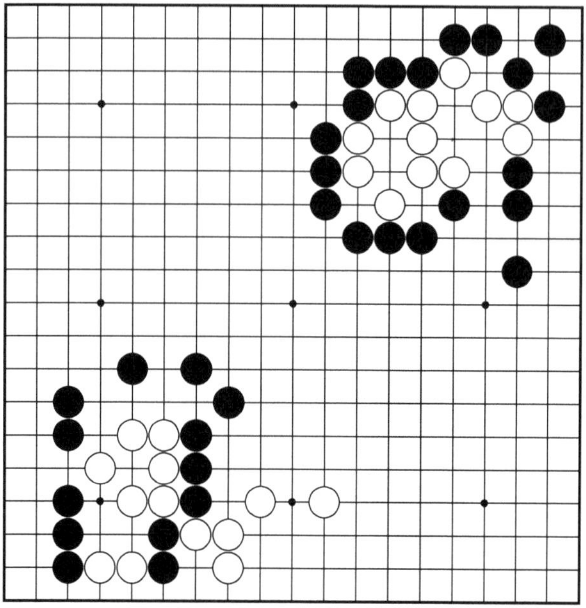

224

225

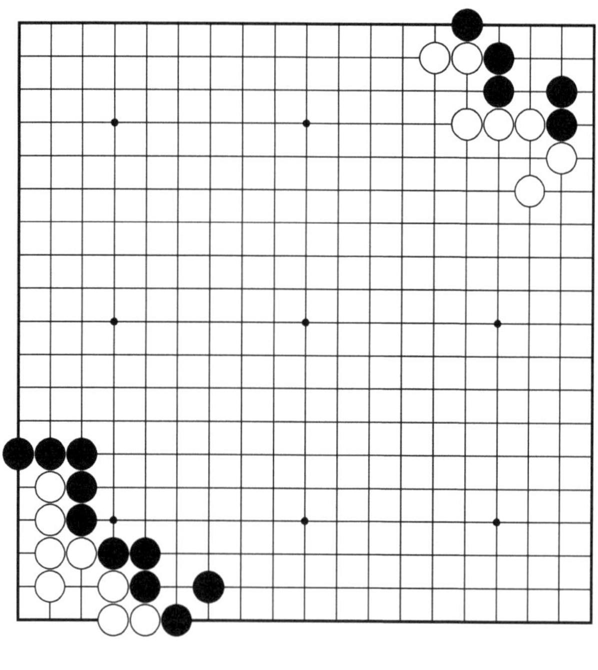

226

227

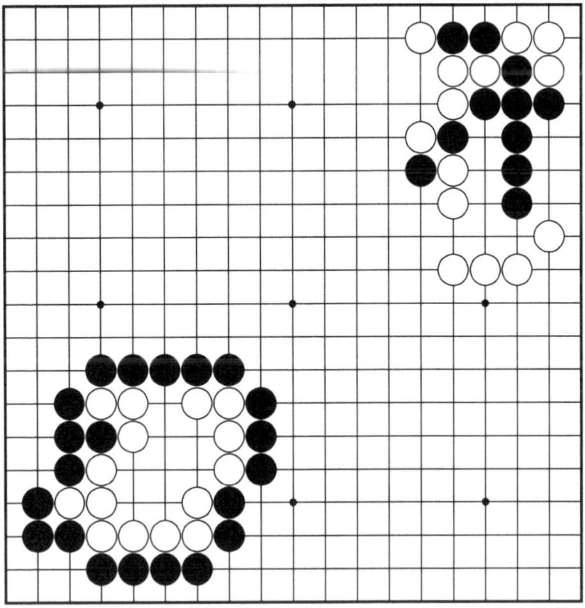

228

229

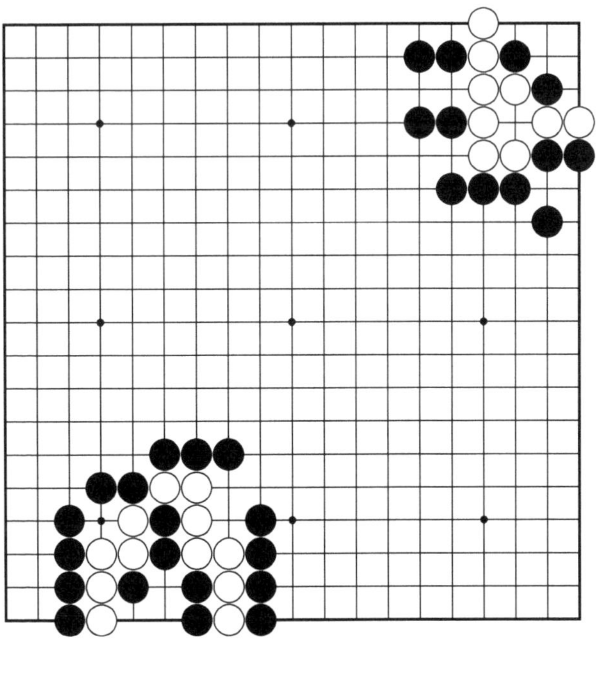

230

231

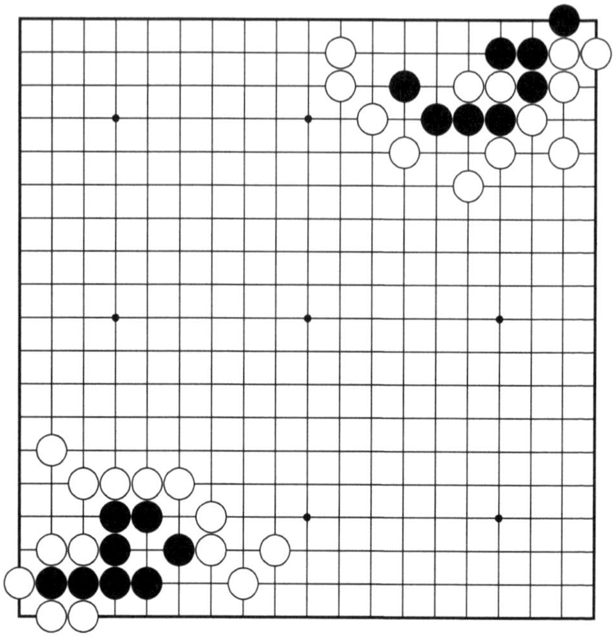

232

233

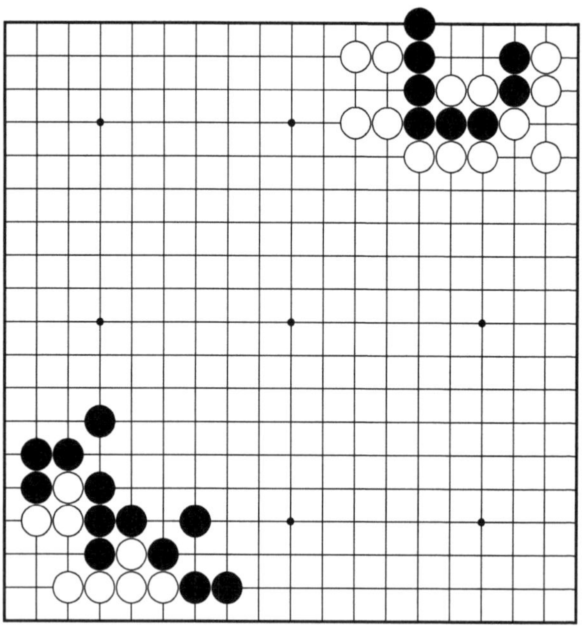

Endspiel

Auch im Endspiel gibt es spannende Tesuji, um noch einige Punkte herauszuholen, die Vorhand zu behalten oder dem Gegner ein großes Endspiel zu verwehren.

234

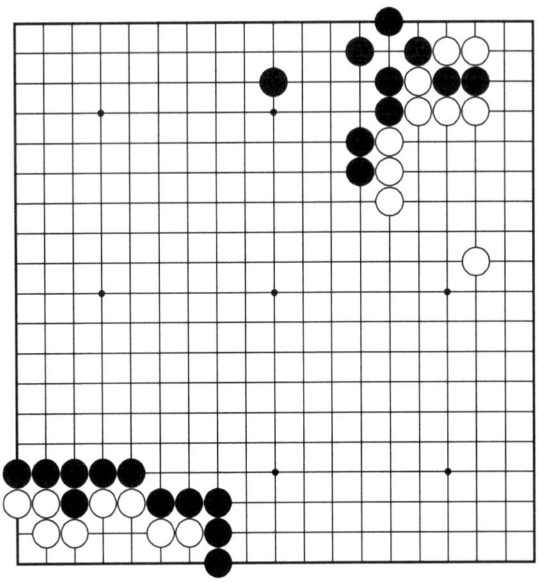

235

236

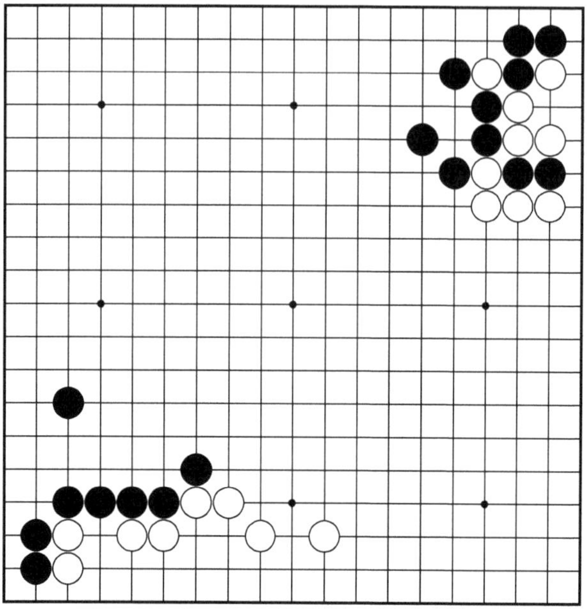

237

238

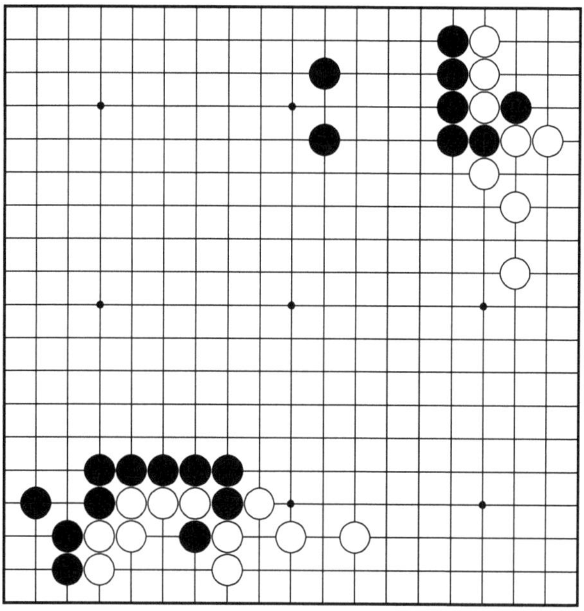

239

240

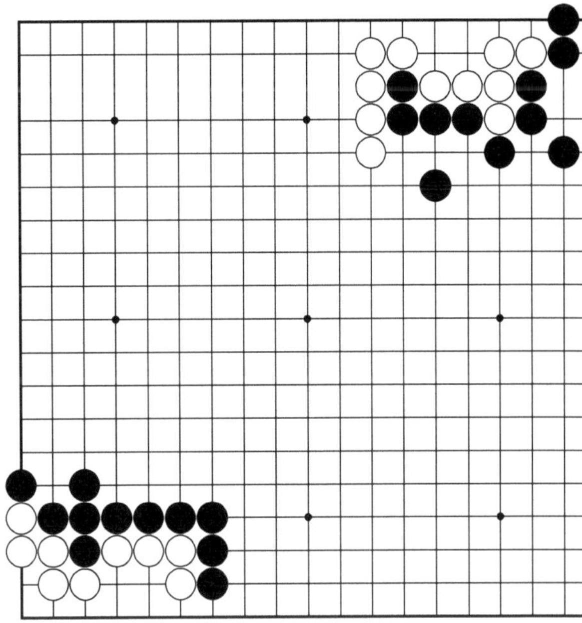

241

242

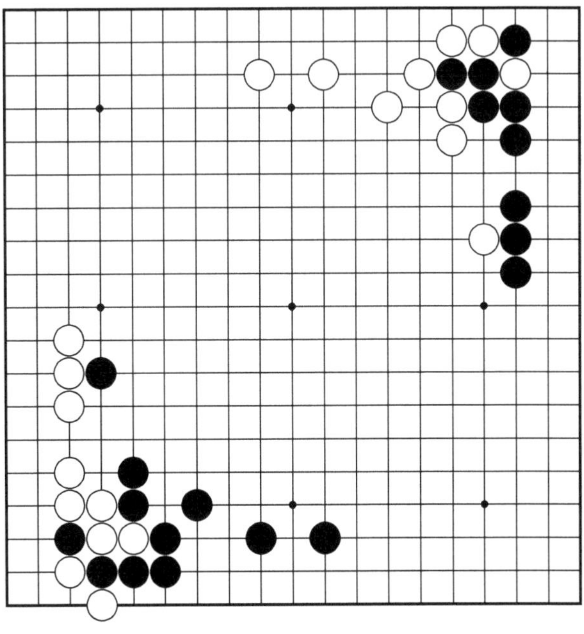

243

244

245

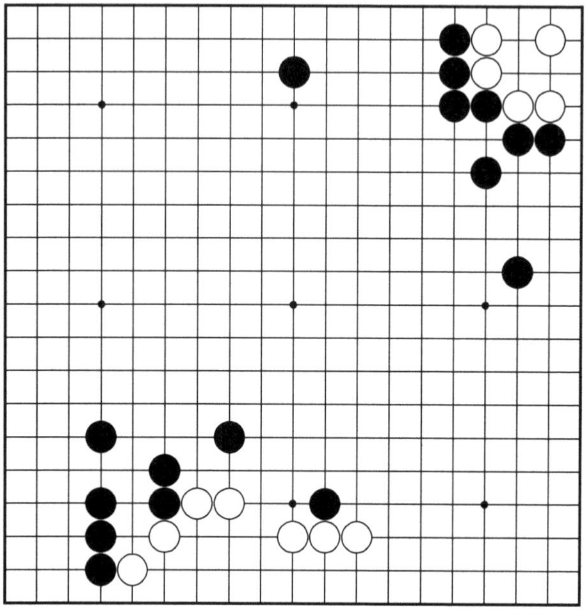

246

247

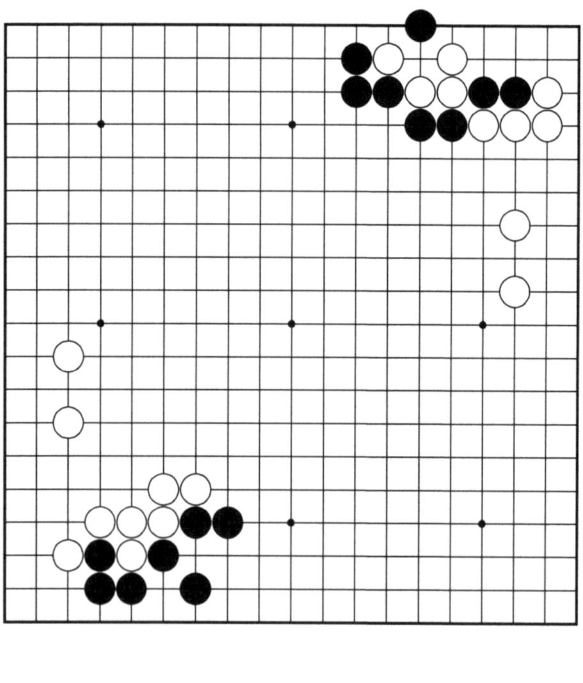

248

249

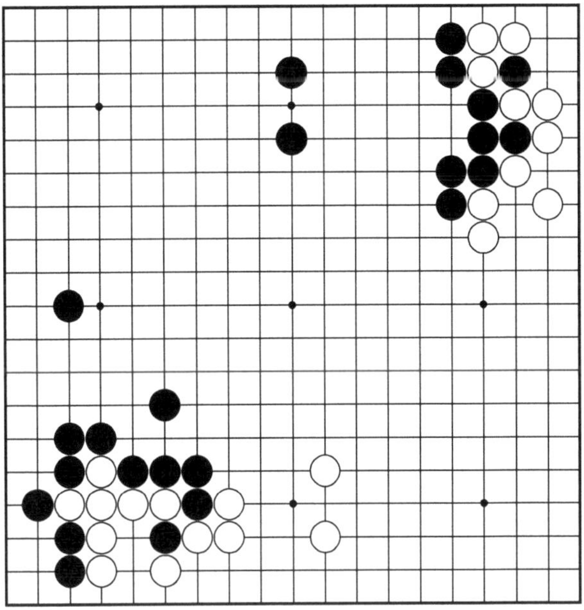

250

251

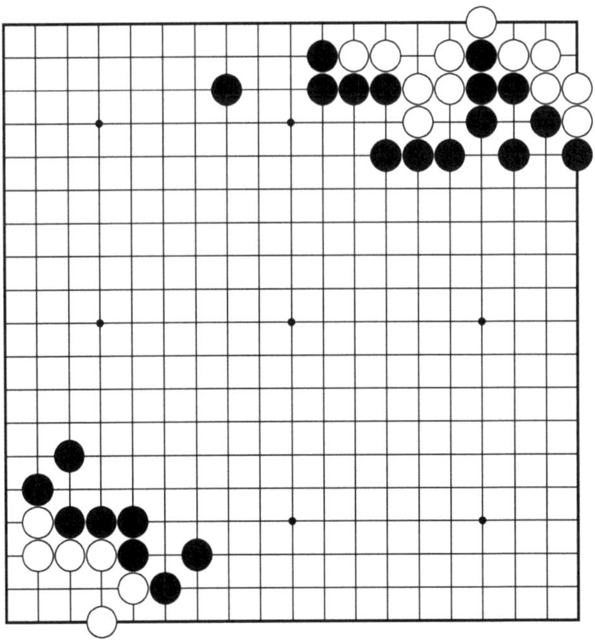

252

253

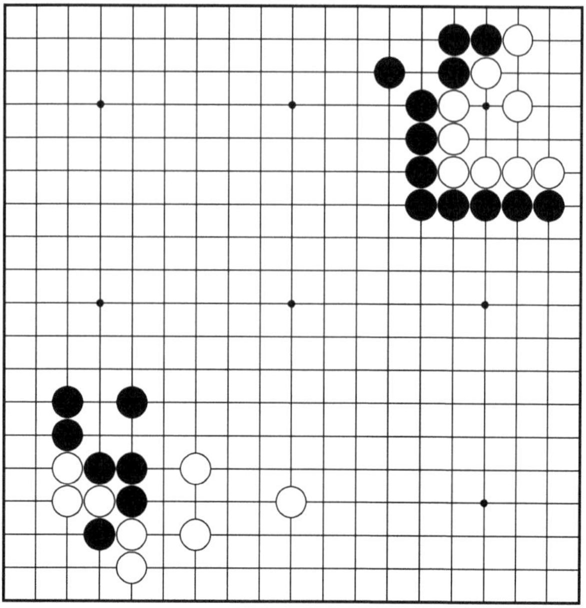

254

255

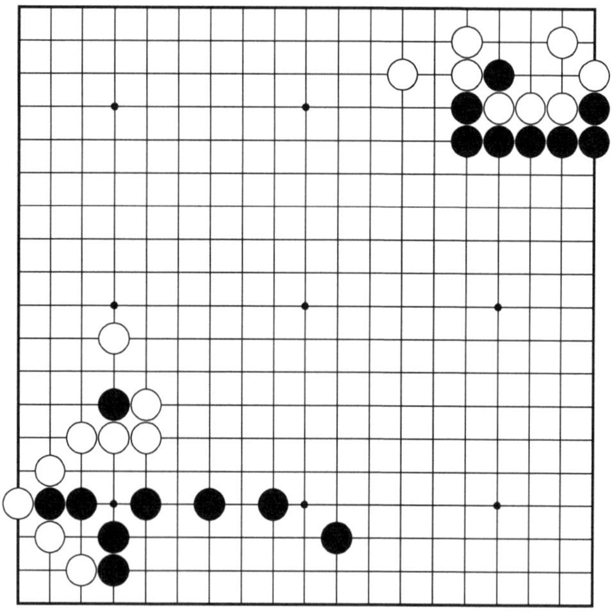

Lösungen

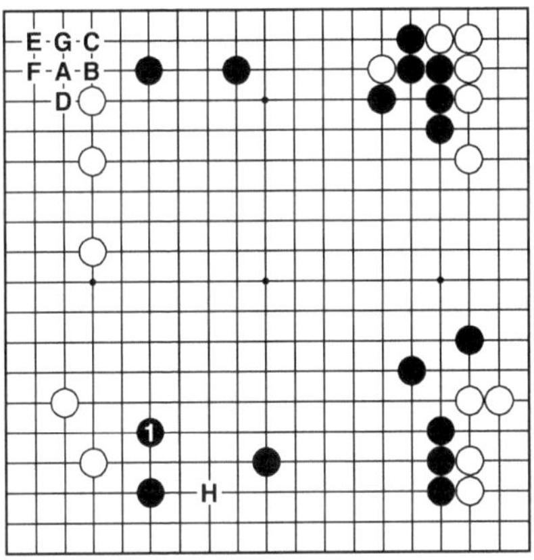

[1] Schwarz 1 ist der größte Punkt, denn er baut das Moyo am unteren Rand aus.

Invadiert Schwarz stattdessen auf A, folgt die Sequenz bis G und Weiß wird mit Vorhand den unteren Rand auf H invadieren.

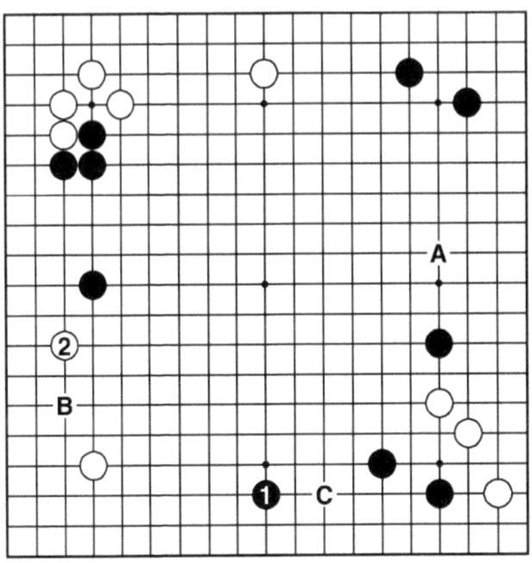

[2] Das Joseki am Rand unten ist noch nicht abgeschlossen, daher ist Schwarz 1 wichtig. Weiß kann nun den großen Punkt 2 nehmen oder auf A eine Zange gegen den Stein am rechten Rand spielen. Nach Weiß 2 ist eine Ausdehnung auf A groß für Schwarz.

Wählt Schwarz statt 1 die Ausdehnung auf B, dann wird Weiß die Initiative ergreifen und mit C angreifen.

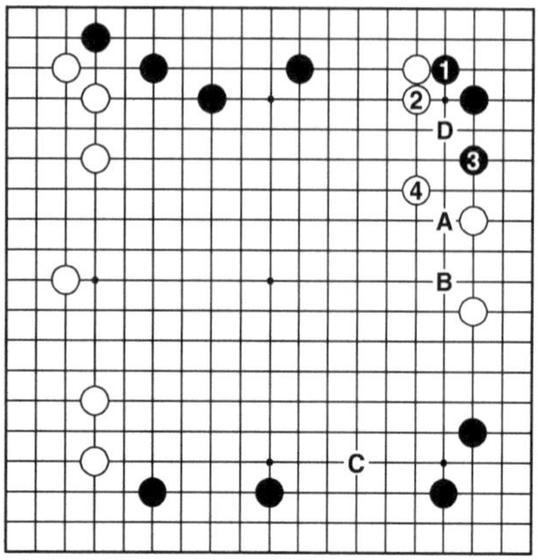

[3] Schwarz 1 schützt nicht nur die Ecke, sondern setzt auch Weiß unter Druck. Nach Weiß 4 gibt es immer noch Schwachpunkte auf A und B.

Spielt Schwarz einfach nur auf C, dann kann Weiß auf D drücken und nicht nur seine Steine verbinden, sondern auch Einfluss zum Zentrum errichten.

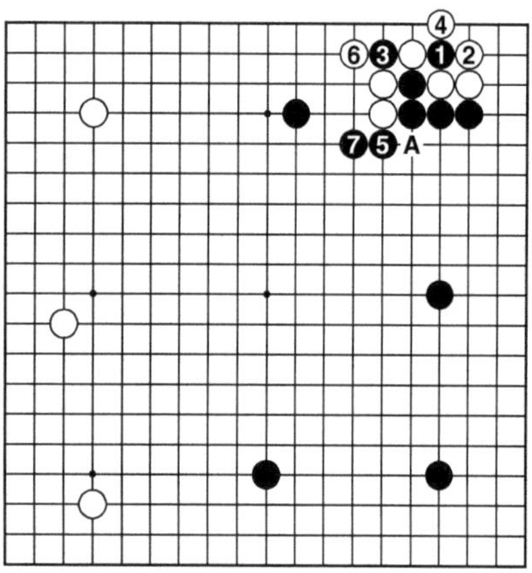

[4] Schwarz sollte mit 1 innen schneiden, denn in der Abfolge bis 7 errichtet er eine solide Wand, die sehr gut zu seiner Eröffnung passt.

Schneidet Schwarz jedoch erst auf 3, dann fängt Weiß den Schnittstein und Schwarz nimmt mit 1 und 2 die Ecke. Die Eröffnung wird nicht optimal genutzt und das Aji eines Hane auf A ist unangenehm für Schwarz.

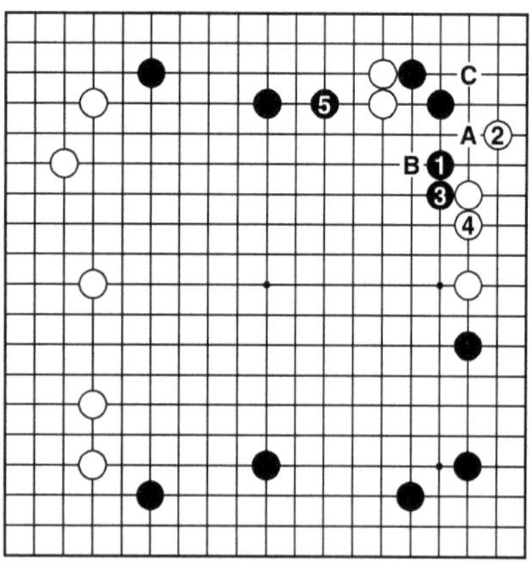

[5] Schwarz 1 trennt die weißen Gruppen. Nach der Abfolge bis 5 sieht Schwarz einem guten Kampf entgegen.

Stattdessen die Ecke mit A zu verteidigen ist zu passiv. Weiß schließt Schwarz erst auf B ein und droht, die noch verbleibende Schwäche auf C später auszunutzen.

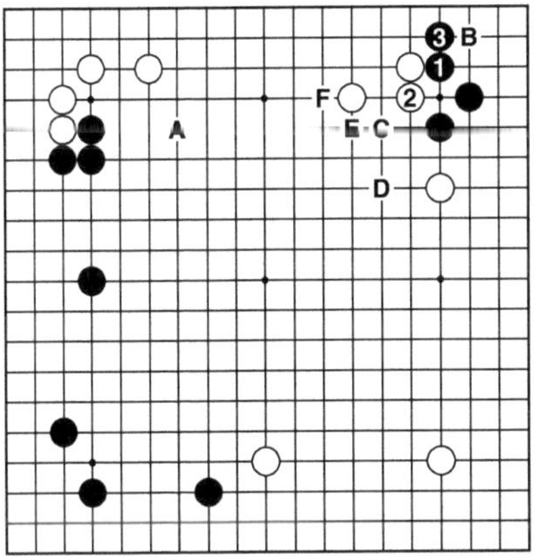

[6] Die Ecke mit 1 und 3 zu verteidigen ist richtig.

Spielt Schwarz jedoch stattdessen auf A, dann wird Weiß ihm mit B die Basis nehmen. In der Abfolge bis F läuft Schwarz nun heraus und Weiß kann seine Stellung in gutem Spielfluss sowohl rechts als auch oben stärken.

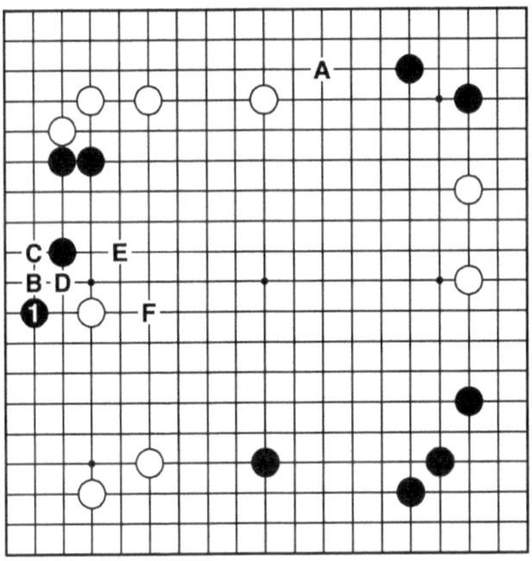

[7] Schwarz 1 ist hier der beste Punkt. Er verhindert, dass Weiß mit B angreift und in der Abfolge bis F eine große Anlage links unten errichtet. Schwarz 1 macht diese Absichten zunichte. Daher ist für A noch nicht der richtige Zeitpunkt gekommen.

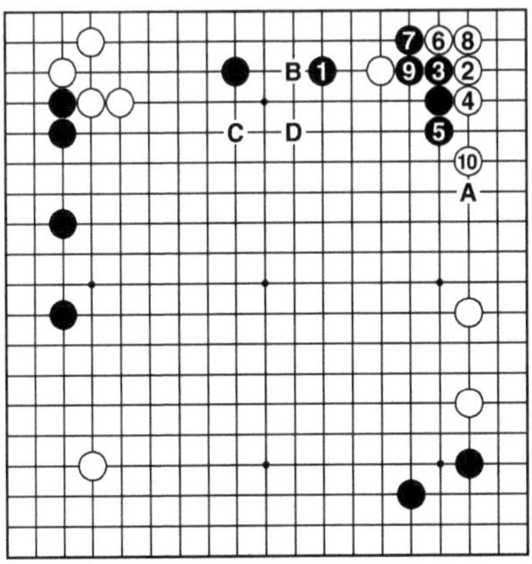

[8] Das Klemmen mit Schwarz 1 ist richtig. Geht Weiß in die Ecke, so ist die Abfolge bis 10 anzunehmen. Schwarz hat Vorhand und kann nun einen großen Punkt nehmen.

Wenn Schwarz jedoch die Eckausdehnung auf A spielt, dann wird Weiß sich auf B ausdehnen und den einzelnen Stein angreifen. Nach D hat er eine solide Stellung und in der Ecke droht noch immer eine 3-3-Invasion.

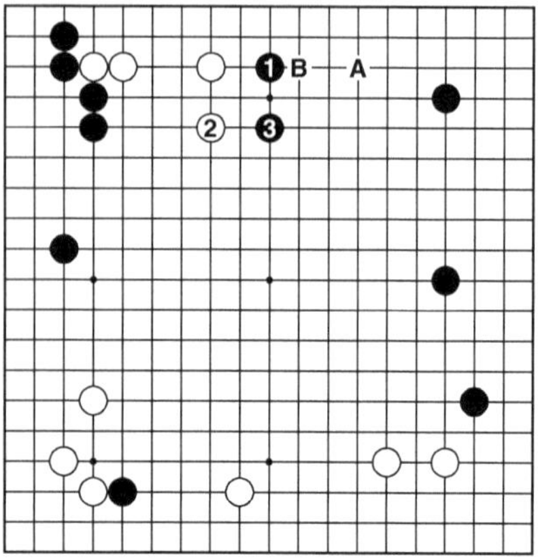

[9] Schwarz sollte sich mit 1 bis an die weiße Stellung ausdehnen. Antwortet Weiß auf 2, dann ist 3 eine gute Fortsetzung.

Schwarz A ist unbefriedigend, denn Weiß kann sich nun mit B selbst optimal ausdehnen und eine sichere Basis schaffen.

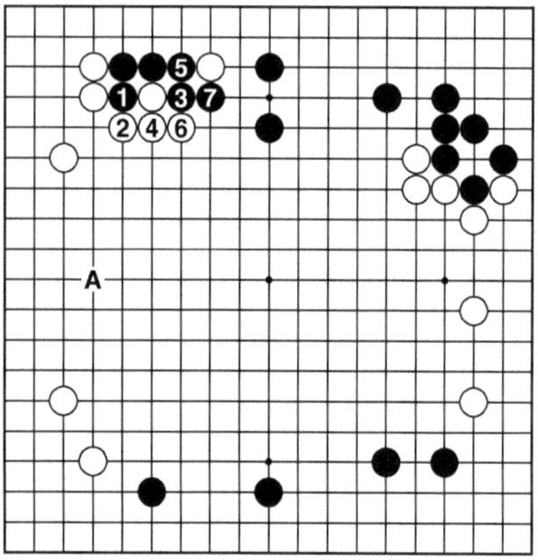

[10] Mit Schwarz 1 die Punkte am oberen Rand zu nehmen ist groß. Weiß kann den linken Rand nicht so leicht abschließen.

Spielt Schwarz übereilt auf A, dann streckt Weiß auf 3 und nimmt selbst Punkte mit.

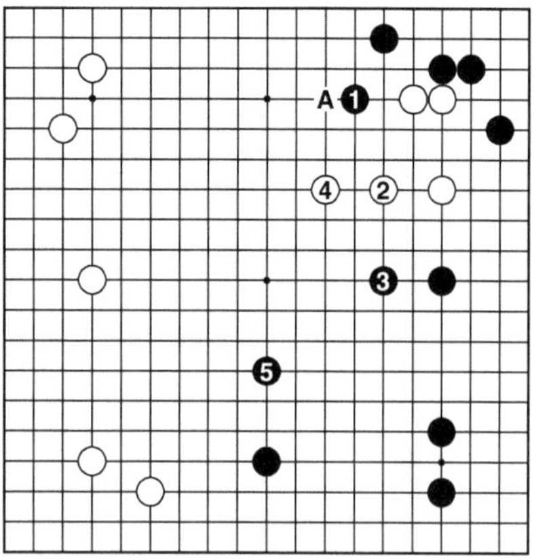

[11] Schwarz 1 ist richtig, denn er induziert die Abfolge Weiß 2 bis 4. So kommt Schwarz auch zu seinem Wunschpunkt 3. Zudem hat er Vorhand für den großen Punkt 5.

Wenn Schwarz nur 3 spielt, dann wird Weiß auf A springen. Nun ist es schwieriger, Druck auf die weiße Gruppe auszuüben.

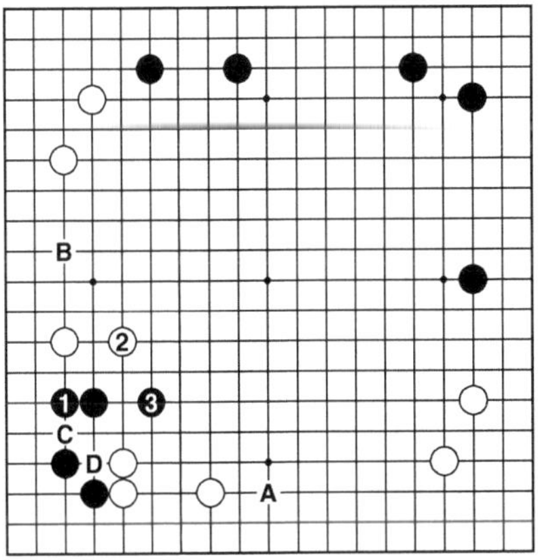

[12] Der solide Zug 1 ist hier richtig. Nach Schwarz 3 gibt es Fortsetzungen auf A und B.

Hat Schwarz es eilig, auf A zu spielen, dann wird Weiß mit C oder D die Schwächen in der Ecke ausnutzen. Der sich entwickelnde Kampf ist gut für ihn.

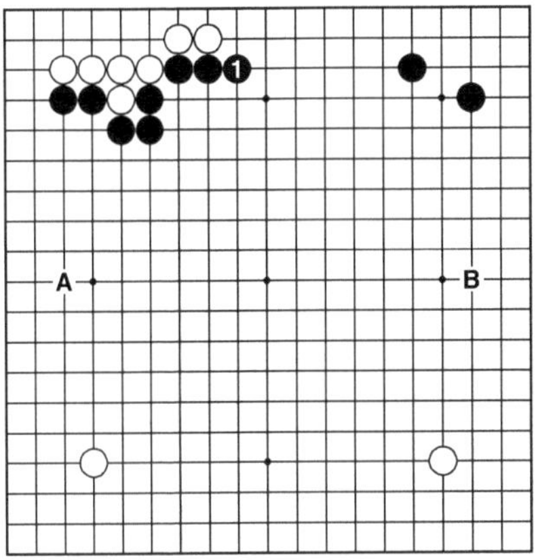

[13] Schwarz 1 ist solide und richtig. Nun sind die Punkte A und B Miai.

Eilt Schwarz zuerst zu B, dann wird Weiß auf 1 umbiegen und den gesamten Aufbau von Schwarz zunichte machen.

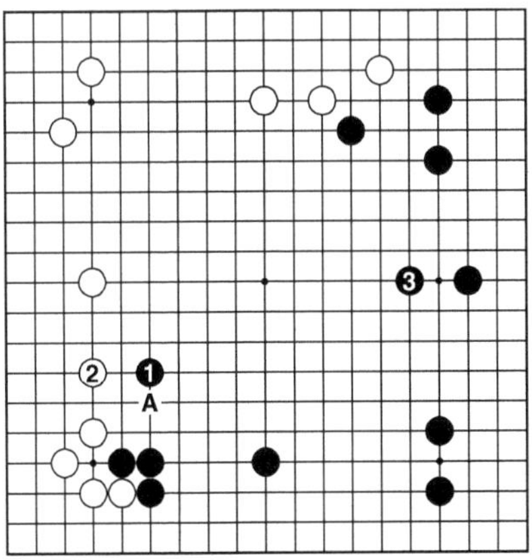

[14] Schwarz sollte erst 1 spielen, denn wenn Weiß auf 2 antwortet, bekommt er noch immer den großen Punkt 3 am rechten Rand.

Wenn Schwarz zuerst 3 spielt, dann nimmt Weiß mit A den wichtigen Punkt zwischen den Gebietsanlagen.

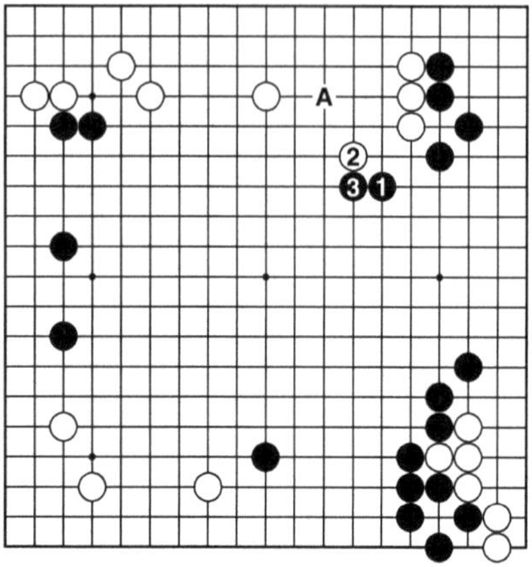

[15] Schwarz 1 ist ein wichtiger Punkt zwischen den beiden Gebietsanlagen und kann nicht Weiß überlassen werden. Zudem droht er eine starke Fortsetzung auf A, weshalb Weiß antworten möchte.

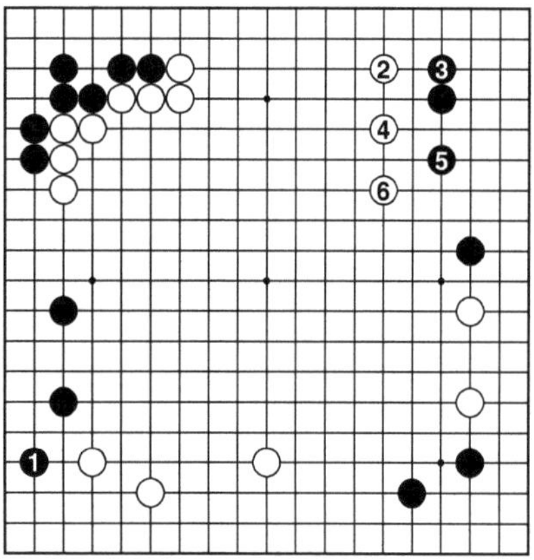

[16] Fehler. Schwarz 1 lässt Weiß die großen Züge 2 bis 6 spielen und eine große Anlage am oberen Rand errichten.

Schwarz kann dies nicht zulassen und muss daher statt 1 selbst auf 2 spielen.

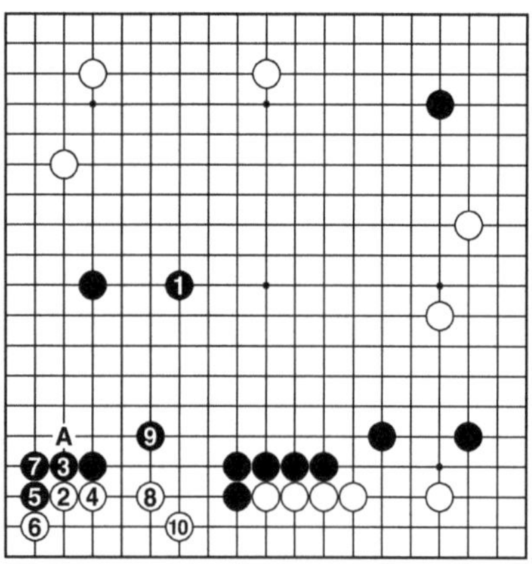

[17] Fehler. Hier ist Schwarz 1 übereilt, denn Weiß kann noch immer die Ecke invadieren. Das Ergebnis ist gut für Weiß.

Daher sollte Schwarz mit 1 auf A spielen.

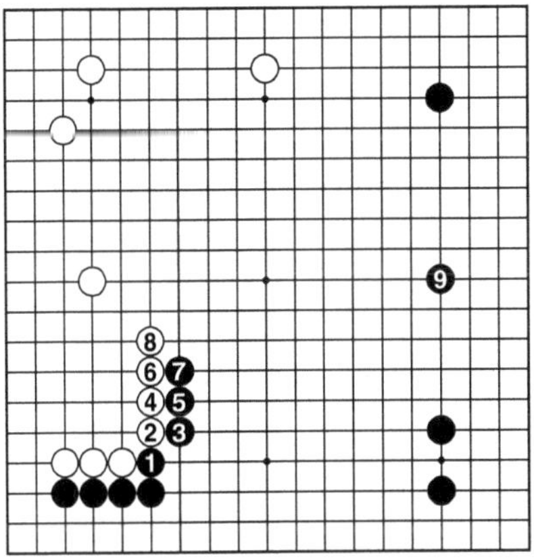

[18] Das Umbiegen auf 1 ist hier der beste Punkt, denn er führt zu einer idealen Entwicklung. Nach Weiß 8 kann Schwarz noch immer 9 am rechten Rand spielen.

Eilt Schwarz stattdessen zu 9, dann spielt Weiß das Keima auf 3 und besetzt somit den wichtigen Punkt zwischen den beiden Gebietsanlagen.

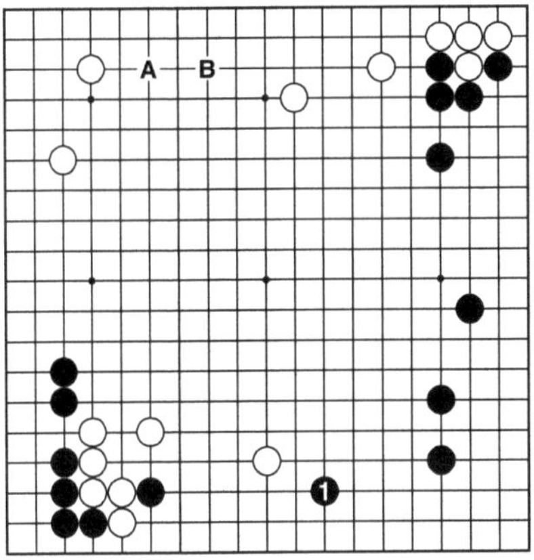

[19] Schwarz 1 ist der richtige Punkt, denn er droht, den einzelnen Stein links unten zu reaktivieren.

Spielt Schwarz jedoch A am oberen Rand, dann greift Weiß mit B an und übernimmt die Initiative.

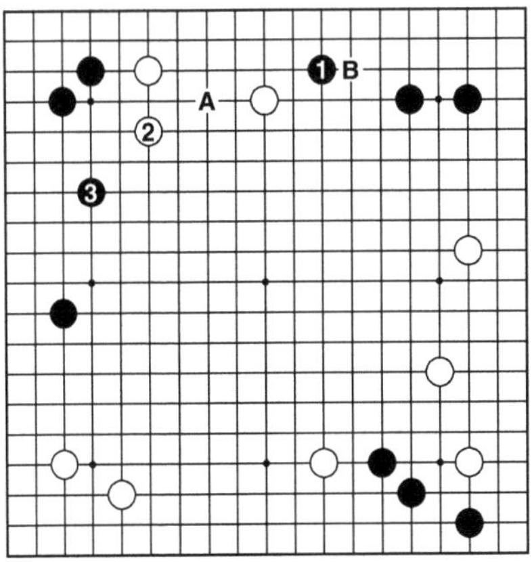

[20] Die Ausdehnung mit Schwarz 1 ist richtig, denn sie zwingt Weiß zu 2, um eine Invasion auf A vorzubeugen. Das wiederum induziert Schwarz 3, eine gute Entwicklung für Schwarz.

Spielt Schwarz einfach nur 3 oder die kurze Ausdehnung am rechten Rand, dann wird Weiß auf B spielen. Dies sichert Weiß die Basis und bedrängt zugleich die schwarze Ecke.

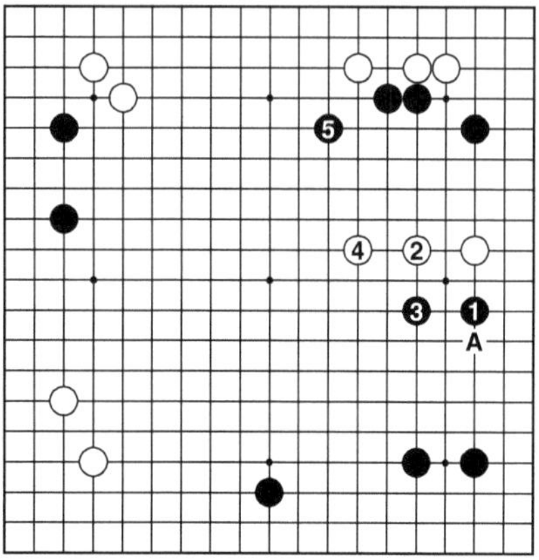

[21] Schwarz sollte mit 1 Druck gegen den weißen Stein machen. Läuft Weiß nun mit 2 los, kann Schwarz mit 3 nachlegen und dann ganz natürlich auf 5 die weißen Gruppen getrennt halten.

Spielt Schwarz jedoch ohne diese Vorbereitung gleich auf 5, dann errichtet Weiß mit A eine bequeme Basis.

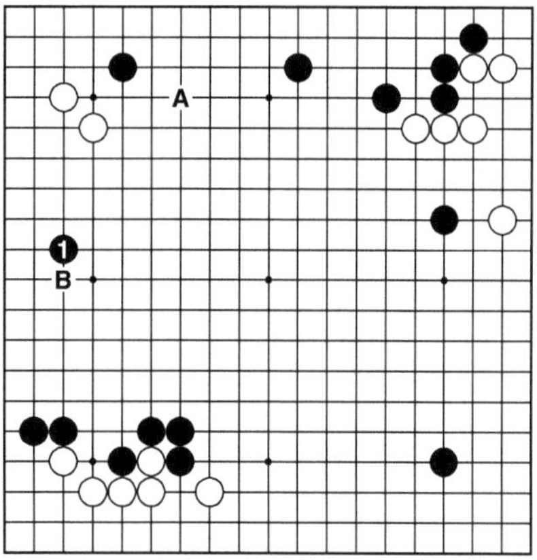

[22] Schwarz 1 ist hier der beste Punkt. Schwarz hat keine Zeit für A, denn Weiß nimmt dankend den großen Punkt auf B.

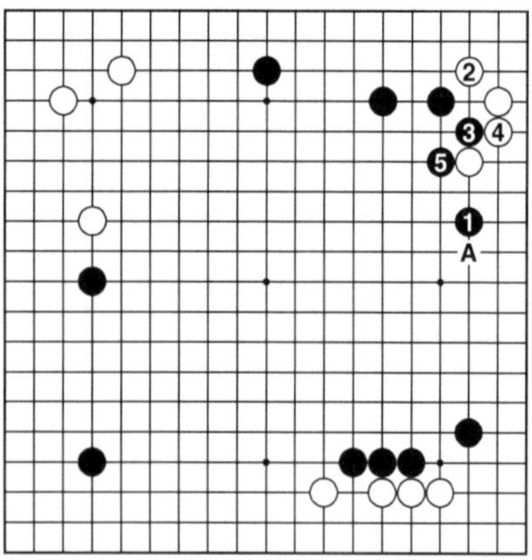

[23] In Anbetracht der schwarzen Wand unten ist das Klemmen auf 1 richtig. Geht Weiß in die Ecke, kann Schwarz ihn mit 3 und 5 einschließen. Dies passt wunderbar in die Gesamtstellung.

Spielt Schwarz statt 1 jedoch selbst 2 in der Ecke, dann dehnt sich Weiß auf A aus. Dies allein entwertet die schwarze Wand am unteren Rand und kann nicht gewollt sein.

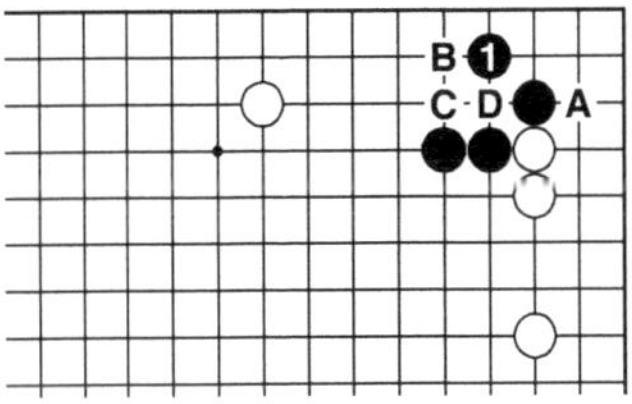

[24] Schwarz 1 ist gute, augenreiche Form. Streckt Schwarz hingegen auf A, dann kann Weiß mit B, Schwarz 1, Weiß C und Schwarz D attackieren.

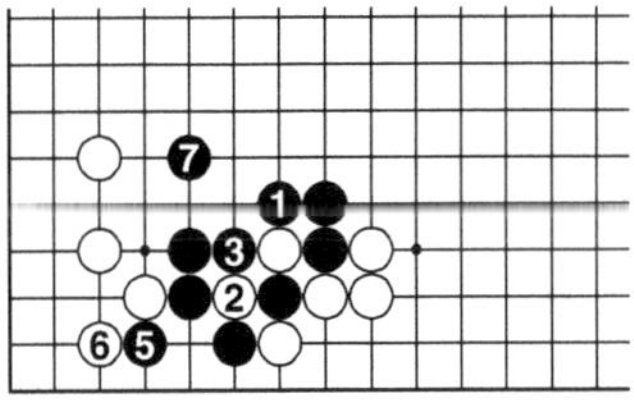

[25] Das Gegenatari 1 ist richtig. Verbindet Weiß nach 3, dann führen 5 und 7 zu guter Form für Schwarz. Schwarz darf nicht auf 2 verbinden, denn dann zieht Weiß seinen Stein heraus.

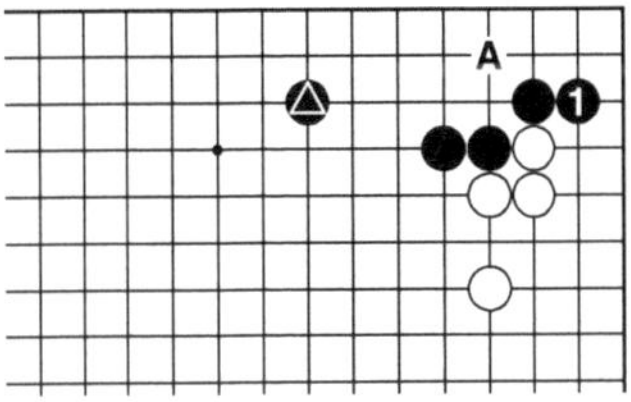

[26] Hier ist das Strecken richtig, denn der markierte Stein beugt einem weißen Angriff vor. Ein Zug auf A wäre hier zu defensiv.

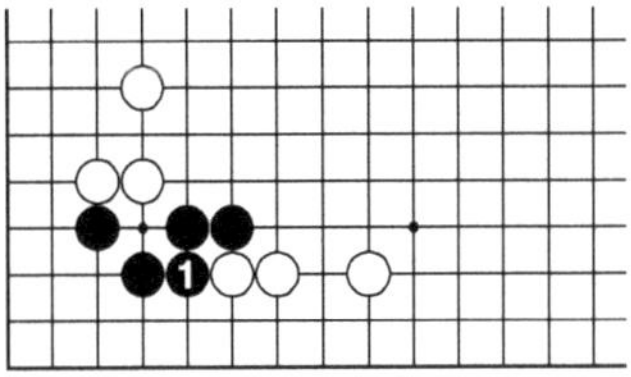

[27] Richtig. Schwarz muss mit 1 die Schwächen in der Ecke decken.

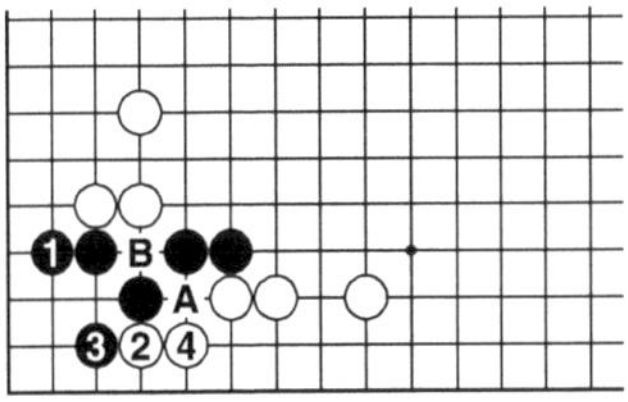

[27] Fehler. Streckt Schwarz auf 1, dann kann Weiß auf 2 anlegen. Statt 3 auf 4 zu spielen ist übertrieben, denn Weiß antwortet auf A und nach Schwarz 3 schneidet Weiß auf B.

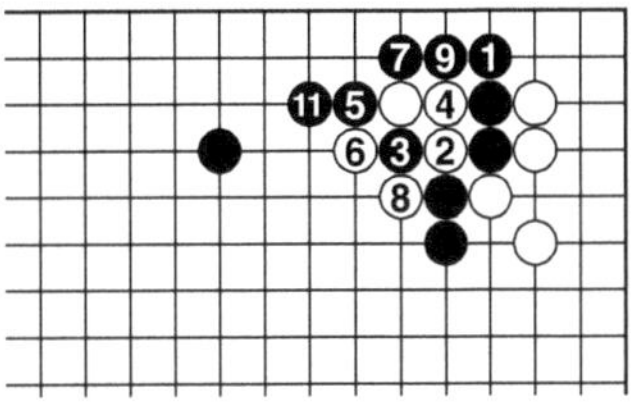

[28] Das Strecken zum Rand ist richtig. Wenn Weiß schneidet, kann Schwarz Weiß in einem Klumpen zwingen. Weiß 10 deckt auf 3.

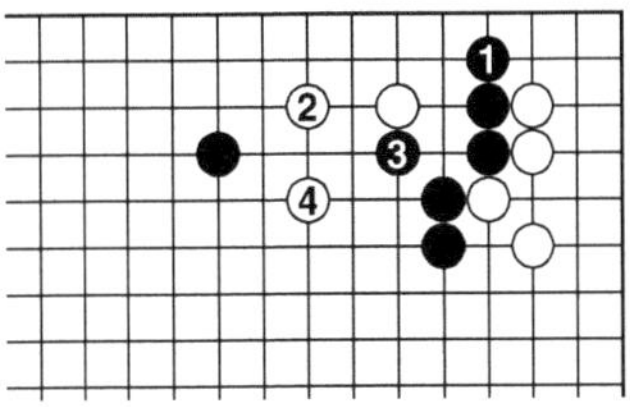

[28] Variante. Hier weicht Weiß aus, um nicht als Klumpen zu enden. Schwarz deckt den Schnitt und nach 4 hat die weiße Form Schwächen.

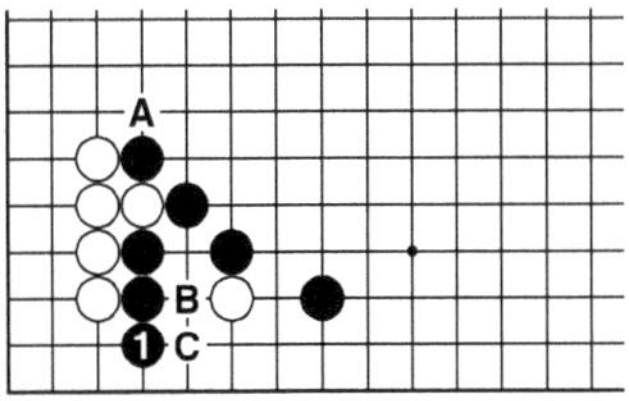

[29] Wieder ist das Strecken richtig. Streckt Schwarz auf A, um dem Atari zuvorzukommen, so biegt Weiß auf 1 um. Schwarz kann weder B noch C spielen.

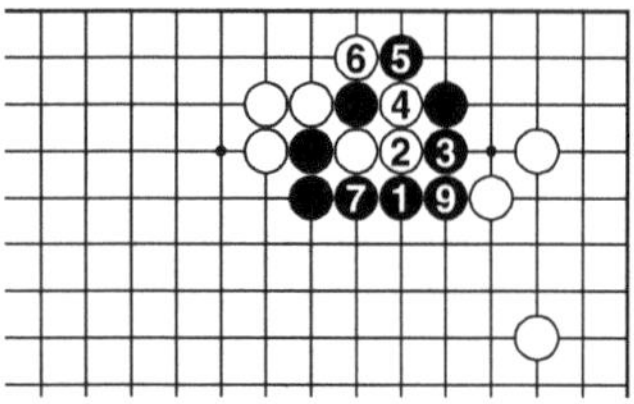

[30] Schwarz macht hier gute, starke Form, indem er einen Stein opfert. Weiß 8 deckt.

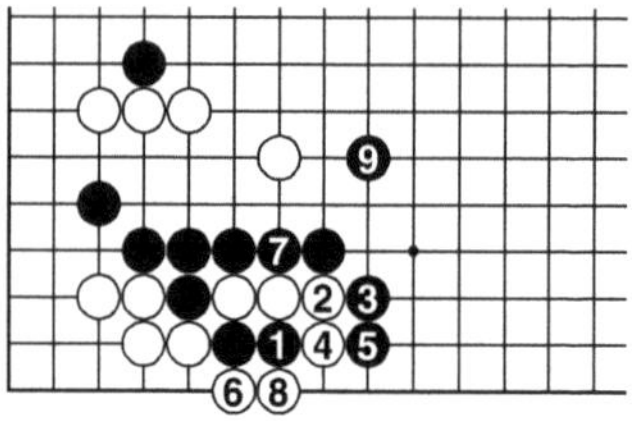

[31] Auch hier ist eine Opfersequenz richtig. Schwarz muss erst einmal strecken, um am Ende eine starke Stellung zu erhalten. Nun kann er mit 9 sogar die weißen Steine bedrängen.

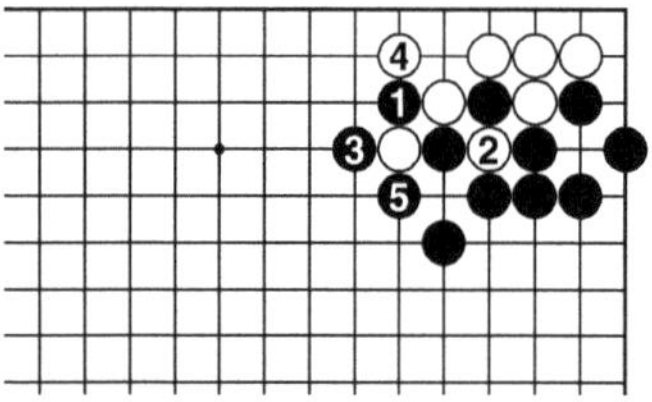

[32] Das Atari 1 führt zu guter Form. Schlägt Weiß auf 2, spielt Schwarz mit 3 wieder Atari. Weiß muss nun auf 4 nachgeben.

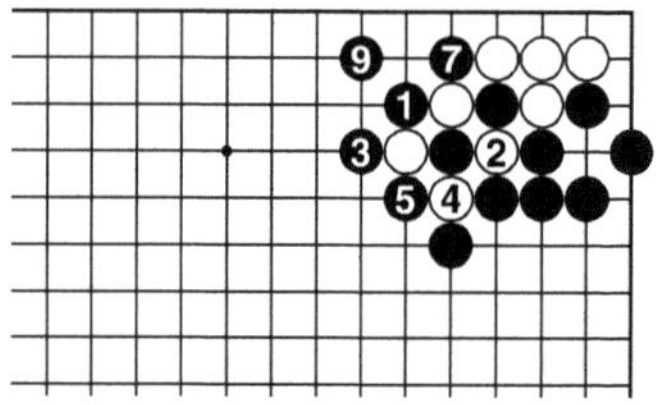

[32] Variante. Schlägt Weiß nach 3 auf 4, dann sind 5 bis 9 die zwingende Folge (Weiß 6 und 8 decken). Nun ist Weiß in der Ecke tot.

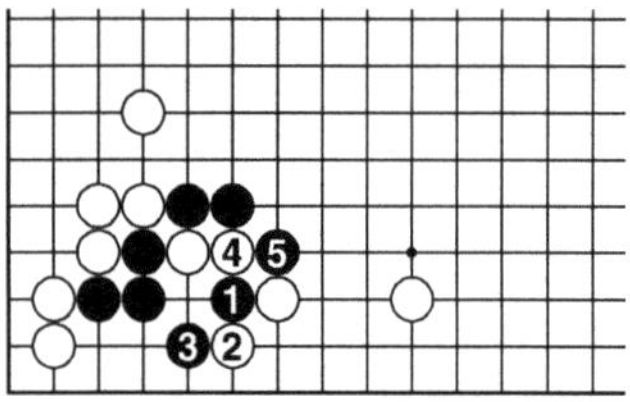

[33] Hier muss Schwarz keine Steine opfern, denn das Netz auf 1 macht gute Form. Nach Weiß 2 kann er auf 3 blocken, denn der weiße Stein ist gefangen.

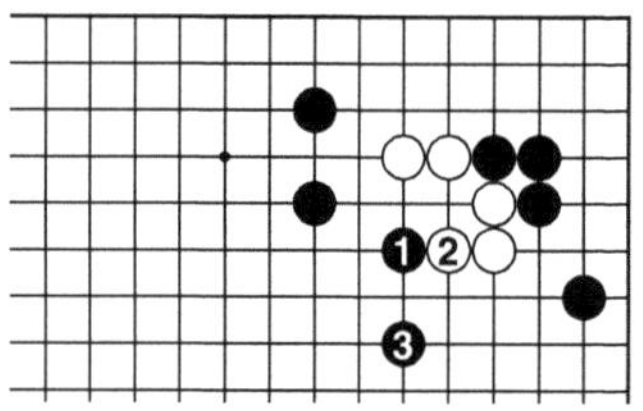

[34] Schwarz 1 besetzt den Formpunkt der weißen Stellung und zwingt so Weiß in eine schlechte Form. Mit 3 hat Schwarz eine ideale Fortsetzung.

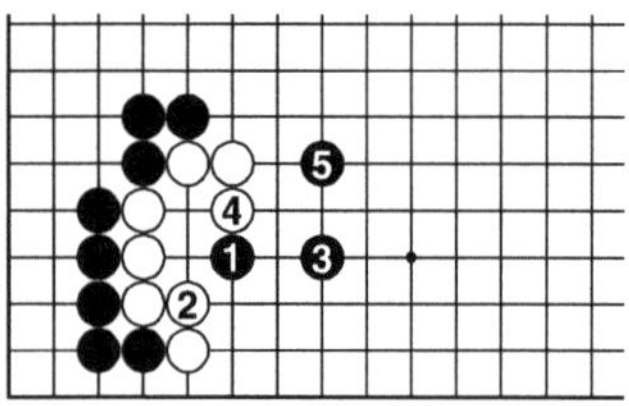

[35] Schwarz besetzt mit 1 den Formpunkt. Weiß krümmt und windet sich, während Schwarz sich locker und leicht entwickelt.

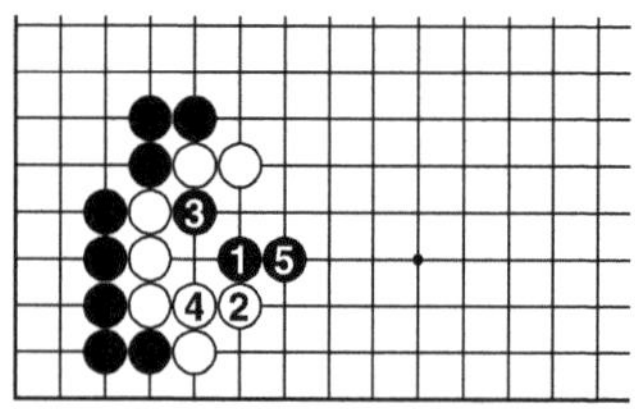

[35] Variante. Antwortet Weiß mit 2 hier, dann droht 3 eine Mausefalle an. Nach 5 hat Weiß zwei schwache Gruppen.

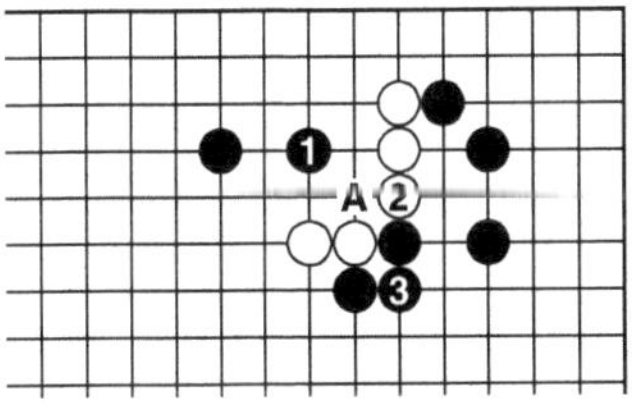

[36] Schwarz 1 besetzt den Formpunkt der weißen Stellung. Nach 3 muss Weiß irgendwie den Schnitt auf A verteidigen.

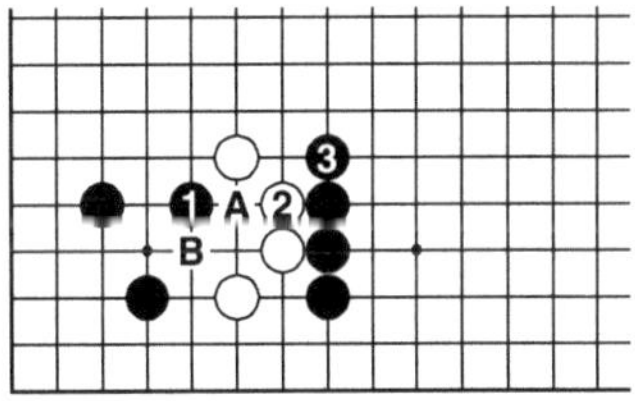

[37] Schwarz 1 zwingt Weiß zu verbinden. Schwarz hat seine Ecke gestärkt und kann nun auch außen strecken. Antwortet Weiß mit 2 auf A, dann bekommt Schwarz auch B in Vorhand.

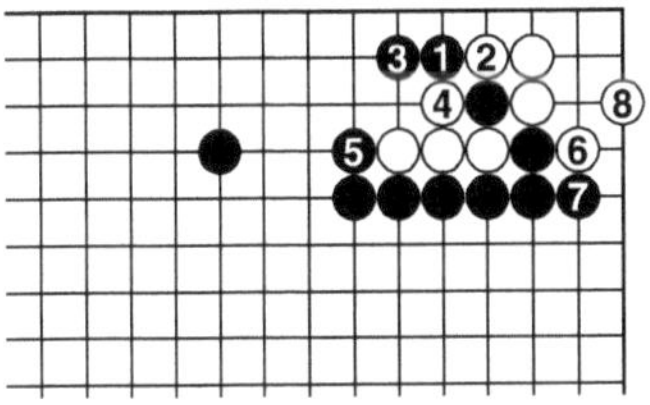

[38] Schwarz 1 droht die weißen Steine zu fangen. Während Weiß diese anbindet, schließt Schwarz ihn außen ein. Weiß muss jetzt noch in der Ecke leben.

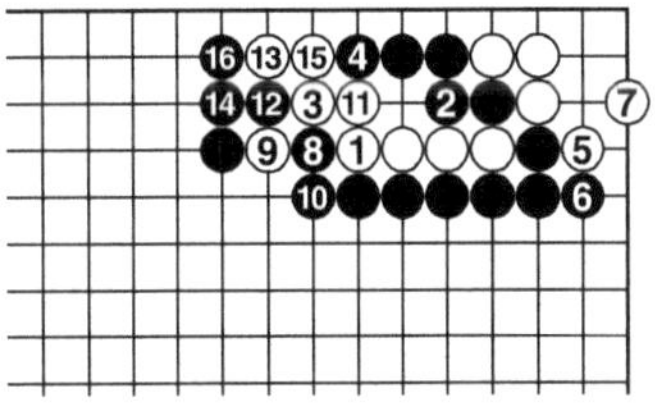

[38] Leistet Weiß statt 4 mit 1 hier Widerstand, dann kann Schwarz alle Steine fangen.

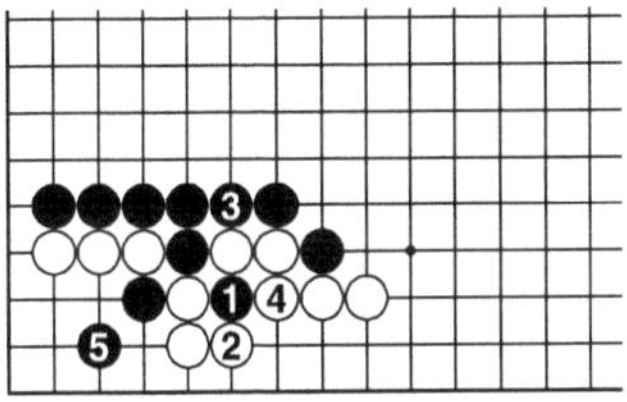

[39] Schwarz muss zuerst auf 1 schneiden. Nun bekommt er 3 in Vorhand und kann schließlich den großen Punkt 5 spielen.

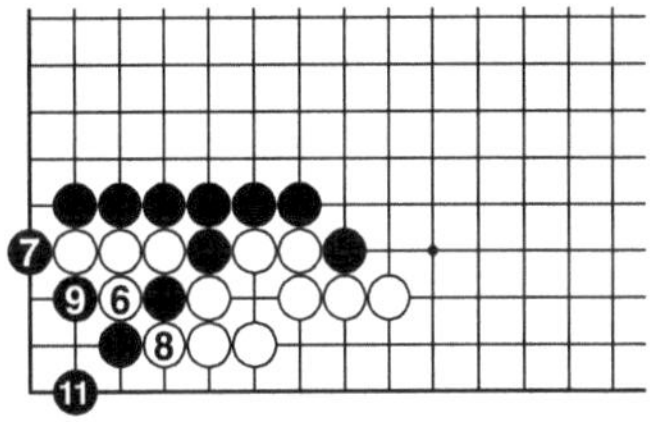

[39] Fortsetzung. Weiß kann zwar seine Steine retten, aber Schwarz nimmt die Punkte in der Ecke. Spielt Schwarz nur 3 im linken Diagramm, dann deckt Weiß in guter Form auf 5.

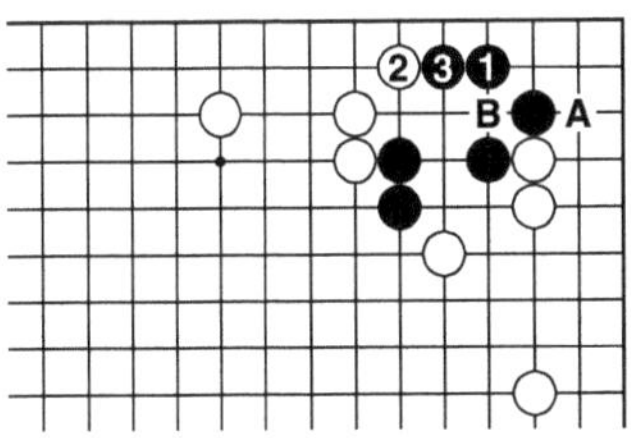

[40] Schwarz 1 ist gute Form, denn er gibt der Ecke Augenform. Streckt Schwarz jedoch auf A, dann zwingt Weiß mit 3 zum Verbinden auf B.

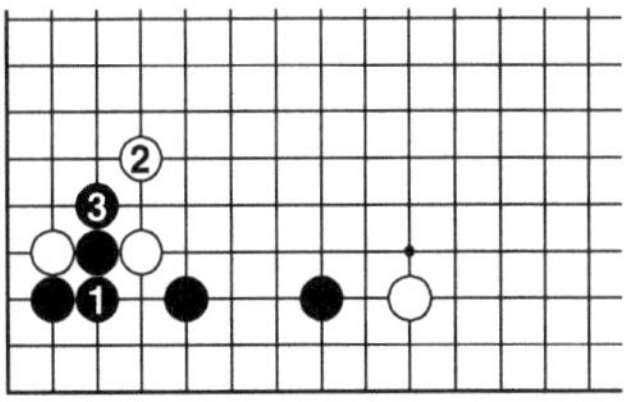

[41] Fest verbinden ist richtig. Springt Weiß auf 2, dann sticht Schwarz in die weiße Form. Spielt Weiß selbst 3, dann ist Schwarz 2 unangenehm für Weiß.

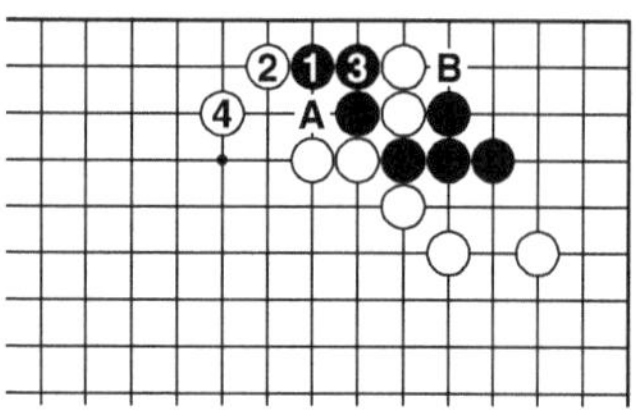

[42] Schwarz 1 ist Tesuji und fängt die weißen Steine. Weiß macht mit 4 ebenfalls gute Form, aber Schwarz hat Vorhand. Der Abtausch A für B ist das Vorrecht für Weiß.

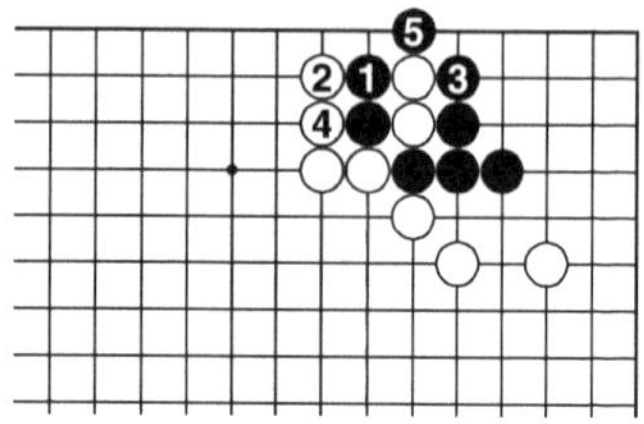

[42] Fehler. Mit 1 direkt zu fangen ist nicht gut, denn Schwarz endet in Nachhand.

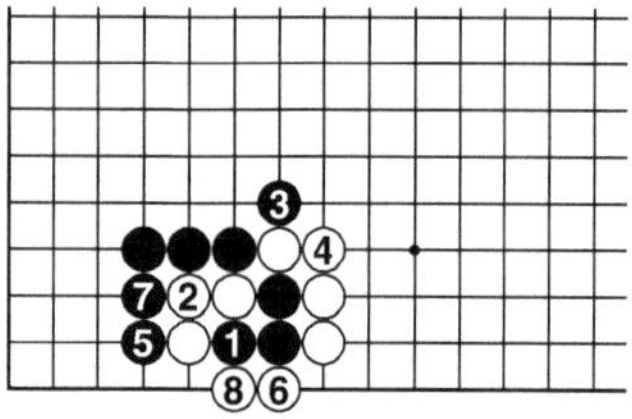

[43] Hier kann Schwarz nicht fangen, aber mit dem Opfern eines weiteren Steins auf 1 gelingt es ihm, seine Stellung solide zu befestigen.

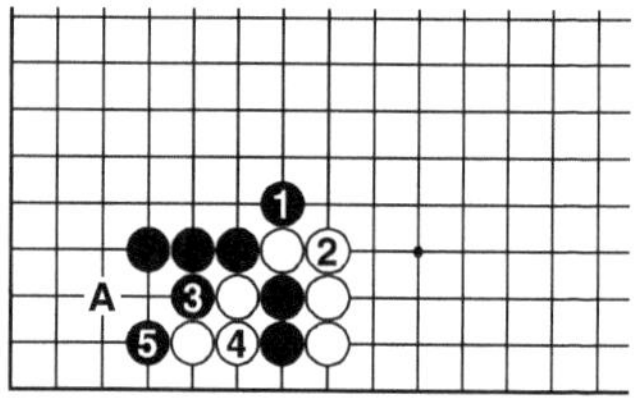

[43] Fehler. Ohne das zusätzliche Opfer bleibt der Schwachpunkt A in der schwarzen Stellung zurück.

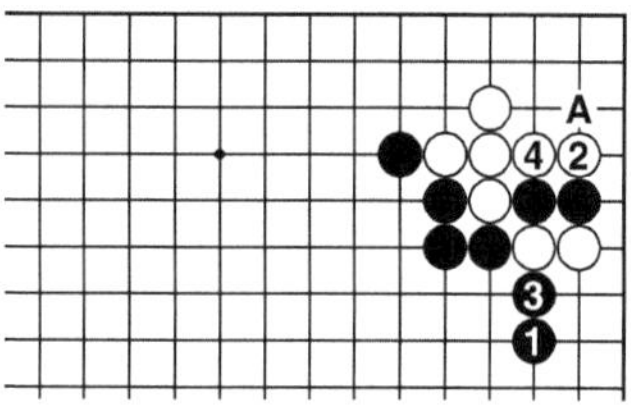

[44] Das Keima 1 ist gute Form. Weiß muss mit 2 einen schwarzen Zug auf A verhindern. Nun bekommt Schwarz mit 3 starke Form nach außen.

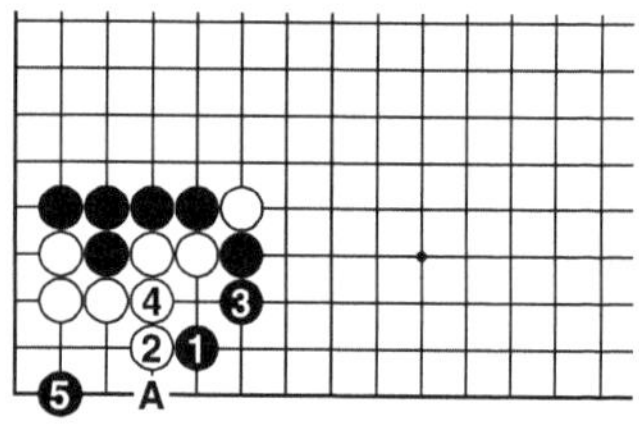

[45] Der Schnitt von Weiß war übertrieben. Schwarz 1 besetzt den vitalen Punkt. Nach 3 kann Weiß kann nicht decken, denn 5 tötet die Ecke. Weiß muss selbst auf 5 spielen und nach Schwarz 4 auf A strecken.

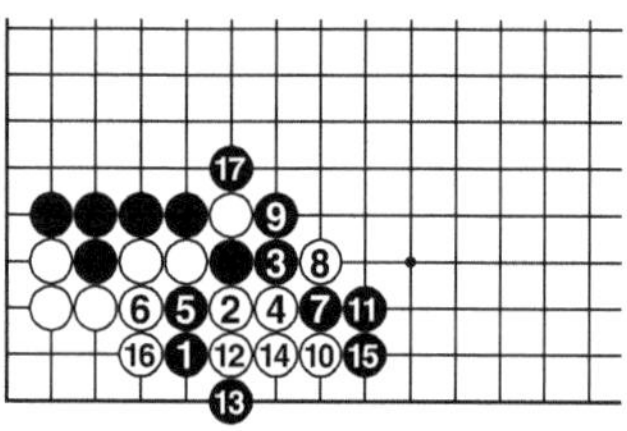

[45] Variante. Weiß kann mit 2 Widerstand leisten und leben, aber Schwarz erhält überragenden Einfluss zu den Rändern und zum Zentrum.

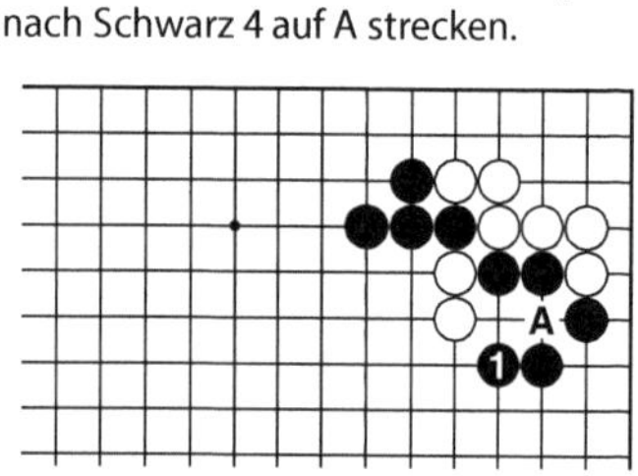

[46] Schwarz 1 macht gute Form. Lässt Schwarz den Zug aus, dann kann Weiß auf 1 die Mausefalle auf A androhen und Schwarz weiter bedrängen.

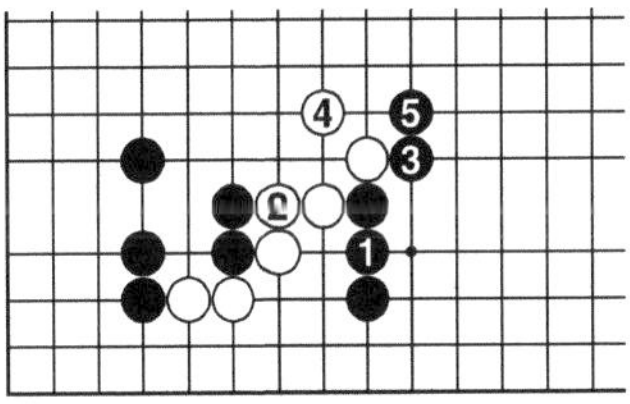

[47] Schwarz 1 ist gute Form. Weiß muss – in schlechter Form – verbinden und Schwarz kann hinauslaufen.

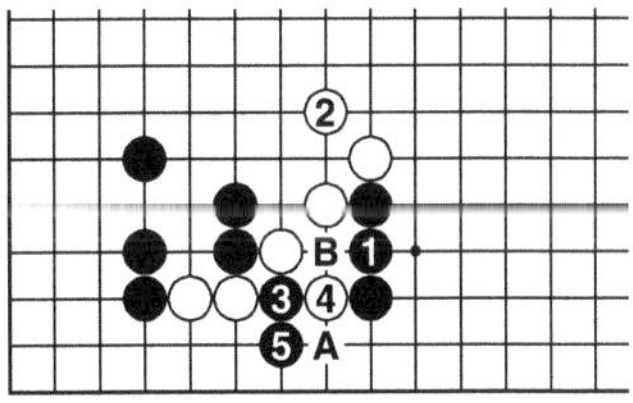

[47] Variante. Läuft Weiß mit 2 hinaus, dann schneidet Schwarz auf 3. Nach 5 sind A und B Miai.

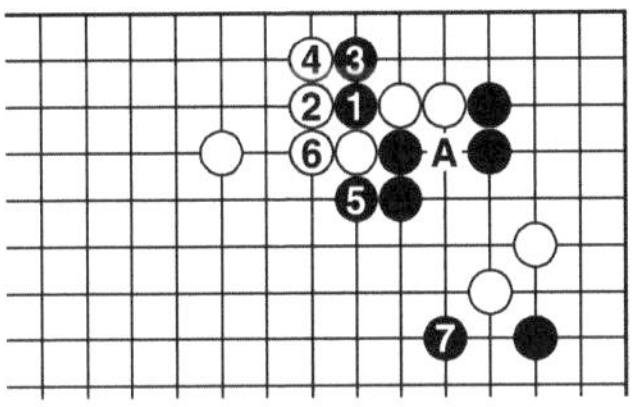

[48] Schwarz soll mit 1 schneiden und auch 3 opfern. So bekommt er 5 in Vorhand. Nun kann mit 7 die zwei weißen Steine fangen. Die Opfersteine schützen vor einem Schnitt auf A.

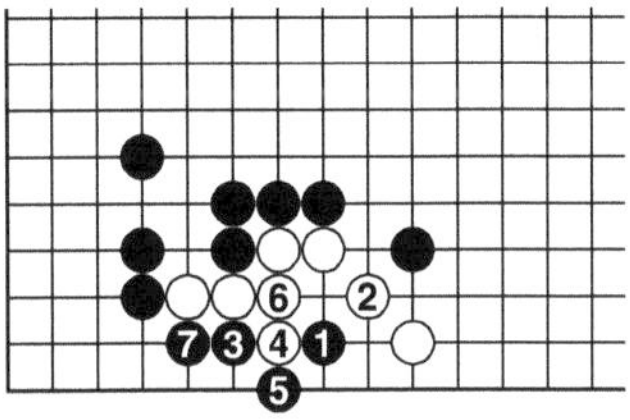

[49] Schwarz 1 ist das Tesuji, das den Formpunkt trifft. Trennt Weiß auf 2, dann verbindet Schwarz mit 3 bis 7. Weiß hat nun keine Basis.

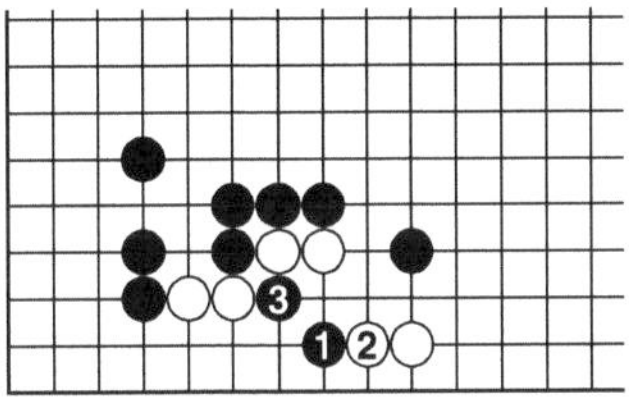

[49] Variante. Blockt Weiß auf 2, dann schneidet Schwarz auf 3. Von der weißen Form bleibt nicht viel übrig.

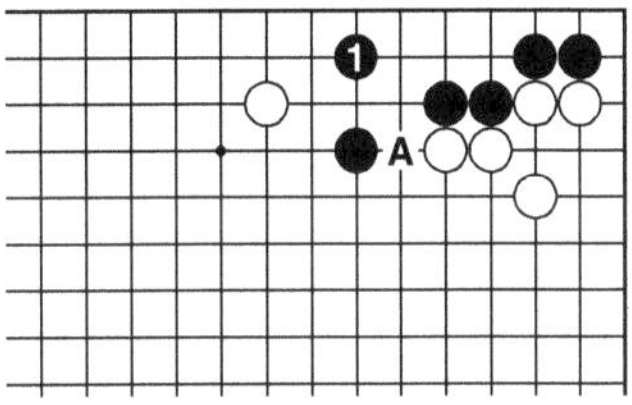

[50] Schwarz 1 sichert die Form der Gruppe. Spielt Schwarz stattdessen auf A, dann gleitet Weiß auf 1 und höhlt die Basis aus.

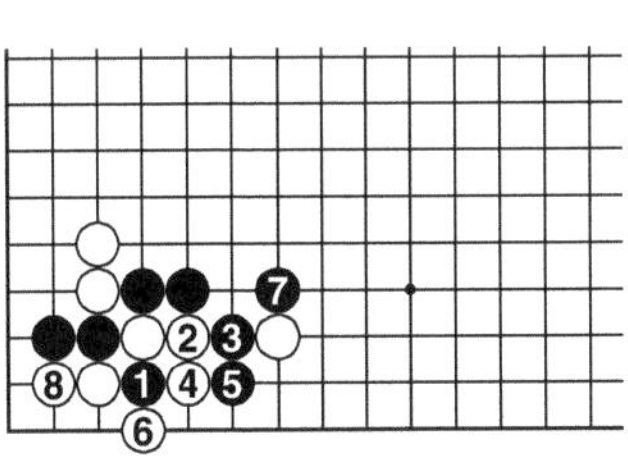

[51] Die Sequenz von 1 bis 7 macht gute Form für Schwarz. Weiß muss 8 in Nachhand in Kauf nehmen, sonst droht ein Ko in der Ecke.

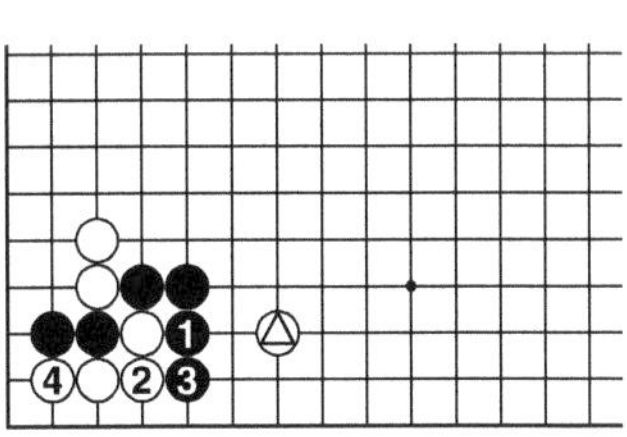

[51] Fehler. Schwarz 1 und 3 sind zwar Vorhand, aber der weiße Stein entwertet die schwarze Wand.

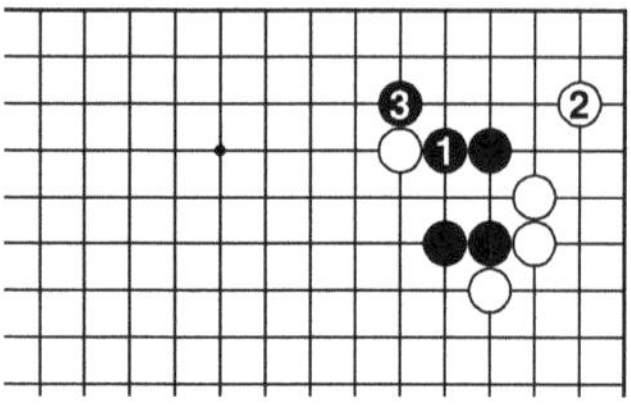

[52] In diesem Joseki ist Schwarz 1 die korrekte Form. Weiß springt auf 2 und Schwarz biegt um den weißen Stein am oberen Rand.

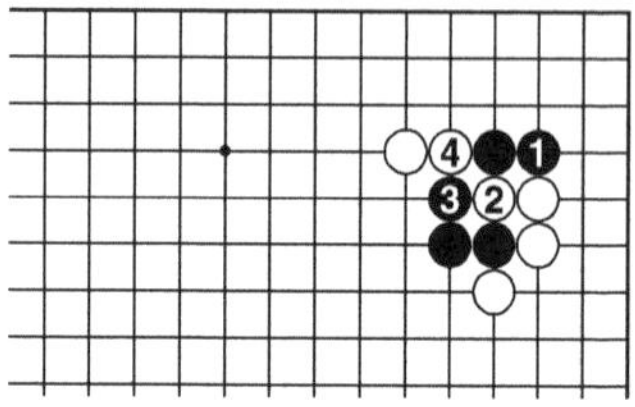

[52] Fehler. Das Blocken auf 1 ist ein Fehler, denn nun folgt ein für Schwarz unvorteilhafter Kampf. Statt 3 auf 4 nachgeben ist hier nicht angebracht.

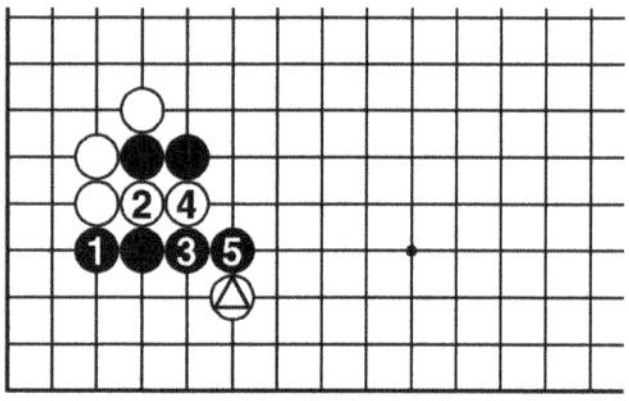

[53] In dieser Joseki-Variante kann Schwarz auf 1 blocken, denn nach Weiß 2 kann er auf 3 und 5 nachgeben. Er sichert den Rand und entwertet so den markierten weißen Stein.

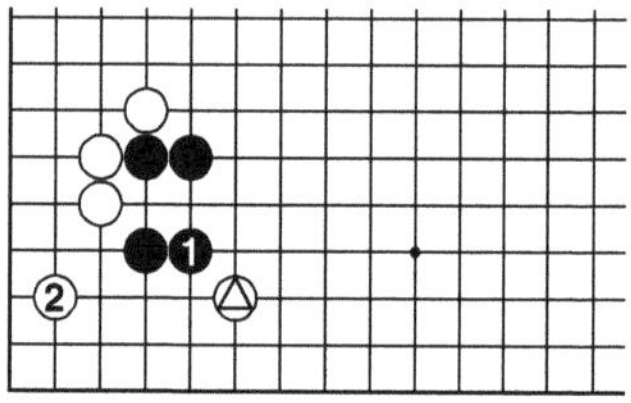

[53] Fehler. Schwarz 1 sieht lokal wie gute Form (Bambus) aus, erreicht aber nichts. Der markierte weiße Stein bewirkt, dass Schwarz hier eine ineffiziente Form hat.

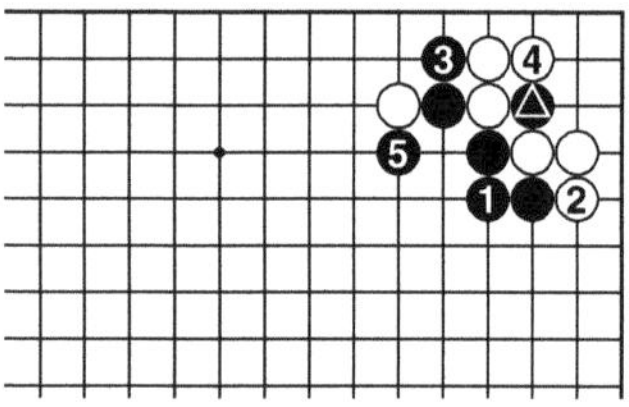

[54] Das Decken auf 1 ist der Formpunkt. Biegt Weiß auf 2 um, dann kann Schwarz in Vorhand 3 spielen und mit 5 einen weißen Stein verhaften.

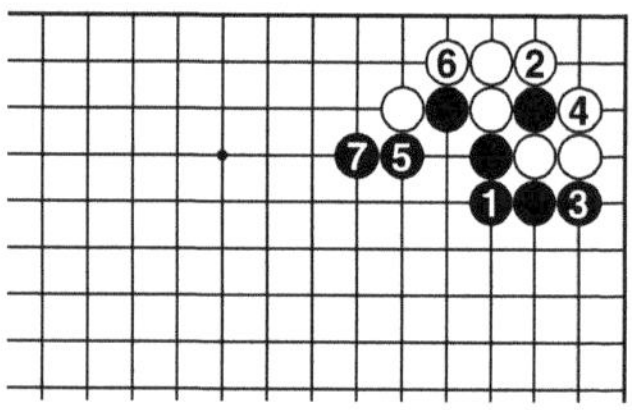

[54] Variante. Fängt Weiß mit 2 den Stein in der Ecke, dann bekommt Schwarz wieder einen Zug in Vorhand und kann eine solide Wand errichten.

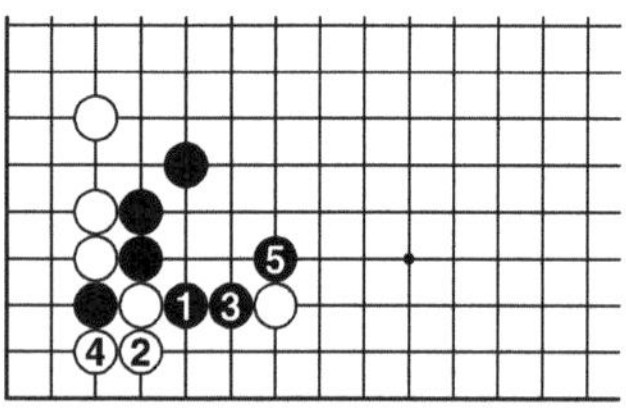

[55] Das Atari 1 ist nicht schwer zu sehen, die gute Form in diesem Joseki machen dann die Züge 3 und 5.

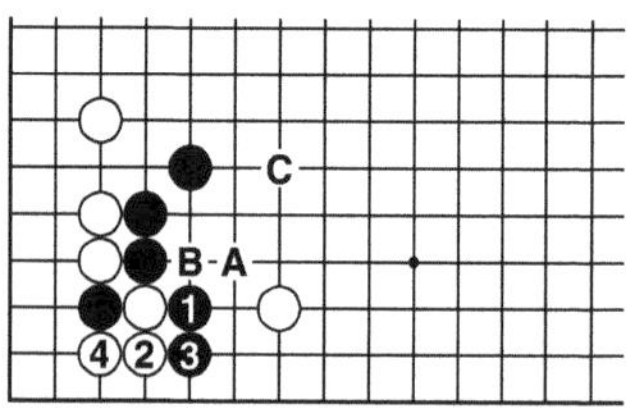

[55] Fehler. Noch einmal auf 3 zu strecken ist zwar Vorhand, aber die Form leidet, denn Weiß kann mit A Schwarz zu B zwingen und ihn dann mit C jagen.

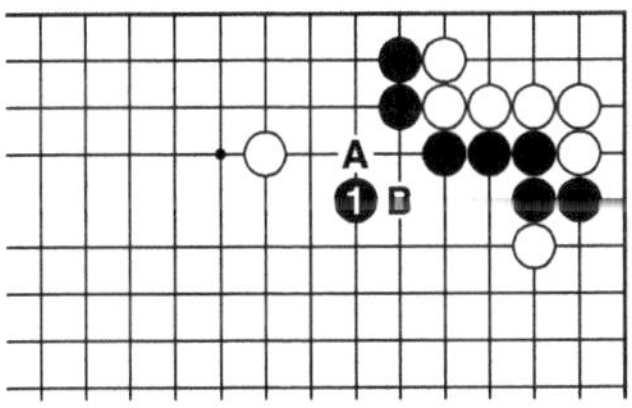

[56] Schwarz 1 macht eine flexible Form. Würde Schwarz mit A oder B verbinden, dann kann Weiß jeweils ein Nozoki auf B oder A spielen, was der Form nicht gut tut.

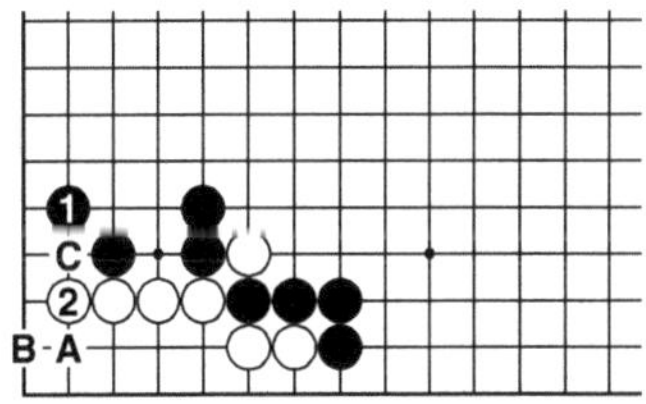

[57] Schwarz 1 ist der Formzug. Lässt Weiß 2 aus, dann kann Schwarz mit 2, Weiß A und Schwarz B die Ecke töten. Schwarz 1 auf C ist nicht gut, denn die Form hat nach Weiß 2 Schwächen.

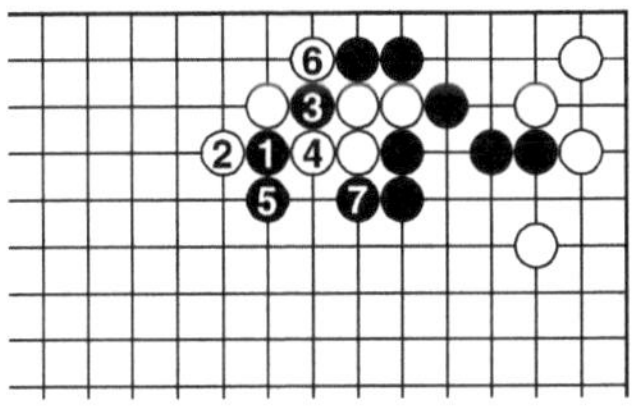

[58] Das Anlegen mit 1 ermöglicht es sich mit guter Form zu entwickeln und zwängt Weiß in einen Klumpen.

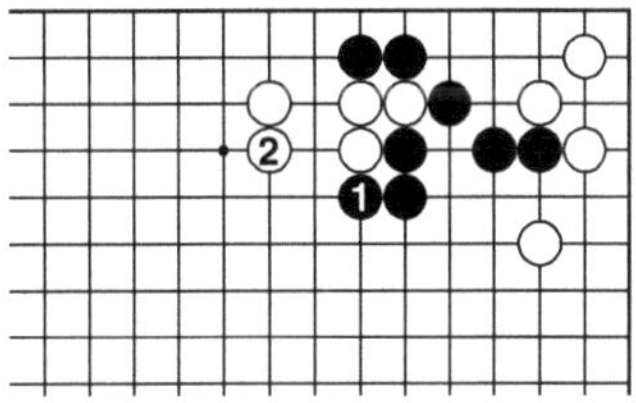

[58] Fehler. Biegt Schwarz hier nur auf 1 um, dann stärkt sich Weiß und das Ergebnis ist deutlich schlechter als das nebenstehende Diagramm.

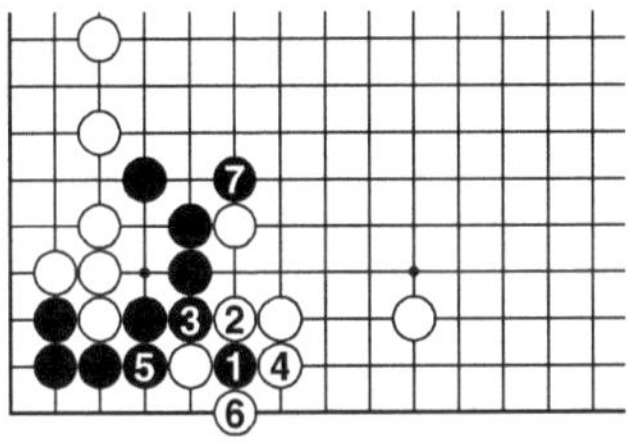

[59] Wieder opfert Schwarz einen Stein, um in Vorhand und guter Form zu verbinden. Deckt Schwarz stattdessen gleich auf 5, dann wird Weiß erst auf 3 und dann auf 7 nachlegen.

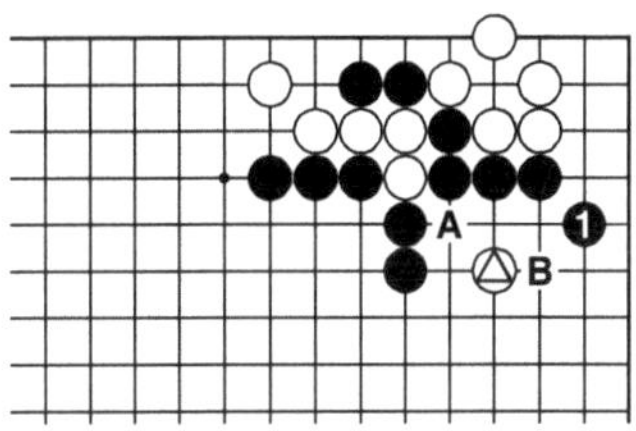

[60] Der Diagonalzug 1 macht hier Form. Schneidet Weiß auf A, dann kann Schwarz mit B fortsetzen.

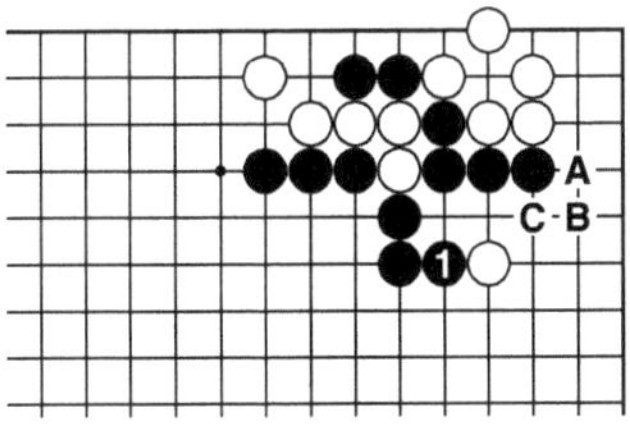

[60] Fehler. Das leere Dreieck 1 ist an sich schon nicht gut, aber es droht nun noch die Abfolge Weiß A bis C, die Schwarz arg in Schwierigkeiten bringt.

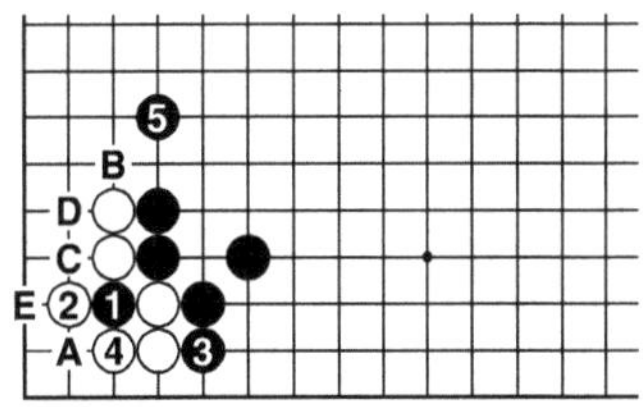

[61] Das Opfer 1 ermöglicht Schwarz, gute Form zu machen. Antwortet Weiß gleich auf 4, so zieht Schwarz auf 2 raus. Es folgen Weiß A bis E und Schwarz 5.

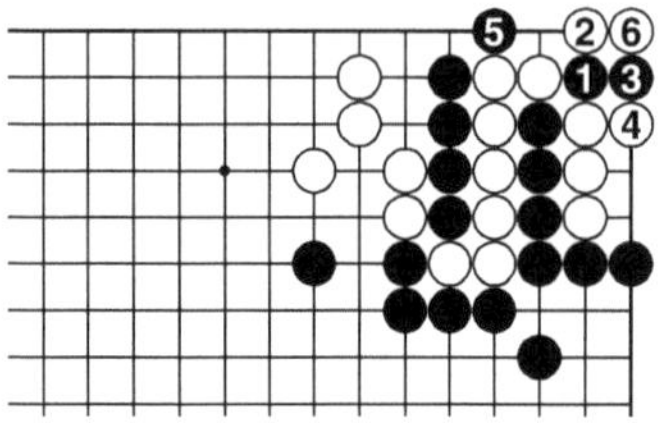

[62] Schwarz 1 leitet eine bekannte Tesuji-Sequenz ein, das Sekito Shibori (die „Steinturmquetsche"). Nach Weiß 6 ...

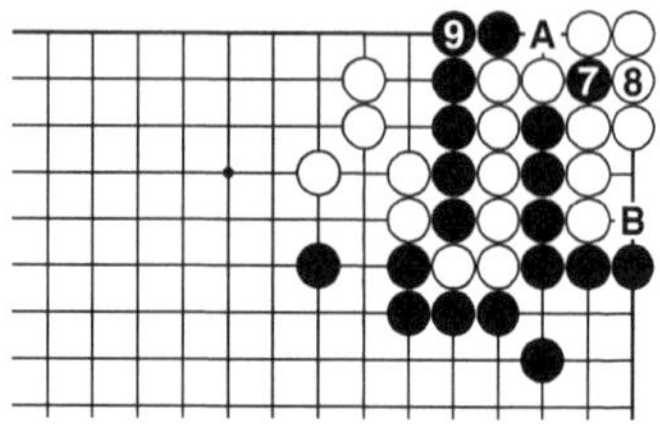

[62] ... wirft Schwarz auf 7 ein. Nach 9 sind A und B Miai. Nun ist deutlich, dass der weiße Turm in einen Klumpen zerquetscht wurde.

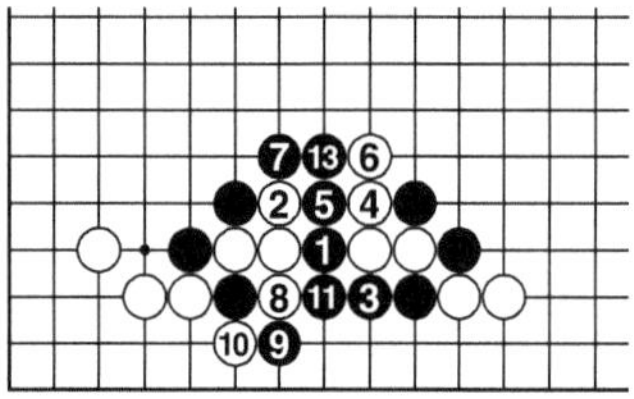

[63] Schwarz 1 ist ebenfalls ein bekanntes Tesuji, das von Honinbo Dosaku stammt. Wie Weiß sich auch windet, Schwarz entkommt und die weiße Form sieht miserabel aus.

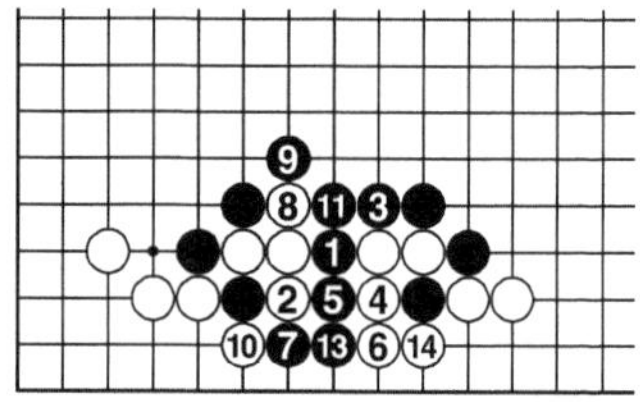

[63] Variante. Auch diese Variante führt zu keinem schönen Ergebnis für Weiß.

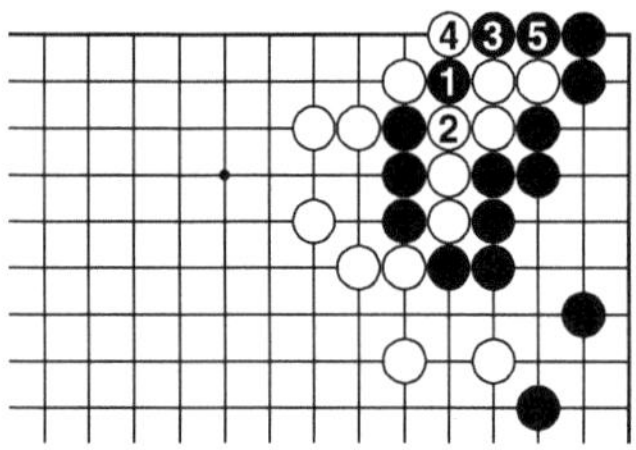

[64] Schwarz 1 nutzt die Schwäche in der weißen Stellung aus. Der Stein wird für einen Freiheitenmangel geopfert. Deckt Weiß mit 6 auf 1, dann spielt Schwarz Atari auf neun Steine.

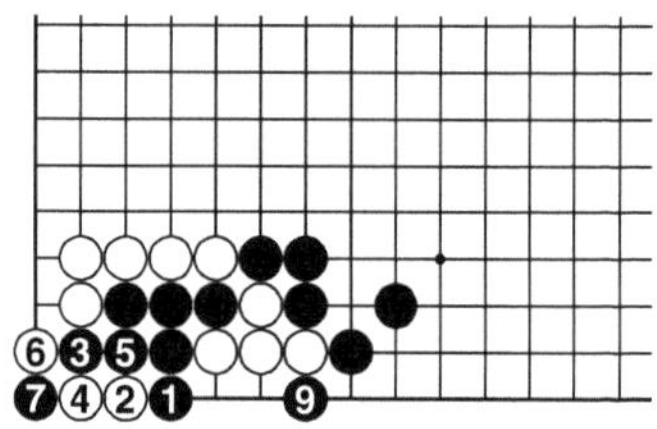

[65] Das Strecken zum Rand mit 1 gewinnt Freiheiten und den Wettlauf. Weiß 2 und 4 sind die stärksten Konter, aber nach 8 auf 4 ist Schwarz einen Zug schneller.

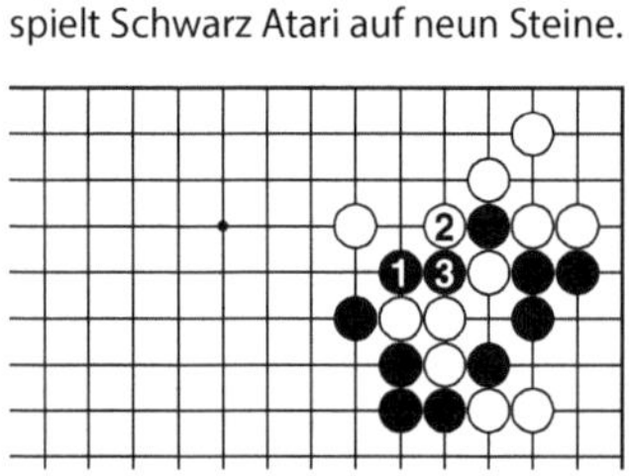

[66] Schwarz 1 nutzt den Freiheitenmangel bei Weiß aus. Schlägt Weiß auf 2, dann fängt 3 drei Steine. Spielt Weiß auf 3, dann fängt Schwarz mit 2.

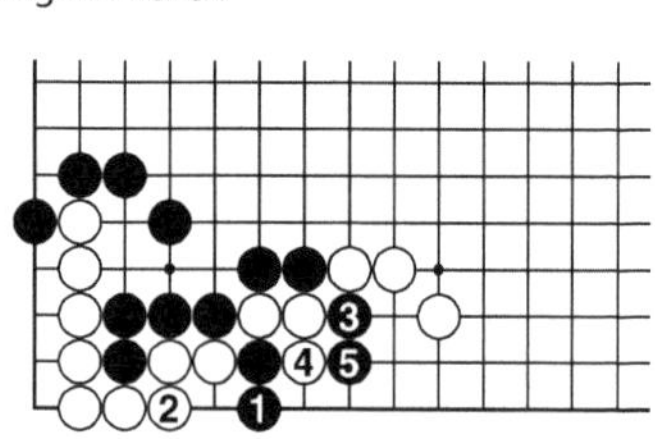

[67] Schwarz 1 droht eine Mausefalle an, die Weiß mit 2 decken muss. Nun kann Schwarz mit 3 und 5 zwei Steine fangen.

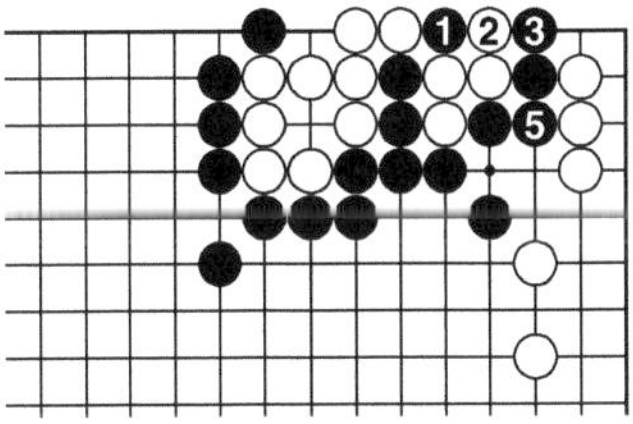

[68] Der Einwurf 1 ist das Tesuji. Nun kann Schwarz in Vorhand 3 spielen und anschließend auf 5 decken.

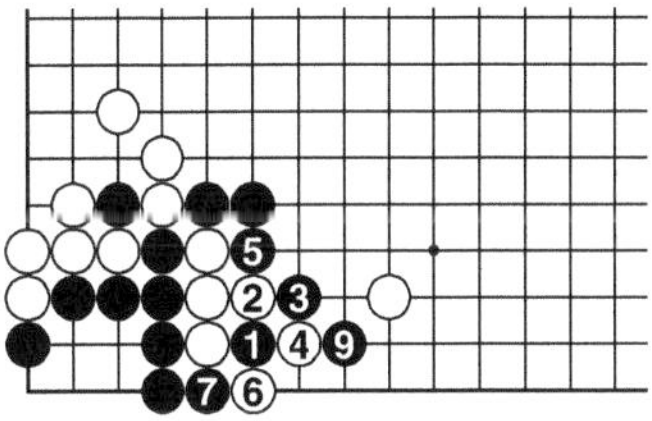

[69] Das Klemmen auf 1 ist hier das Tesuji. Weiß kann aus dieser Umklammerung nicht entkommen. Wer jedoch in der Ecke spielt, um zu leben, macht einen großen Fehler.

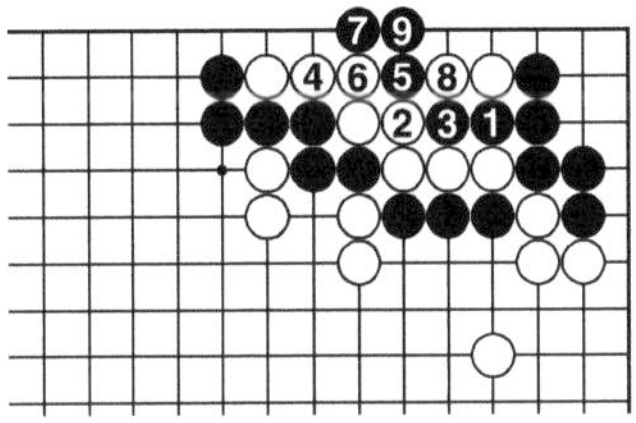

[70] Schwarz schiebt mit 1 und hält Weiß immer auf zwei Freiheiten. Nach 9 kann sich Weiß am Rand nicht annähern und verliert den Wettlauf.

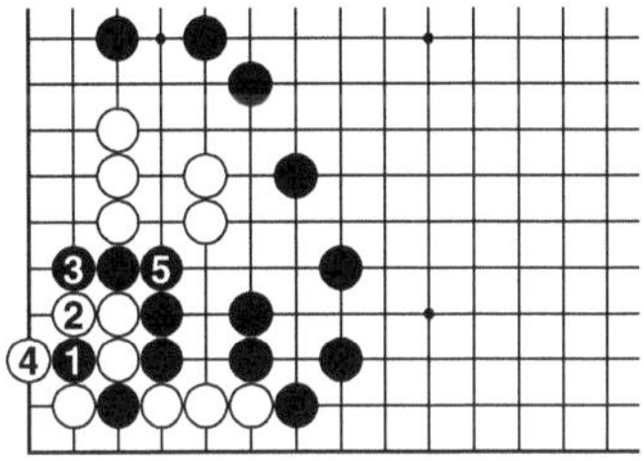

[71] Schwarz 1 ist ein Opfertesuji. Nach Weiß 2 bekommt er 3 in Vorhand und deckt mit 5.

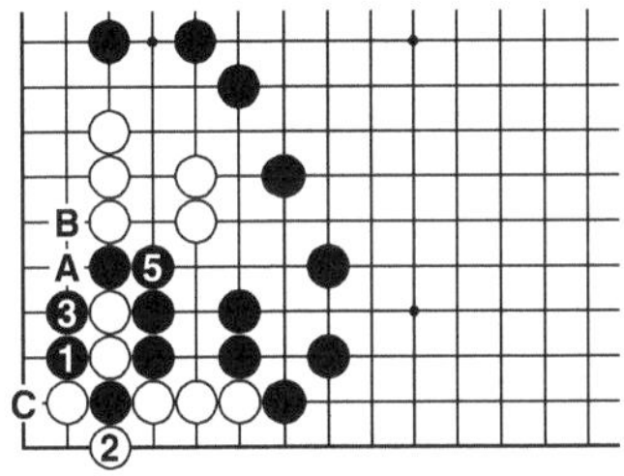

[71] Variante. Schlägt Weiß auf 2, dann gibt Schwarz mit 3 Atari. Weiß 4 und Schwarz 5 decken. Nun kann Weiß nicht auf A schneiden, denn B fängt. Weiß muss in der Ecke noch mit C leben.

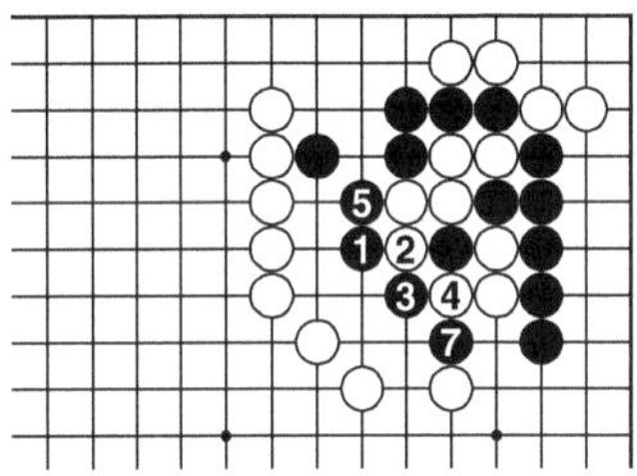

[72] Schwarz 1 ist ein geschicktes Netz, das die weißen Steine nicht entkommen lässt.

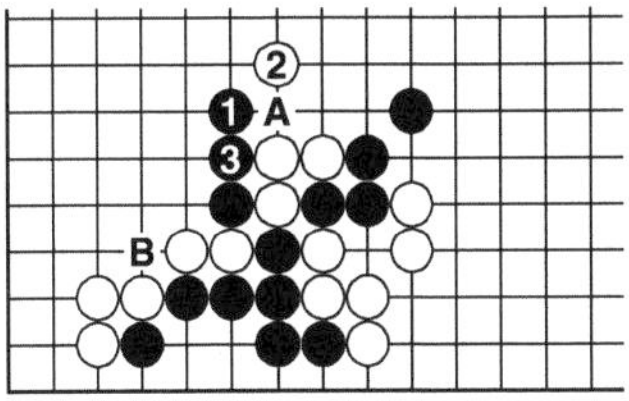

[73] Nach 1 und 3 sind A und B Miai. Schwarz entkommt.

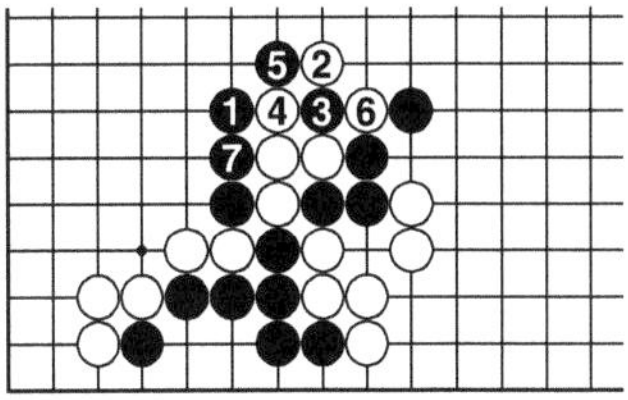

[73] Variante. Versucht Weiß sich mit 2 zu wehren, folgt die Sequenz bis 7.

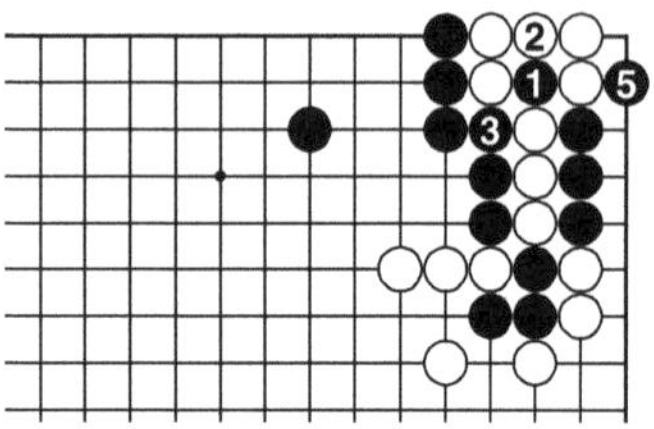

[74] Schwarz opfert mit 1 einen Stein, um Weiß in einen Klumpen zu zwingen und so den Wettlauf zu gewinnen.

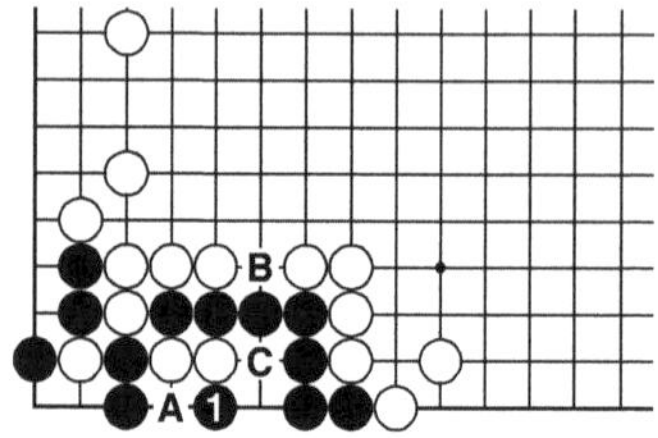

[75] Schwarz 1 ist Tesuji, denn Weiß kann sich innen nicht auf A annähern. Spielt Weiß B oder C, dann antwortet Schwarz auf A.

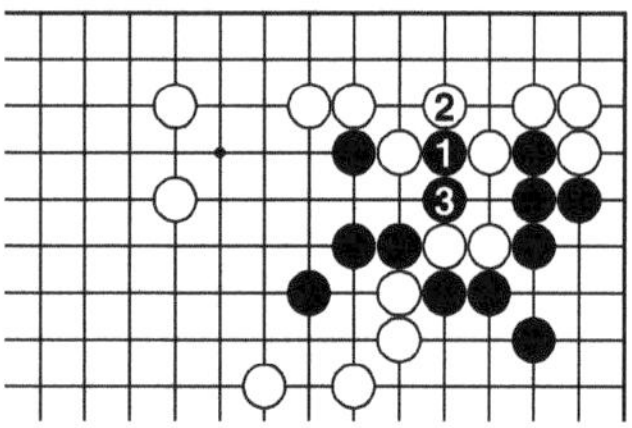

[76] Das Dazwischengehen mit 1 ist Tesuji. Schwarz fängt entweder zwei Steine ...

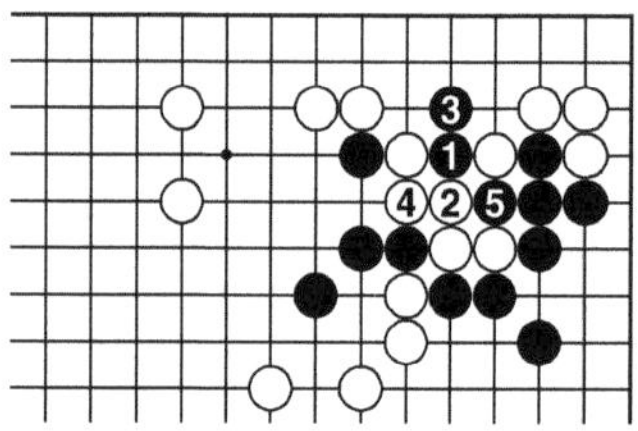

[76] Variante. ... oder tauscht die vier abgeschnittenen Steine gegen die Ecke. Weiß hat hier nach 5 die Qual der Wahl.

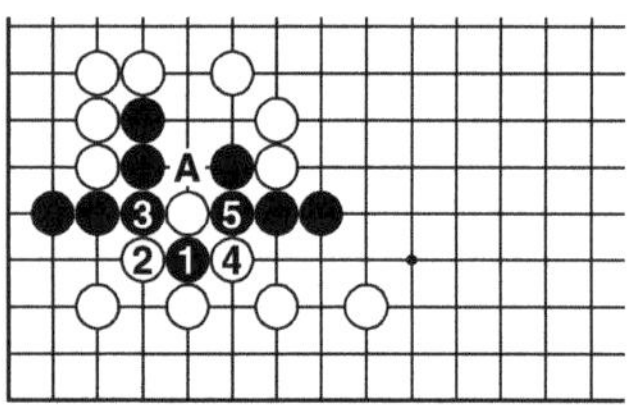

[77] Um zu verbinden, opfert Schwarz einen Stein. Weiß kann nach 6 nicht mehr trennen. Streckt er auf A, stoppt Schwarz ihn mittels Atari.

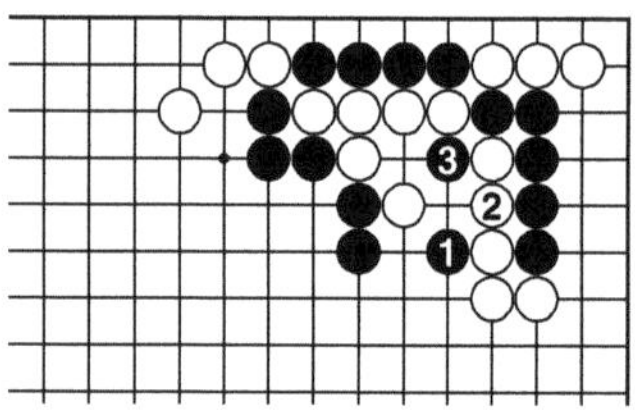

[78] Schwarz 1 ist das Tesuji. Verbindet Weiß auf 2, gibt Schwarz Atari mit 3. Die fünf weißen Steine können nicht entkommen.

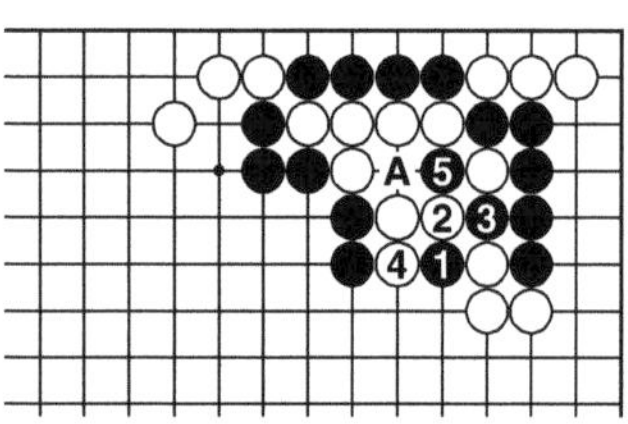

[78] Variante. Antwortet Weiß mit 2 hier, dann folgen Schwarz 3 bis 5. Nun kann Weiß aufgrund des Freiheitenmangels nicht auf A decken.

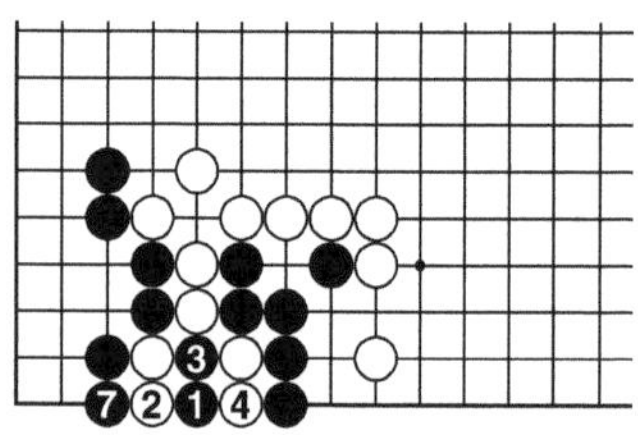

[79] Schwarz 1 ist Tesuji. Nach Weiß 2 und 4 wirft Schwarz auf 3 ein. Nach 7 kann Weiß nicht alle Steine retten. Deckt Weiß statt 2 auf 3, dann verbindet Schwarz auf 2.

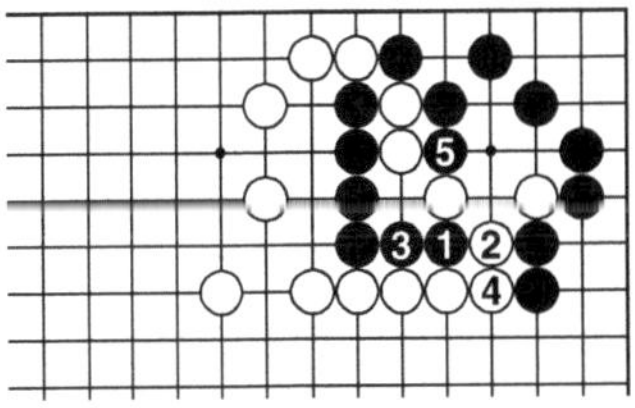

[80] Schwarz 1 nutzt die Schwäche bei Weiß geschickt aus. Weiß verliert nach 5 zwei Steine. Spielt Weiß statt 4 auf 5, dann fängt Schwarz auf 4.

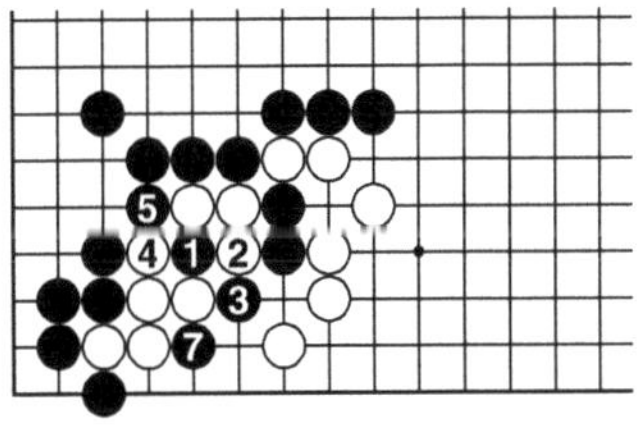

[81] Das Opfertesuji 1 leitet eine Zugfolge ein, aus der Weiß nicht entkommen kann (Weiß 6 deckt).

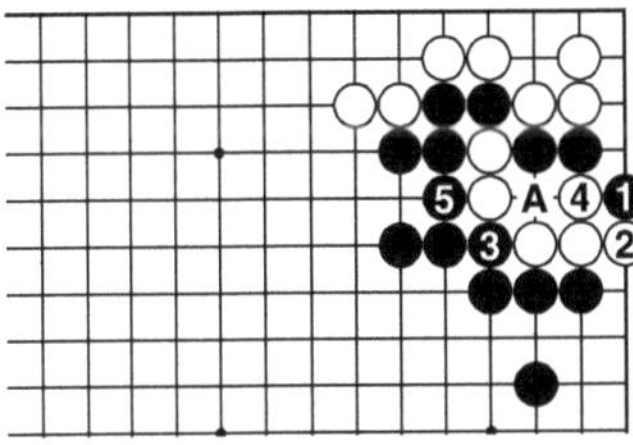

[82] Das Kosumi 1 droht zu verbinden. Trennt Weiß auf 2, kann Schwarz zwei Steine fangen. Statt Weiß 4 auf A zu verbinden ist fatal, denn nun fängt Schwarz mit 5 alle sechs Steine.

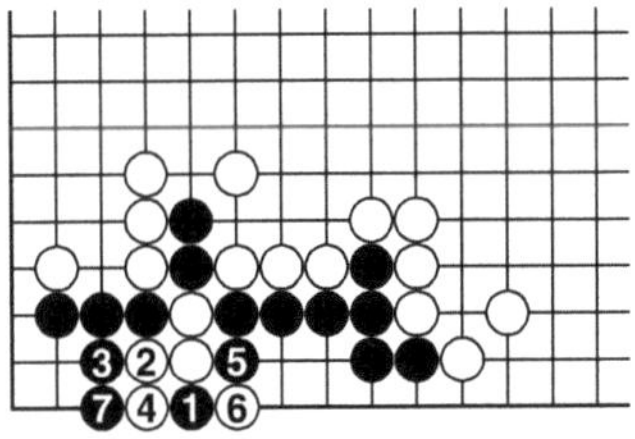

[83] Das Tesuji 1 nimmt eine Freiheit im Wettlauf. Weiß kann diesen nicht mehr gewinnen.

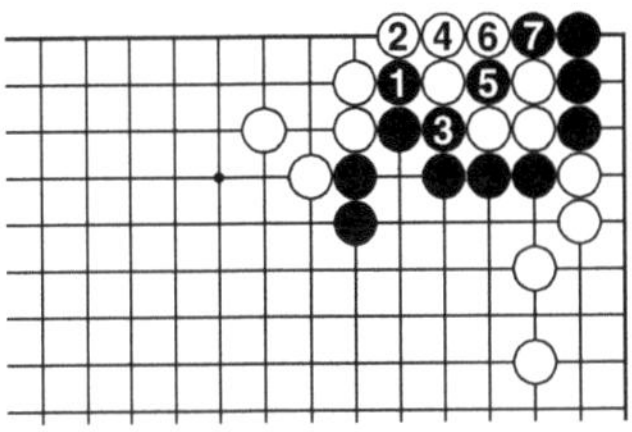

[84] Schwarz 3 ist hier das Tesuji, das einen Freiheitenmangel erzeugt. Nach 7 kann Schwarz die drei Steine nicht mehr retten.

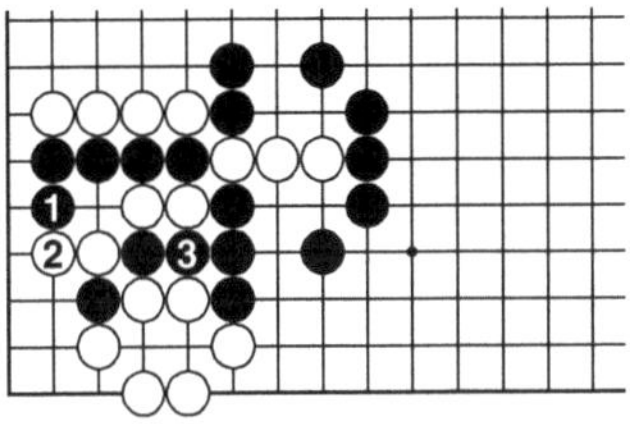

[85] Das leere Dreieck 1 ist eigentlich schlechte Form, aber hier die richtige Lösung, denn es erhöht die Zahl der Freiheiten für Schwarz. Blockt Weiß nur auf 2, dann ist Schwarz 3 Atari.

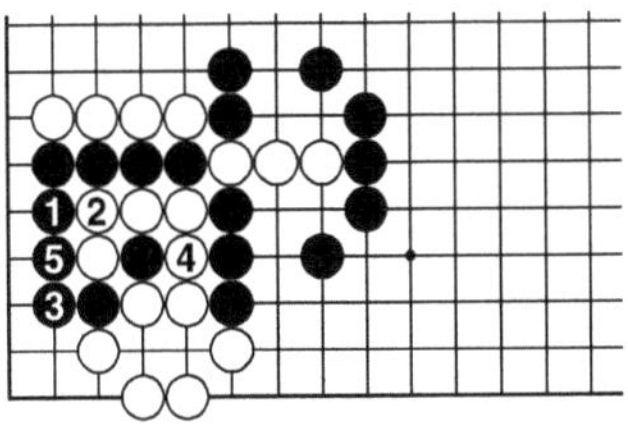

[85] Variante. Versucht Weiß mit 2 Widerstand zu leisten, dann spielt Schwarz 3 und 5. Nun hat er eine Freiheit mehr und gewinnt den Wettlauf.

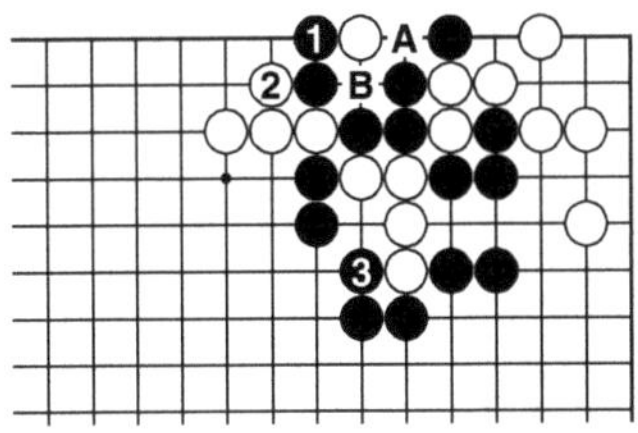

[86] Schwarz 1 opfert einen Stein, um Freiheiten zu gewinnen. Spielt Weiß statt 2 auf A, dann hat Schwarz sogar Zeit, um auf B zu schlagen.

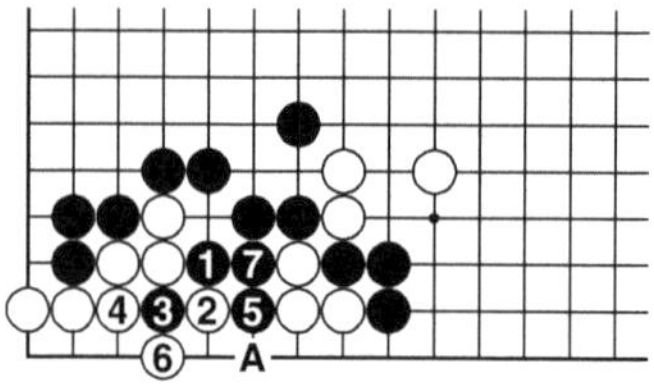

[87] Die Kombination von 1 und 3 ist Tesuji. Schlägt Weiß mit 4 und 6, dann fängt Schwarz drei Steine. Spielt Weiß statt 4 auf 6 und nach Schwarz 5 auf A, beginnt Schwarz ein Ko.

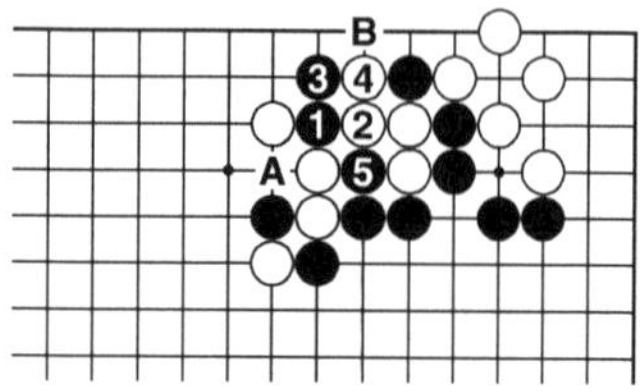

[88] Schwarz 1 ist Tesuji. Weiß kann nicht auf 2 spielen, denn A fängt fünf Steine. Wehrt sich Weiß mit 2, dann sind nach 4 die Punkte A und B Miai.

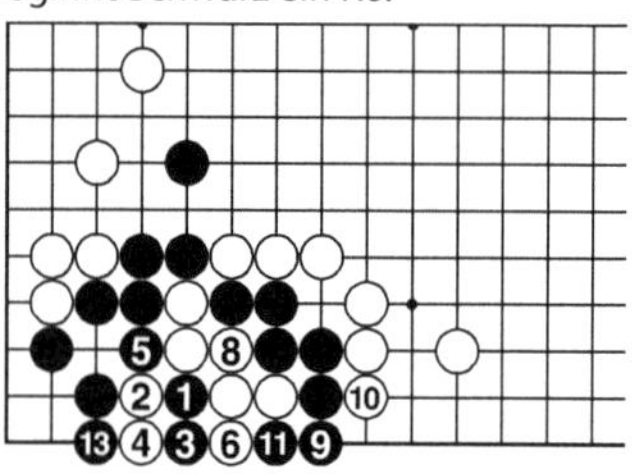

[89] Das Opfer auf 1 lässt Schwarz den Wettlauf gewinnen. Nach 6 wirft Schwarz wieder auf 1 ein. Weiß hat keine Chance.

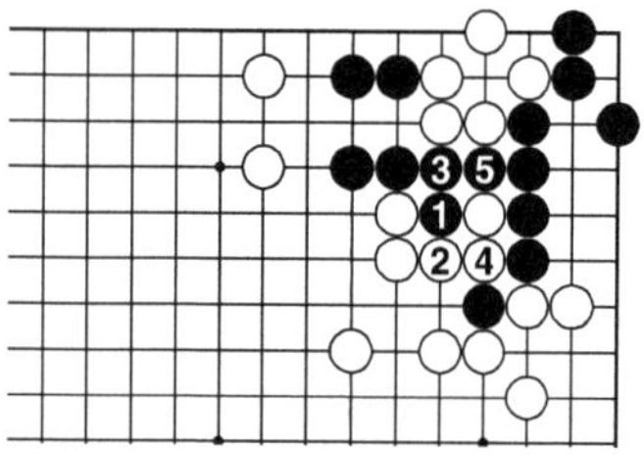

[90] Mit dem Tesuji 1 kann Schwarz die weißen Steine trennen. Wie Weiß es auch versucht, er kann nicht verbinden.

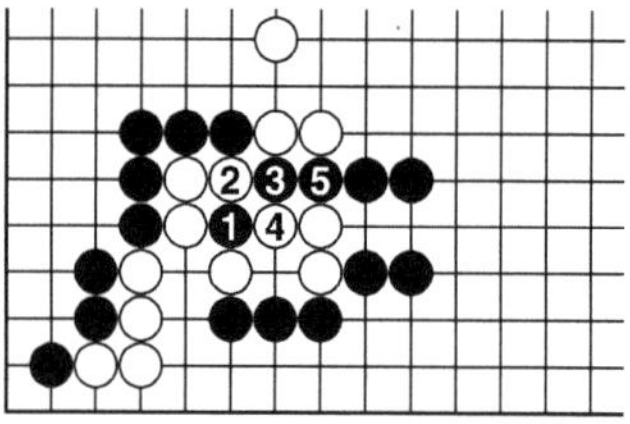

[91] Schwarz 1 ist das Tesuji, das die weißen Steine trennt. Nach 3 kann Weiß nur schlagen und Schwarz trennt auf 5, oder Weiß spielt 5 und Schwarz schlägt drei Steine.

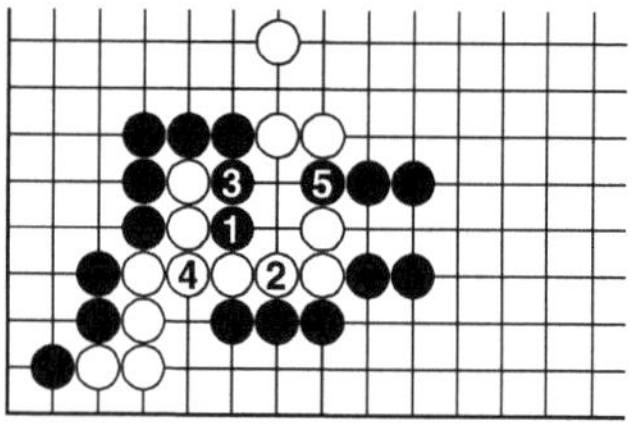

[91] Variante. Auch Weiß 2 in dieser Variante hilft nicht, denn Schwarz 3 und 5 trennen die Form.

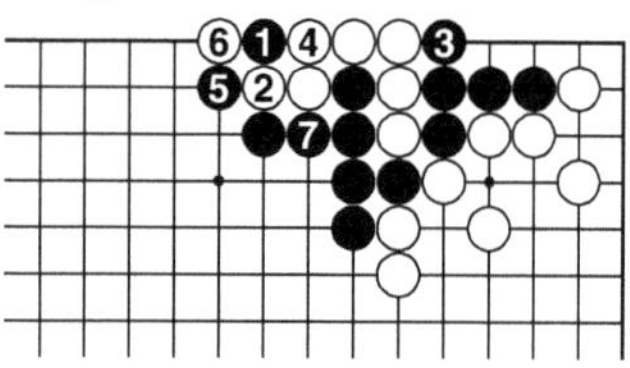

[92] Schwarz 1 auf der Randlinie ist das Tesuji. Spielt Weiß 2, kann Schwarz mit 3 von hinten Atari geben. Deckt Weiß auf 4, spielt Schwarz von außen und ist einen Zug schneller.

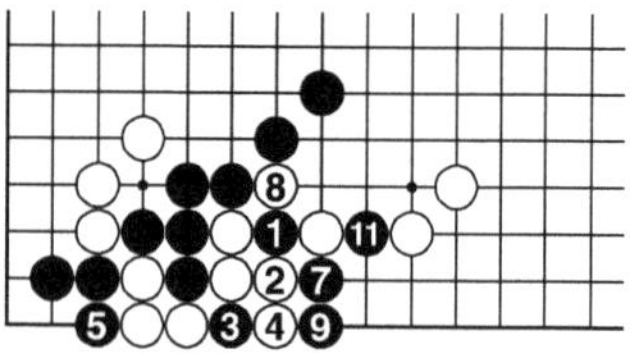

[93] Schwarz 1 ist unscheinbar, aber zwingt Weiß zu 2. Nun kann Schwarz auf 3 einwerfen und die Atari 5 bis 11 spielen.

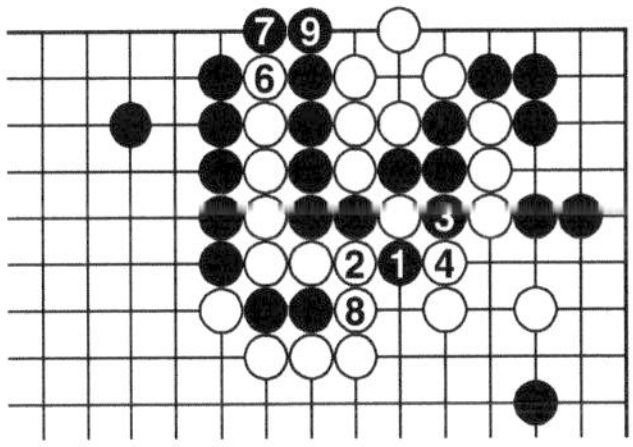

[94] Schwarz 1 droht entweder drei Steine zu befreien oder fünf zu fangen. Hier rettet Weiß fünf Steine, verliert aber am Rand sechs.

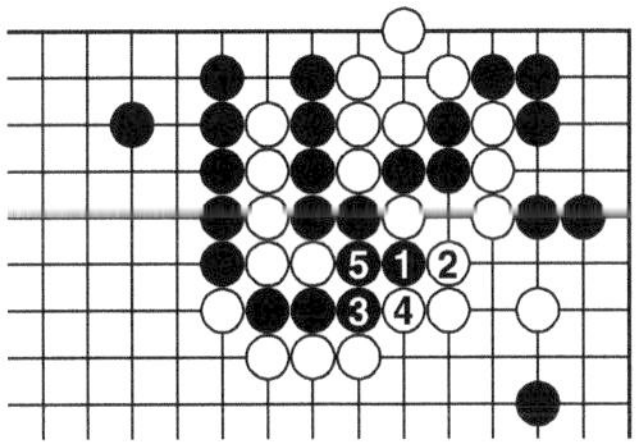

[94] Variante. Fängt Weiß mit 2 die drei schwarzen Steine, dann fängt Schwarz mit 3 fünf weiße.

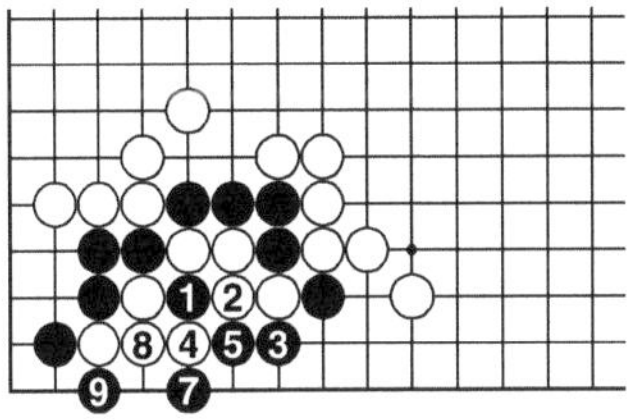

[95] Schwarz 1 ist natürlich. Nach 2 darf er nicht auf 4 strecken, sondern muss mit 3 Atari geben. Dann kann er alles retten.

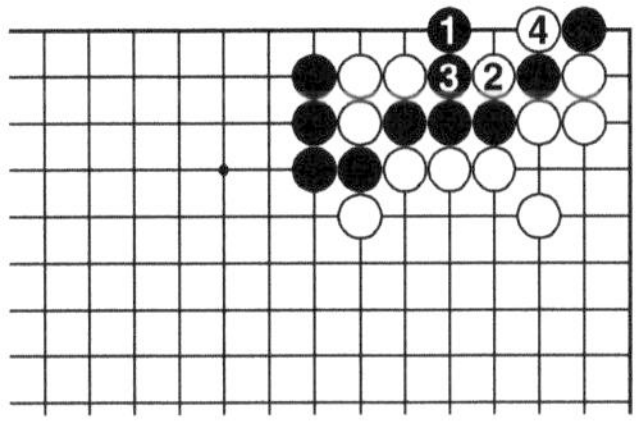

[96] Schwarz 1 auf der Randlinie rettet drei schwarze Steine. Nach 4 kann Schwarz Vorhand nehmen. Spielt Weiß mit 2 auf 3, dann deckt Schwarz auf 2. Der Verlust für Weiß ist nun größer.

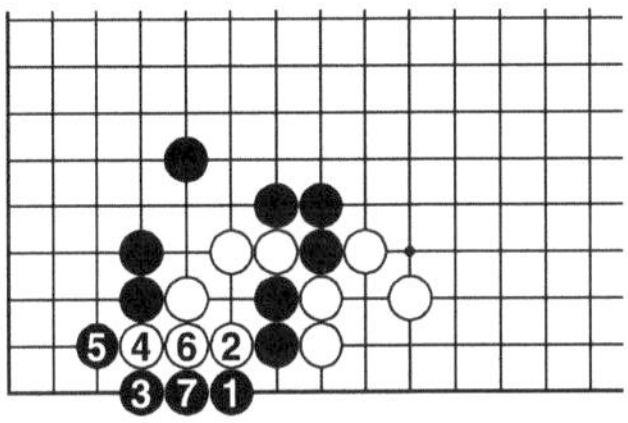

[97] Das Kosumi 1 und der Sprung auf 3 verbinden die schwarzen Steine. Für Weiß ist die Variante rechts besser.

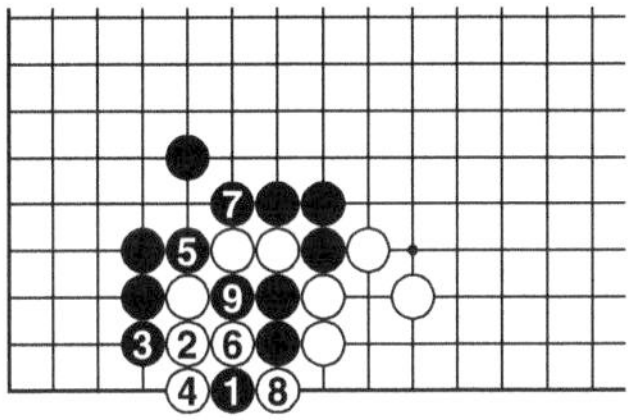

[97] Variante. Dies ist die gleiche Technik wie in Problem 82. Schwarz fängt zwei Steine.

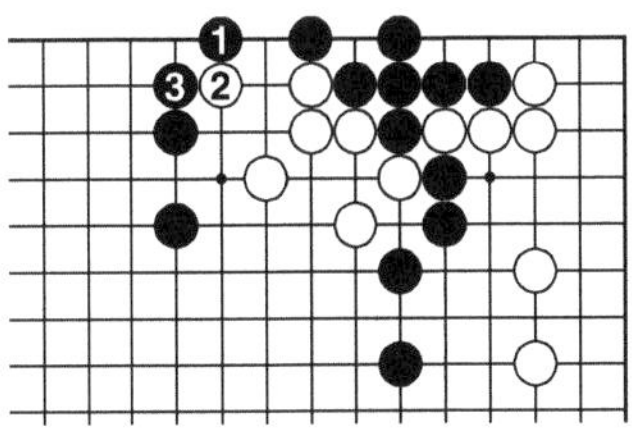

[98] Mit 1 auf der Randlinie kann Schwarz verbinden und seine Steine retten. Nur dieser Zug funktioniert.

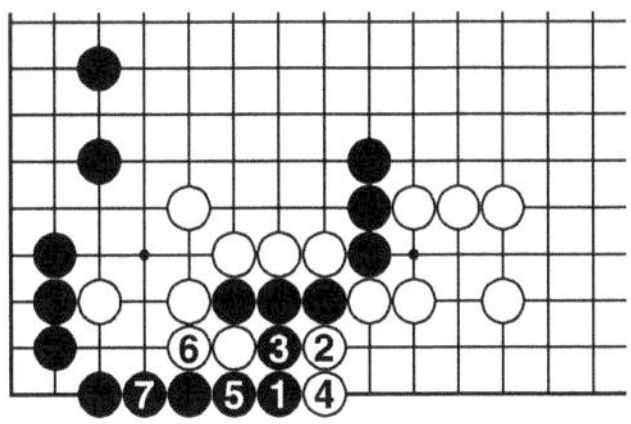

[99] Noch einmal ein Tesuji auf der Randlinie. Weiß kann keine Steine mehr abtrennen.

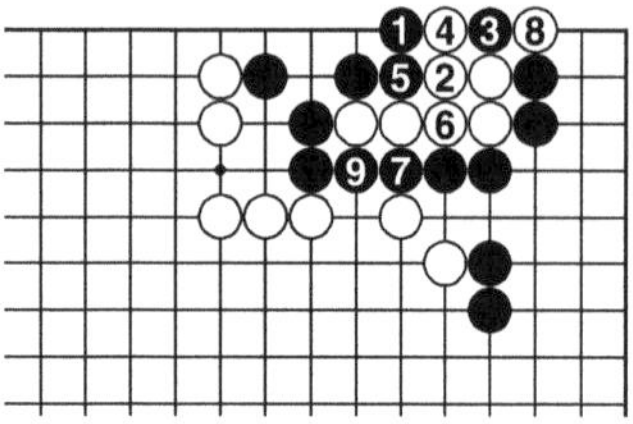

[100] Das Kosumi 1 ist Tesuji. Leistet Weiß mit 2 bis 8 Widerstand, dann verbindet Schwarz mit 9 und fängt alles.

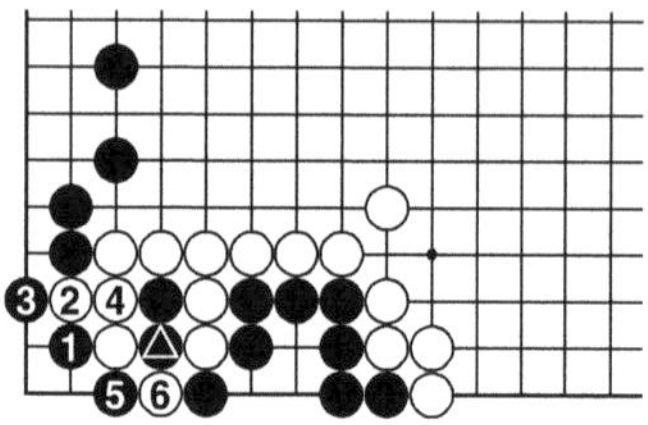

[101] Das Klemmen ist das Tesuji, das alle schwarzen Steine verbindet, denn nach Weiß 6 schlägt Schwarz auf dem markierten Stein zurück.

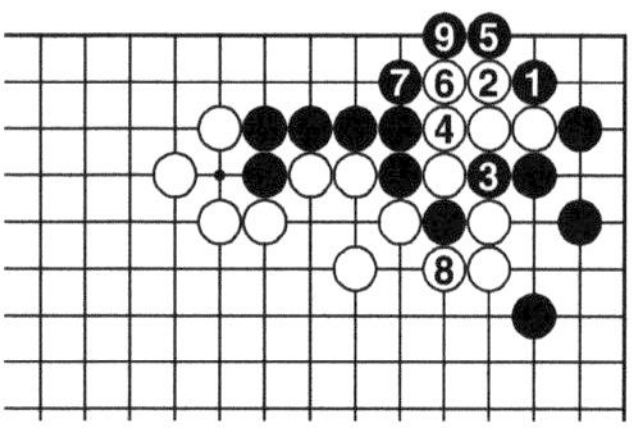

[102] Schwarz 1 leitet die Zugfolge ein, die die schwarzen Steine über die Randlinie verbindet. Deckt Weiß gleich auf 3 oder 4, dann spielt Schwarz 2 bzw. 6 und ist ebenfalls verbunden.

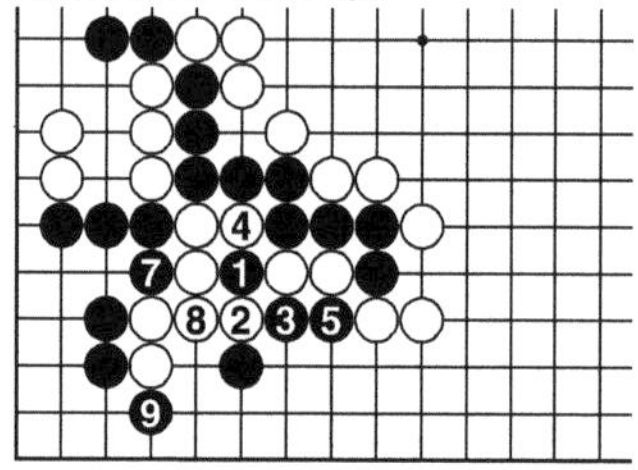

[103] Dazwischengehen mit 1 nutzt die weiße Schwäche aus. Nach 2 kann Schwarz ein Atari nach dem anderen geben und seine Steine retten.

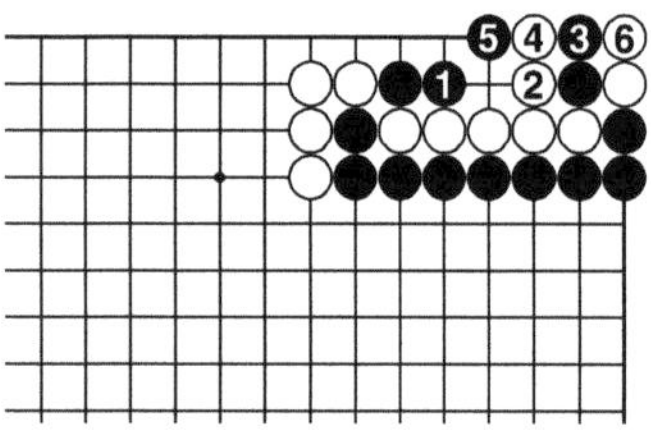

[104] Strecken mit 1 und dann mit 3 sind die richtige Kombination. Nach dem Schlagen auf 6 wirft Schwarz wieder auf 3 ein. Weiß kann Schwarz nicht fangen.

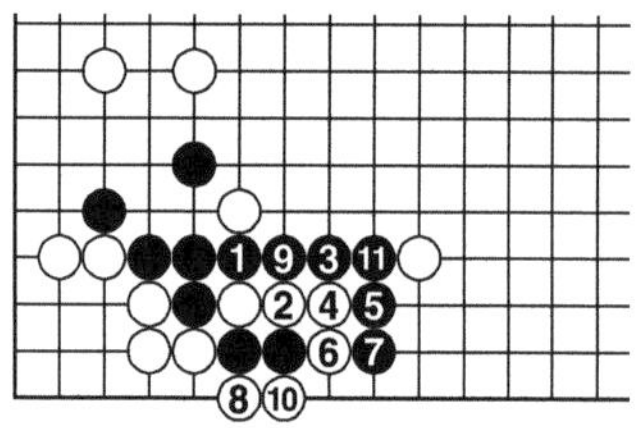

[105] Schwarz 1 und 3 sind Tesuji, die eine Sequenz einleiten, wie wir sie aus dem vorherigen Kapitel kennen. Schwarz macht starke Form.

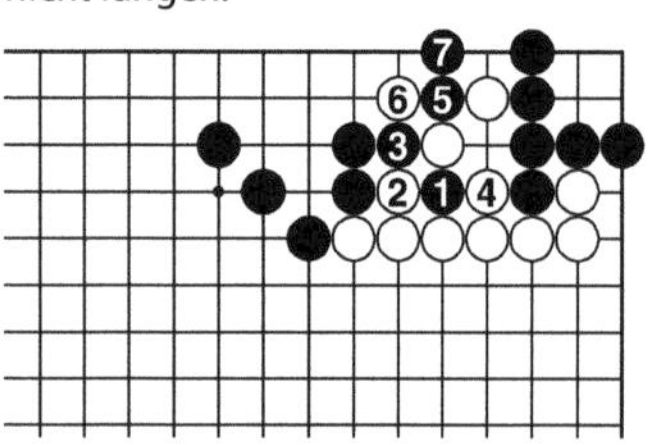

[106] Schwarz muss mit 1 opfern. Spielt Weiß mit 2 links, dann verbindet Schwarz mit 3 bis 7.

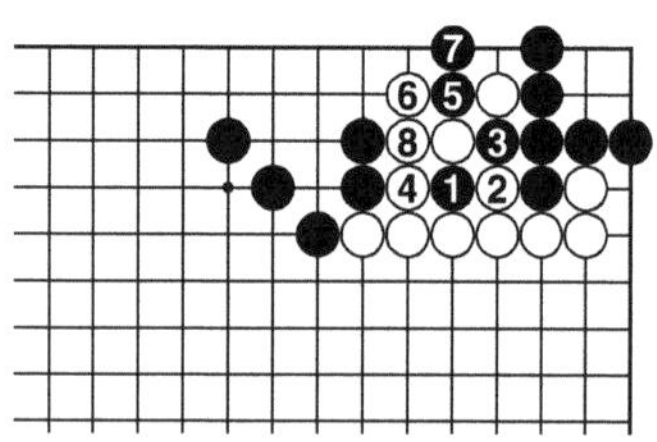

[106] Variante. Antwortet Weiß mit 2 rechts, dann lebt Schwarz diesmal mit 3 bis 7 in der Ecke.

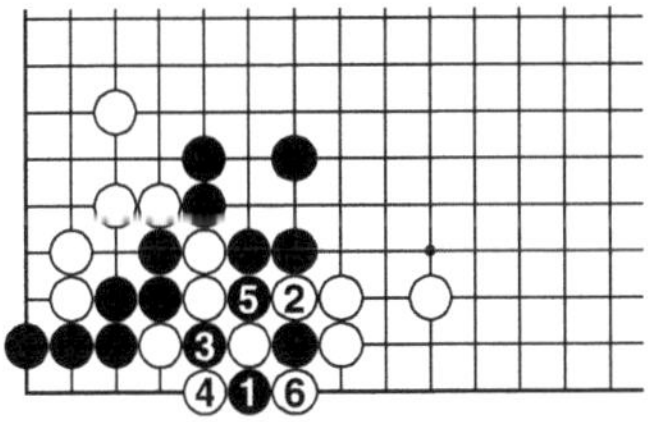

[107] Schwarz 1 und der Einwurf 3 sind die Tesuji-Kombination. Schwarz 5 droht drei Steine zu schlagen. Weiß kann nicht auf 3 decken. So schlägt er auf 6 und Schwarz auf 3 zwei Steine.

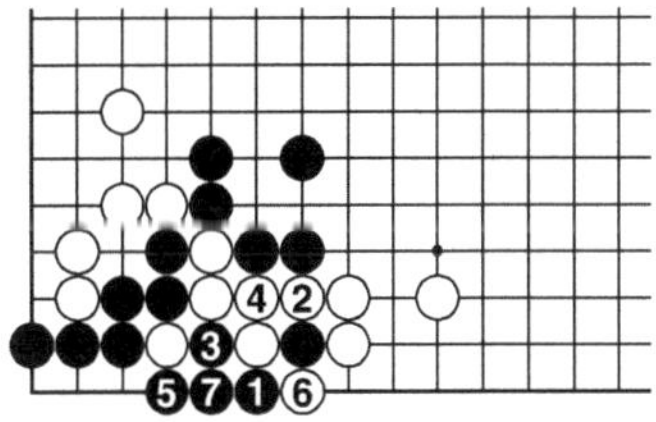

[107] Variante. Deckt Weiß auf 4 hier, dann lebt Schwarz mit 5 in der Ecke.

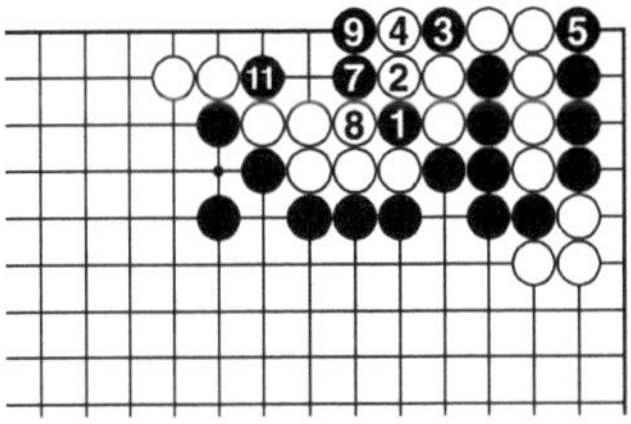

[108] Schwarz 1 erzeugt einen Freiheitenmangel bei Weiß, der mit 3 bis 11 ausgenutzt wird.

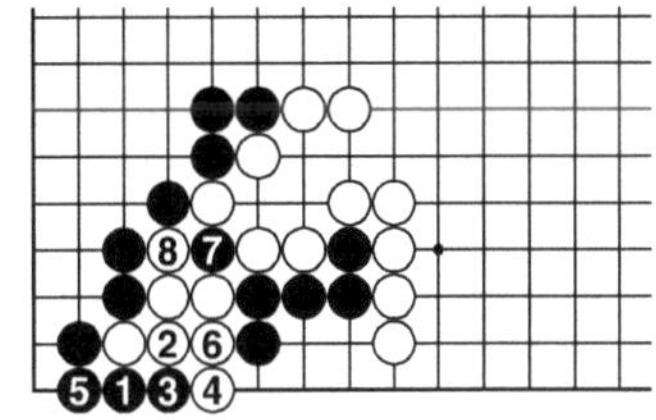

[109] Das Atari 1 beginnt eine Sequenz, mit der Schwarz seine Steine verbinden kann. Gibt Weiß mit 2 auf 6 nach, dann verbindet Schwarz auf 4. So jedoch folgte nach Weiß 8 ...

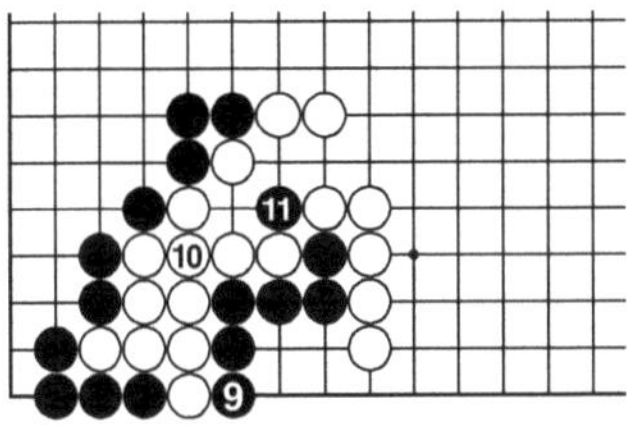

[109] ... das Atari 9 und schließlich 11. Weiß kann die Steine nun nicht mehr retten.

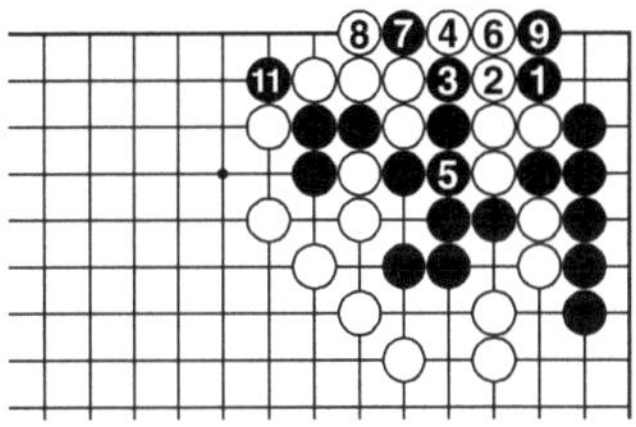

[110] Schwarz 1 und 3 sind die Tesuji-Kombination, die Weiß in Not bringen.

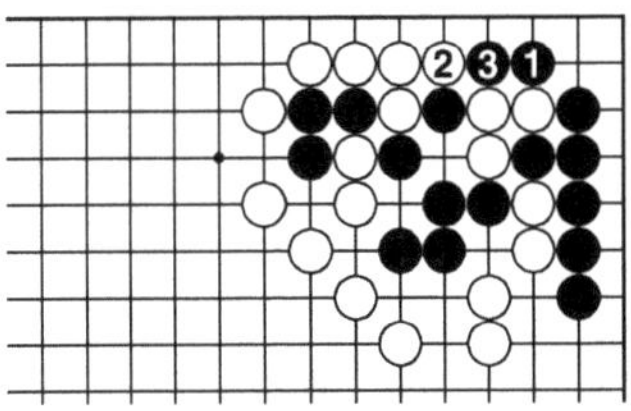

[110] Variante. Weiß sollte daher mit 2 nachgeben und Schwarz fängt mit 3 drei Steine in einer Mausefalle.

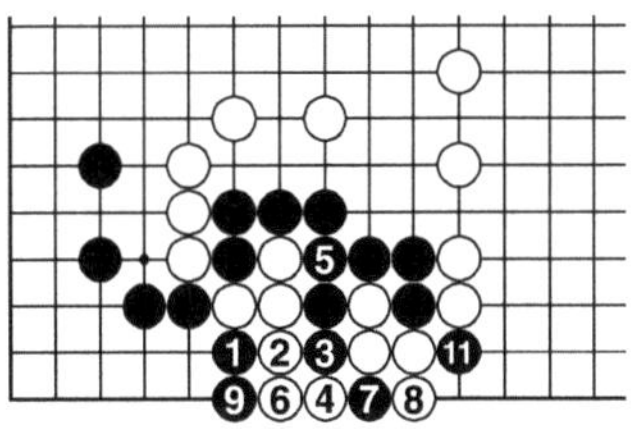

[111] Schwarz 1 und 3 sind die gleiche Technik wie im vorherigen Problem 110.

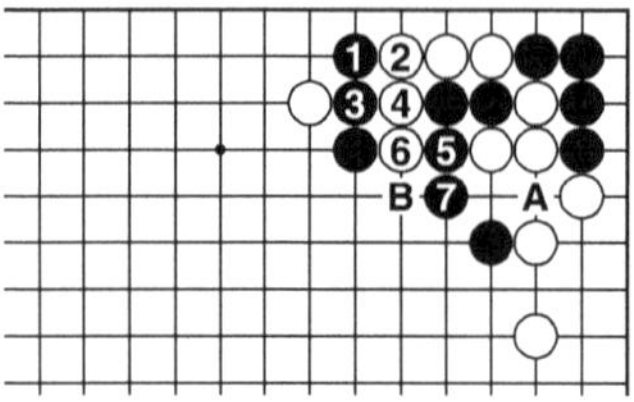

[112] Schwarz 1 ist das Tesuji. Läuft Weiß mit 2 bis 6 heraus, dann sind nach Schwarz 7 die Punkte A und B Miai.

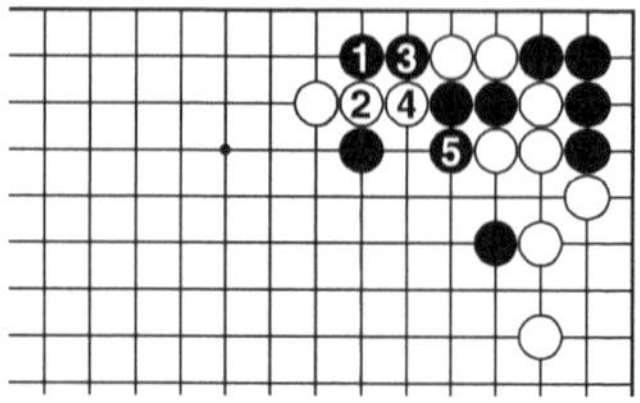

[112] Variante. Sticht Weiß mit 2 durch, dann fängt Schwarz zwei weiße Steine.

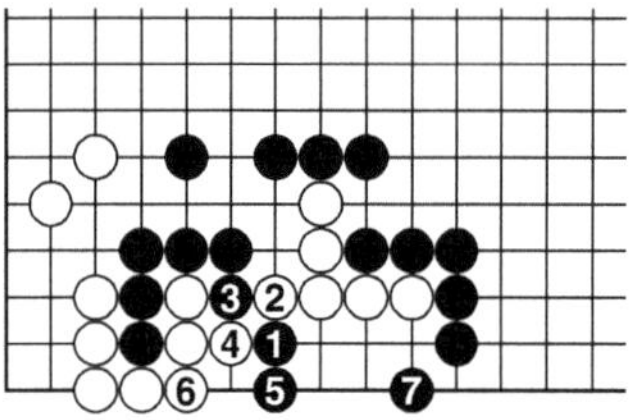

[113] Schwarz 1 und 3 erzeugen einen Schnitt und 5 droht eine Mausefalle an. Schwarz 7 ist das Tesuji, das schließlich die zwei schwarzen Steine anbindet und somit die sechs weißen fängt.

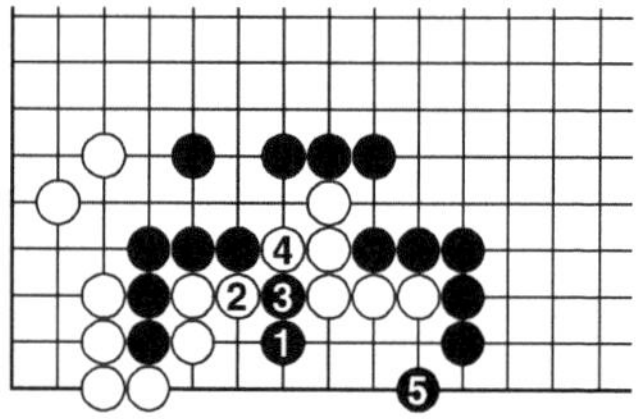

[113] Variante. Kontert Weiß mit 2, dann schneidet Schwarz auf 3 und wieder ist 5 das Tesuji, das die Schnittsteine anbindet.

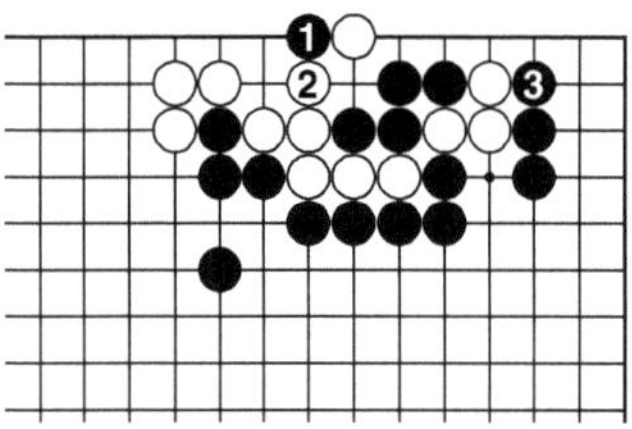

[114] Schwarz 1 auf der ersten Linie ist Tesuji. Weiß 2 verhindert, dass fünf Steine gefangen werden. Nun kann Schwarz mit 3 drei weiße Steine fangen.

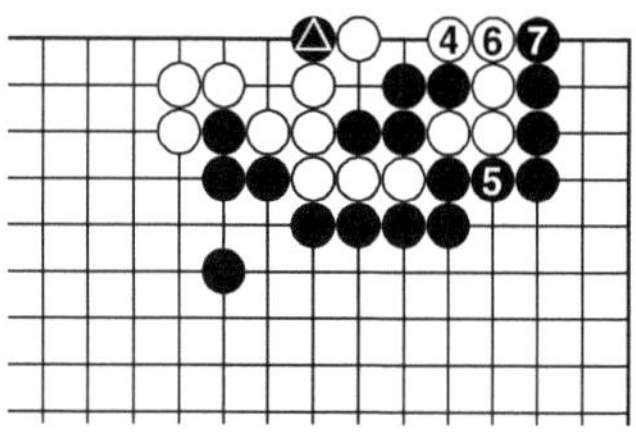

[114] Fortsetzung. Nach Schwarz 7 ist deutlich, wie der markierte Stein hilft, die weißen Steine an der Flucht zu hindern.

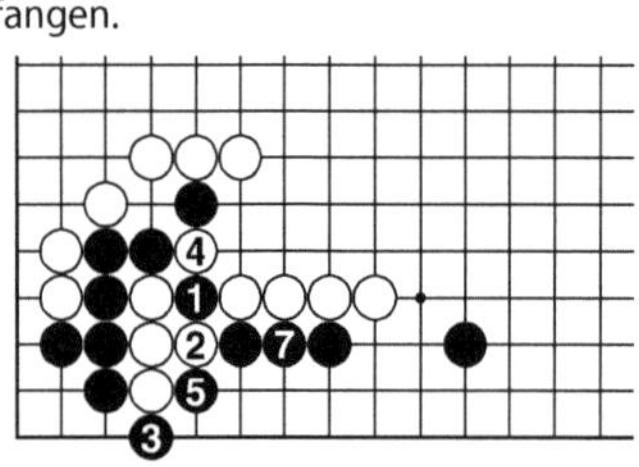

[115] Das Dazwischengehen mit 1 beginnt eine Abfolge, in der Schwarz auf der Randlinie verbinden kann.

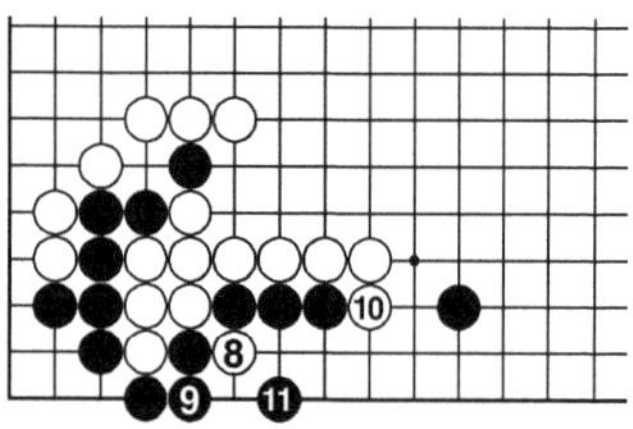

[115] Fortsetzung. Weiß droht schließlich noch mal mit 8 und 10, aber Schwarz hat solide Antworten parat.

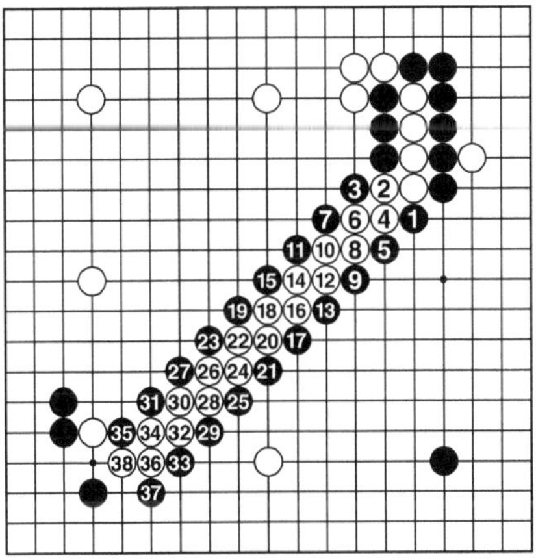

[116] Die Treppe läuft nicht für Schwarz, denn nach Weiß 38 wirkt der Treppenbrecher.

Schwarz darf also nicht versuchen, die vier weißen Steine zu fangen.

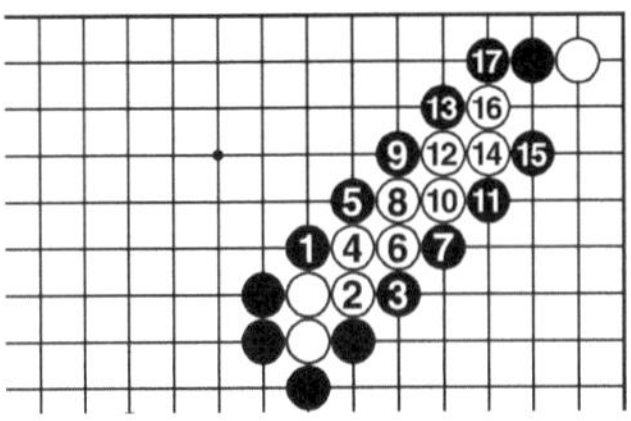

[117] Die Treppe läuft für Schwarz.

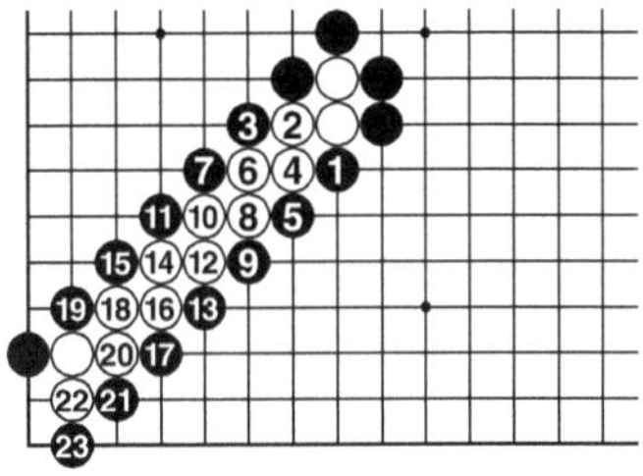

[118] Diese Treppe läuft nicht für Schwarz.

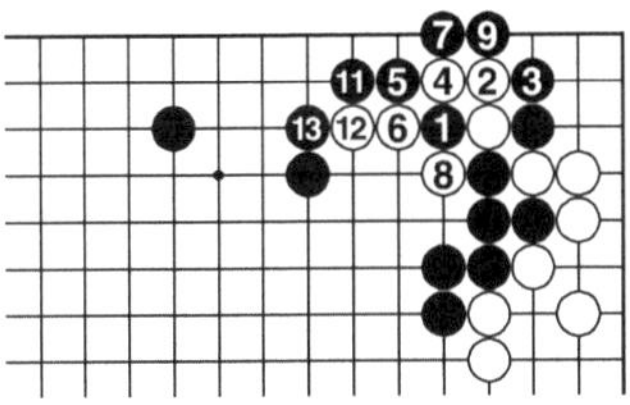

[119] Schwarz kann den einzelnen weißen Stein fangen, indem er mit 1 und 3 beginnt. Nach 5 wird der erste Stein geopfert, um am Rand zu verbinden. Weiß 10 deckt auf 1.
Nach 13 hat Schwarz eine Freiheit mehr in dem verbleibenden Wettlauf.

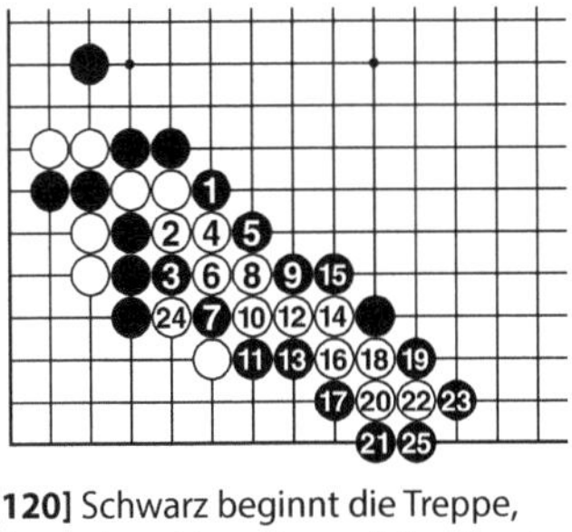

[120] Schwarz beginnt die Treppe, die nach rechts unten auf den Rand zuläuft. Weiß 24 schlägt einen Stein und nach Schwarz 25 ...

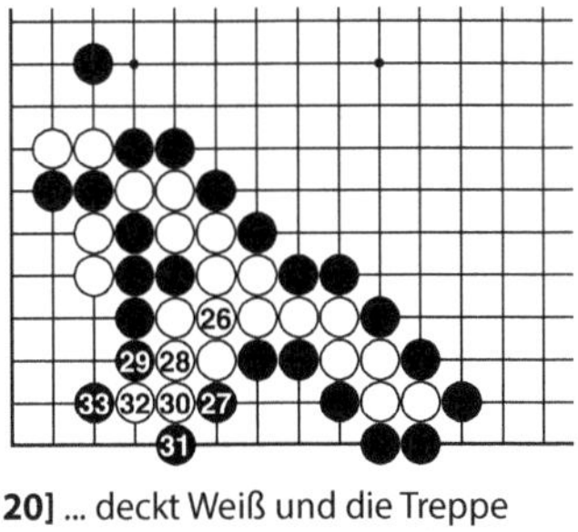

[120] ... deckt Weiß und die Treppe läuft nun nach links unten auf den Rand zu. Weiß kann nicht entkommen.

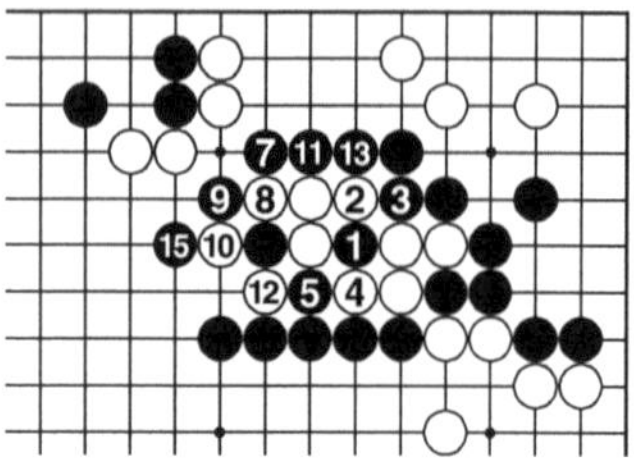

[121] Schwarz 1 drängt sich zwischen die weißen Steine und erzeugt so einen Freiheitenmangel.

Nachdem Weiß mit 6 verbindet, fängt Schwarz mit dem Netz 7. Das Atari 10 muss er natürlich ignorieren, dann kann er den weißen Klumpen fangen.

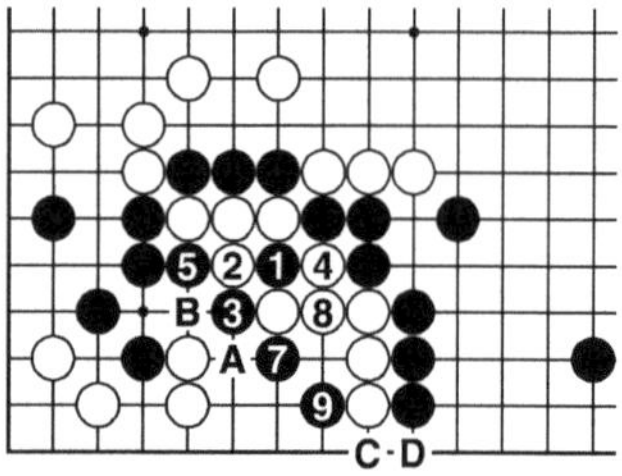

[122] Schwarz geht mit 1 dazwischen und gibt nach dem Atari 1 das Gegenatari 3. Nach 9 sind A und B Miai. Streckt Weiß auf C, dann folgt Schwarz D. Weiß sitzt in der Falle.

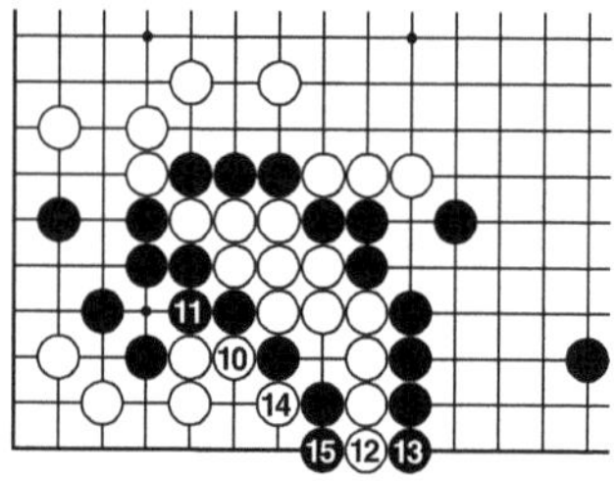

[122] Fortsetzung. Dieses Diagramm zeigt, dass Weiß tatsächlich in einer Mausefalle gefangen ist.

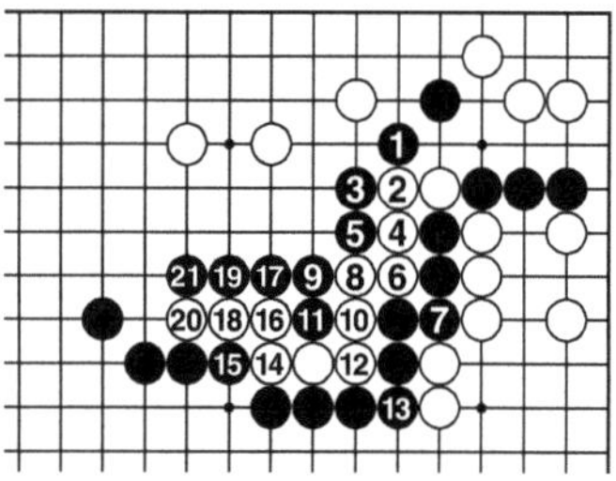

[123] Das Kosumi 1 ist der Zug, der Weiß fängt. Läuft Weiß weg, dann folgt die Sequenz bis 21. Nun ist deutlich, dass Weiß nicht entkommen kann.

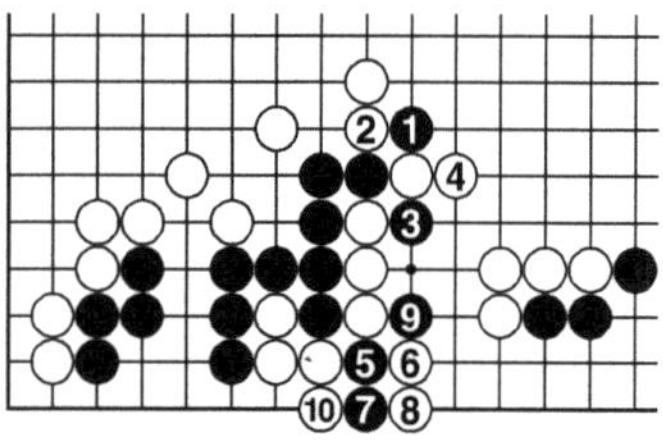

[124] Schwarz will mit 1 ausbrechen. Wenn Weiß dies nicht zulässt und auf 2 schneidet, beginnt eine schöne Techniksequenz, die die Opferzüge 5 und 7 enthält.

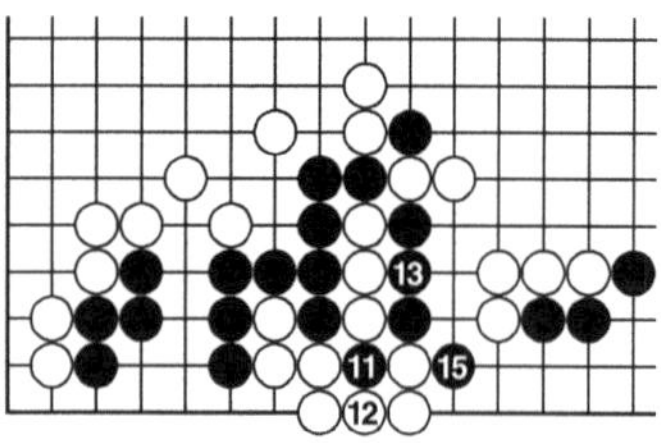

[124] Fortsetzung. Mit 11 opfert Schwarz einen weiteren Stein. Nach 15 ist klar, wer das Semeai gewinnt.

Hätte Weiß besser Schwarz gleich herausgelassen ...

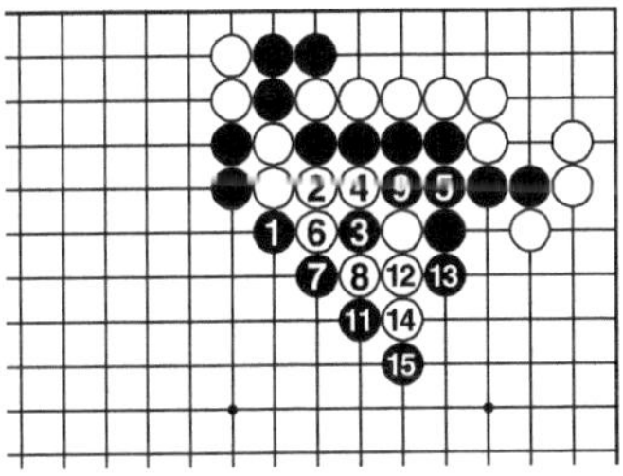

[125] Schwarz 3 und 5 sind der Trick – und schon ist Weiß in einer Treppe gefangen.

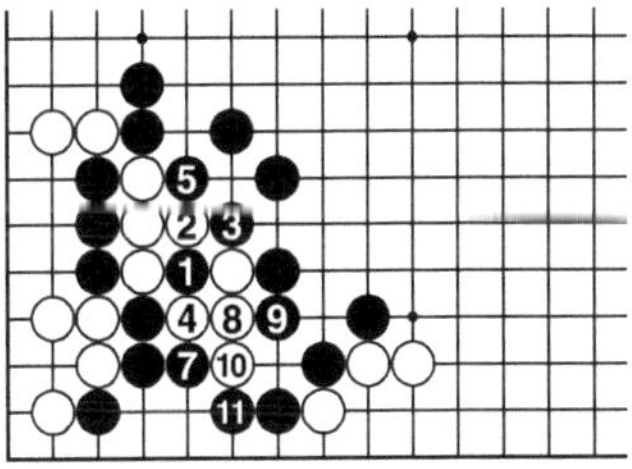

[126] Auch hier muss Schwarz zusehen, dass Weiß stets weniger Freiheiten als seine drei Steine hat. Er beginnt mit dem Opfer 1 und nach 11 gibt es kein Entkommen für Weiß.

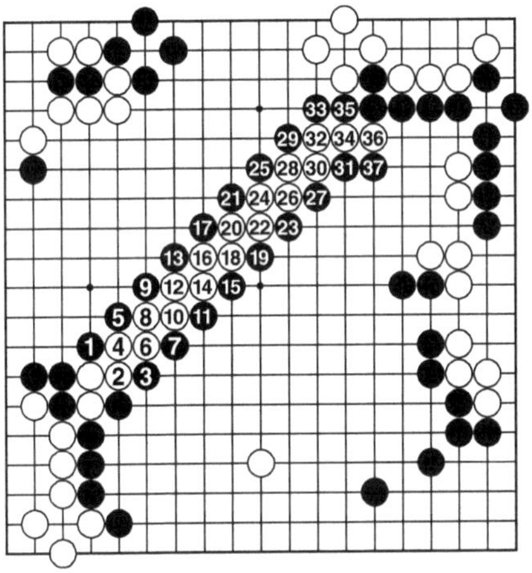

[127] Die Treppe läuft einmal über das Brett. Bis 37 lässt sie sich leicht lesen, doch dann liegen da nicht nur schwarze Steine auf dem Weg, sondern auch einige weiße.

Schwarz muss sorgfältig weiterlesen ...

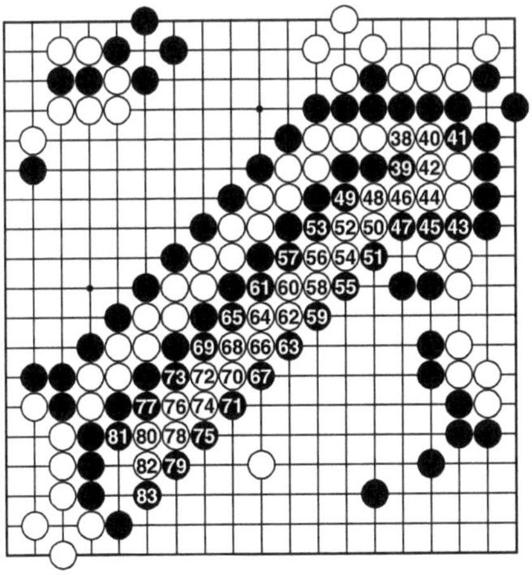

[127] Fortsetzung. Schwarz spielt 39 bis 45 und lenkt die Treppe um. Nun läuft sie den ganzen Weg zurück. Nach Schwarz 83 ist deutlich, dass Weiß nicht entkommen kann.

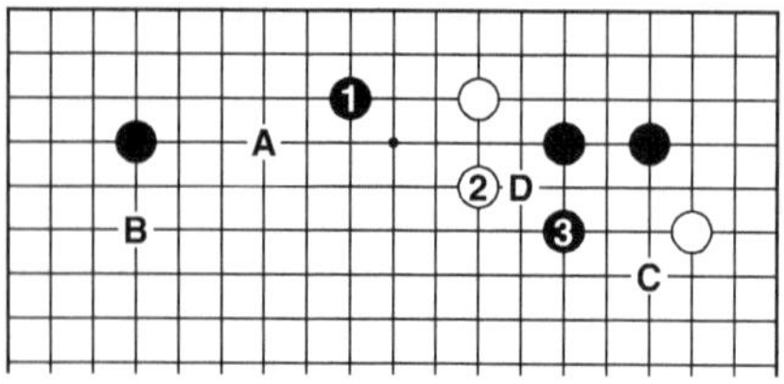

[128] Die Zange 1 ist eine gute Antwort. Weiß 2 induziert Schwarz 3. Spielt er gleich auf 3, dann kann Weiß erst A für B abtauschen und dann C spielen.

Auch Schwarz D wäre denkbar. Der Zug zielt darauf ab, einen der weißen Steine großräumig einzuschließen.

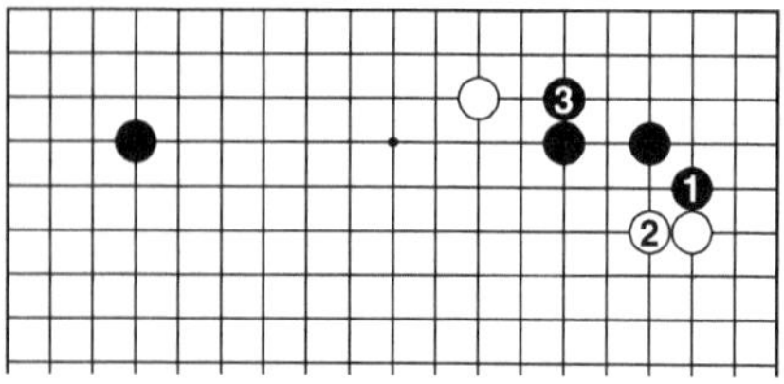

[128] Fehler. Mit Schwarz 1 und 3 die Ecke zu verteidigen ist zu klein gedacht.

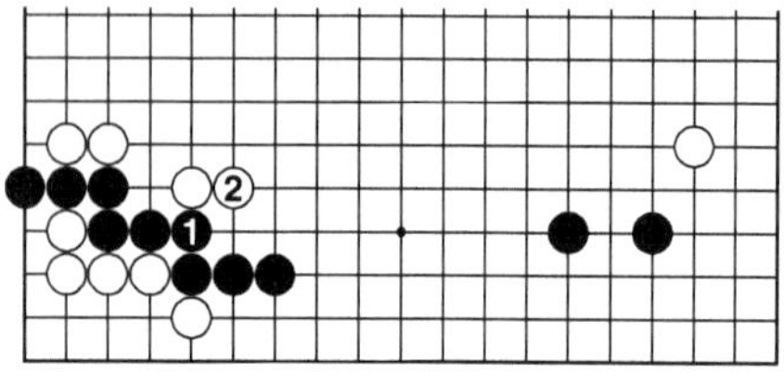

[129] Fehler. Schwarz darf auf das Nozoki hin nicht fest verbinden, denn Weiß streckt auf 2 und die Form der schwarzen Kette ist ausgesprochen dürftig.

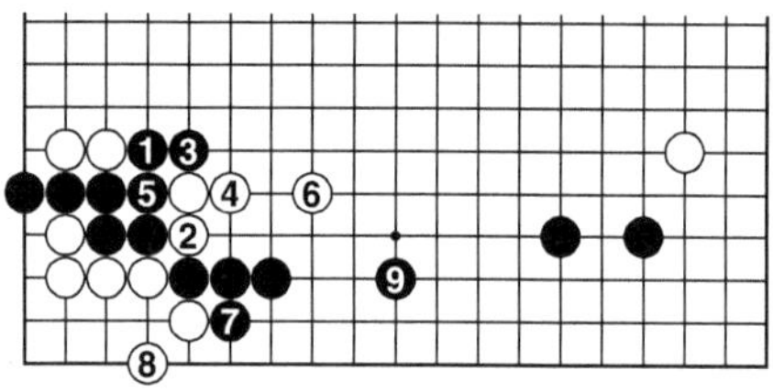

[129] Schwarz muss mit 1 sofort schneiden. Die Sequenz bis 9 ist eine Möglichkeit, bei der er sich gut entwickelt und Weiß schwache Gruppen zurückbehält. Statt 1 im Problem sollte Weiß auf 3 hier spielen. Schwarz antwortet dann auf 4.

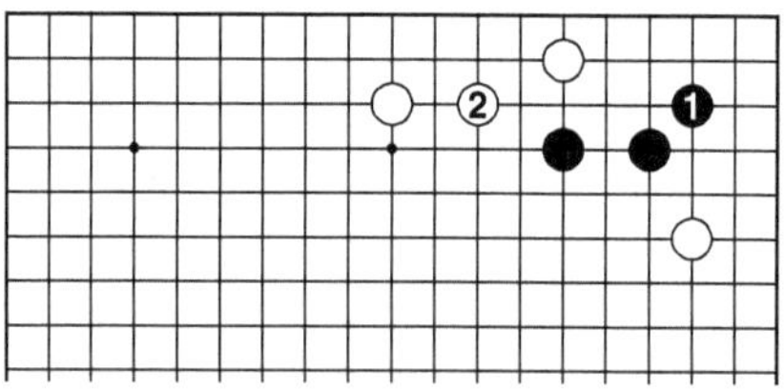

[130] Schwarz darf sich nicht beirren lassen und soll den vitalen Punkt besetzen. Mit dieser stabilen Position kann er sowohl am oberen als auch am rechten Rand aktiv fortsetzen, zum Beispiel den weißen Stein einklemmen.

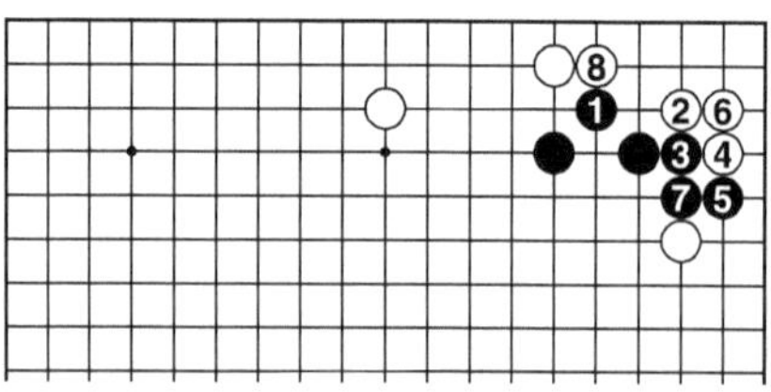

[130] Fehler. Dieses Diagramm zeigt, wie Schwarz sich übertölpern lässt. Weiß springt mit 2 in die Hintertür. Nach 8 ist klar, dass Schwarz 1 ein Fehler war.

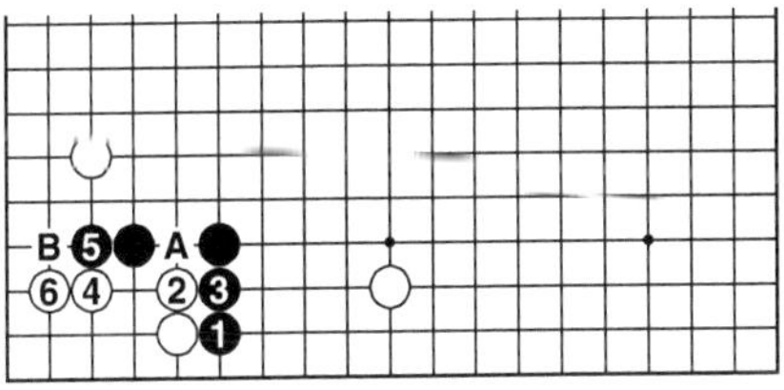

[131] Fehler. Schwarz 1 sieht stark aus, aber das Ergebnis ist bedenklich, da er der Basis beraubt wurde. Nach Weiß 6 sind A und B Miai.

Schwarz 1 auf 2 führt zum gleichen Ergebnis wie in Problem 130.

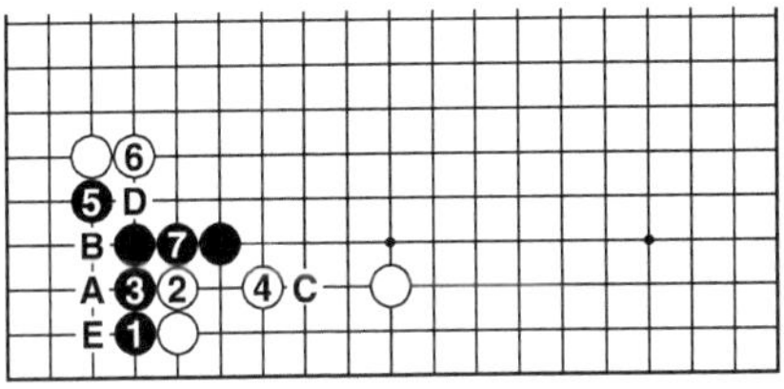

[131] Schwarz 1 ist die korrekte Antwort, um den weißen Ambitionen Einhalt zu gebieten.

Spielt Weiß 2 auf A, dann folgen Schwarz 3, Weiß B und Schwarz C, die aus D und E Miai machen.

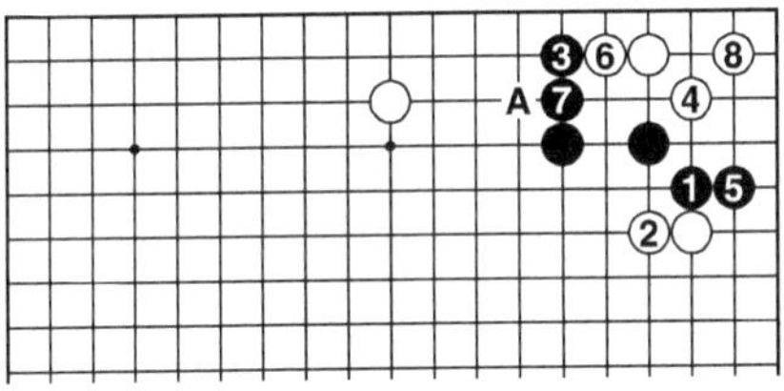

[132] Fehler. Wenn Schwarz den Abtausch 1 für 2 bekommt und den Invasionsstein fangen könnte ... Doch Weiß lebt einfach in der Ecke. Statt 1 den 3-3-Punkt zu nehmen ist auch nicht gut, denn Weiß springt auf A.

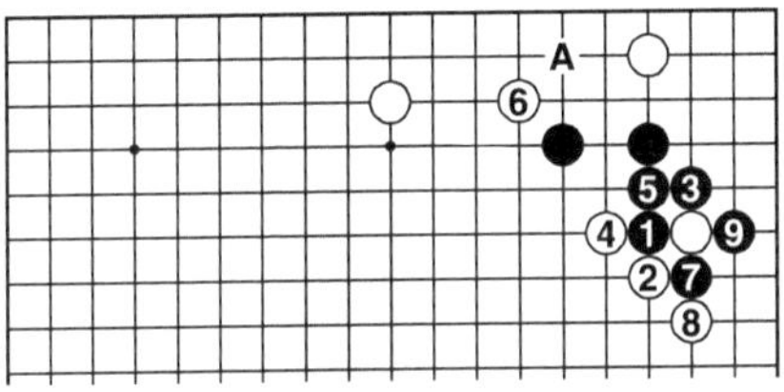

[132] Richtig ist das Anlegen mit 1, das Schwarz eine starke Position gibt. Weiß kann statt 6 auf 7 decken, aber dann nimmt Schwarz die Ecke mit A. Hier springt Weiß heraus und Schwarz stärkt mit 7 und 9 weiter seine Position.

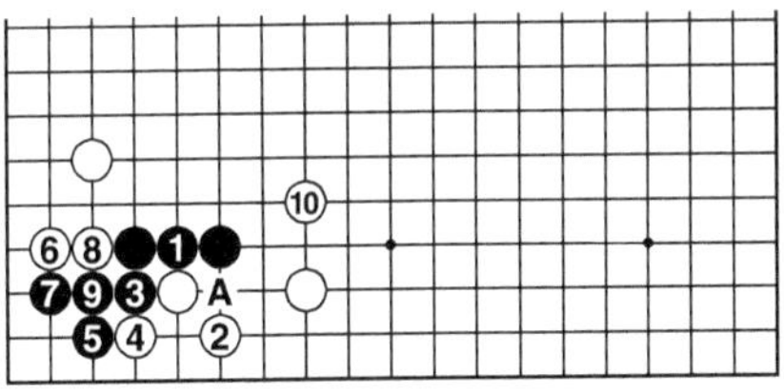

[133] Fehler. Das Verbinden 1 lässt Weiß die Ecke aushöhlen. Nach 10 hat Schwarz nur ein Auge. Auch das Blocken auf A ist nicht gut für Schwarz, denn Weiß biegt auf 2 um. Trennt Schwarz, so bleiben unangenehme Schnitte zurück.

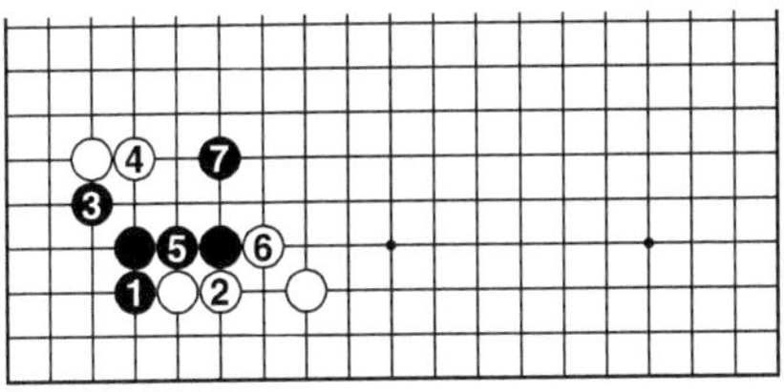

[133] Mit 1 die Ecke verteidigen und gleichzeitig zu leben, klärt die Situation. Weiß macht gute Form mit 6, aber das Gebiet in der Ecke ist nicht zu verachten.

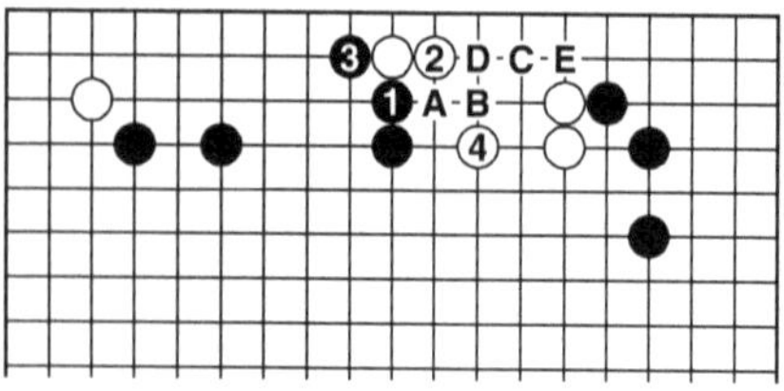

[134] Schwarz 1 ist die solide Antwort. Streckt Weiß zurück, dann blockt Schwarz auf 3. Nach 4 gibt es immer noch Aji, denn Schwarz kann die Sequenz A bis E spielen.

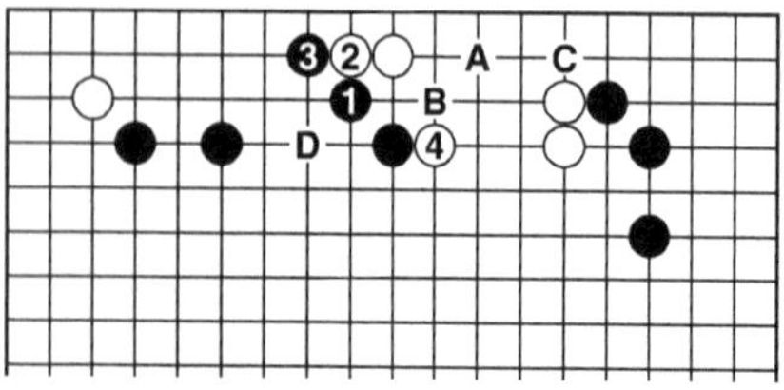

[134] Fehler. Das Nachgeben mit 1 ist schlecht, denn Weiß sichert seine Gruppe mit 2 und 4. Schwarz A, statt 1, ist ausgesprochen aggressiv und lädt Weiß zu B, Schwarz C und D ein. Diese Variante verkompliziert die Situation unnötig.

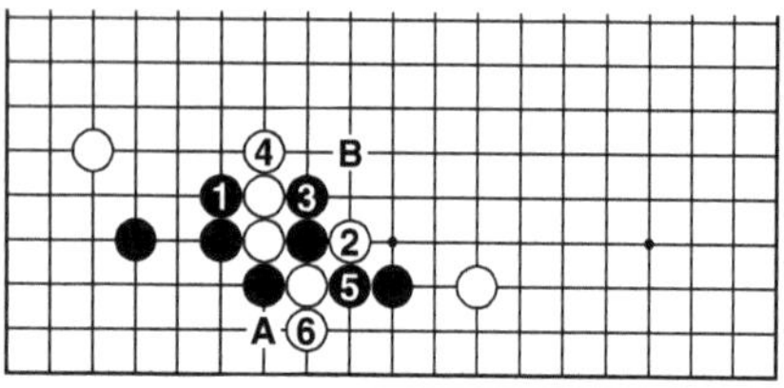

[135] Fehler. Hier ist eine Treppe zu beachten. Selbst wenn sie gut für Schwarz ist, nach 6 muss er mit A fangen und Weiß quetscht mit B die Opfersteine für eine starke Position im Zentrum aus.

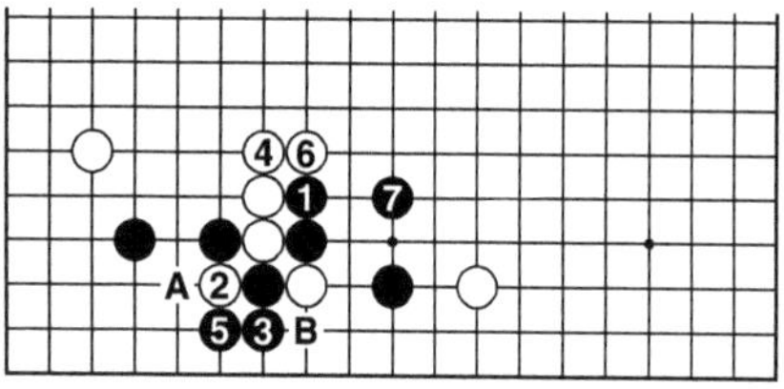

[135] Schwarz 1, das Strecken auf dieser Seite, ist richtig. Weiß 2 und 4 sind eine übliche Technik, aber nach 7 sieht das Ergebnis gut für Schwarz aus. Weiß hat noch die Kikashi-Züge A und B, aber mehr auch nicht.

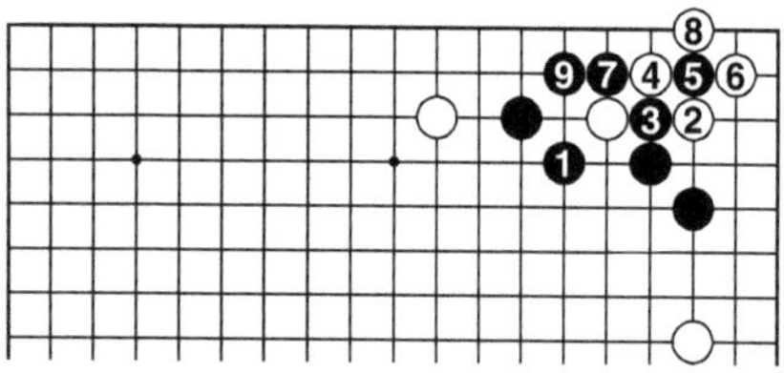

[136] Fehler. Dieses Diagramm zeigt ein mustergültiges Beispiel, wie Schwarz ausgetrickst wurde. Weiß lebt in der Ecke, und das sogar in Vorhand.

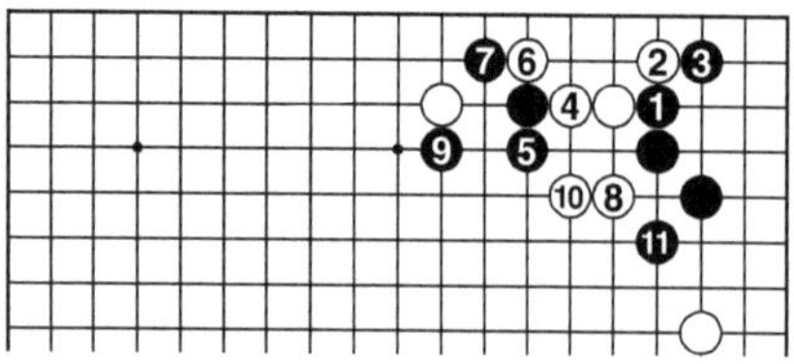

[136] Richtig. Schwarz blockt in der Ecke. Weiß 6 und 8 sind Tesuji, um ins Freie zu laufen, aber Schwarz hält mit 9 und 11 den Druck, sowohl auf die laufende Gruppe als auch die Ränder, aufrecht.

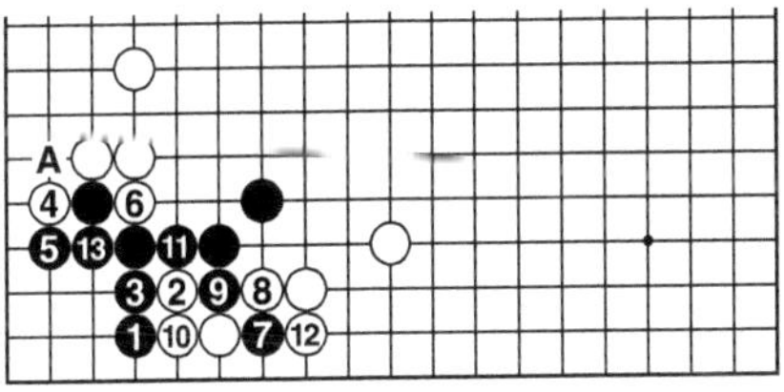

[137] Fehler. Schwarz 1 sieht wie gute Form aus, ist aber hier nicht angebracht. Weiß drückt und schiebt, sodass Schwarz mit Nachhand endet. Aufgrund der schlechten (Augen-)Form in der Ecke, ist das Decken auf A auch noch Vorhand für Weiß.

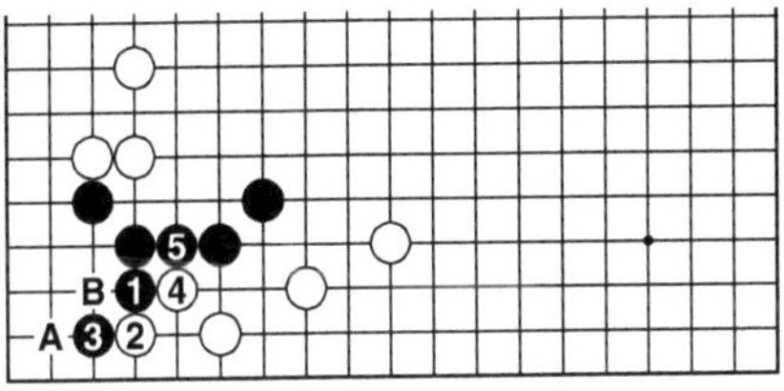

[137] Schwarz 1 ist ein seltsam anmutender Zug, aber hier der korrekte. Man mag sich um das Klemmen auf A sorgen, aber Schwarz deckt auf B und lebt mit einer Abfolge geprägt von Einwürfen und Freiheitenmangel. Weiß ist hier dünn.

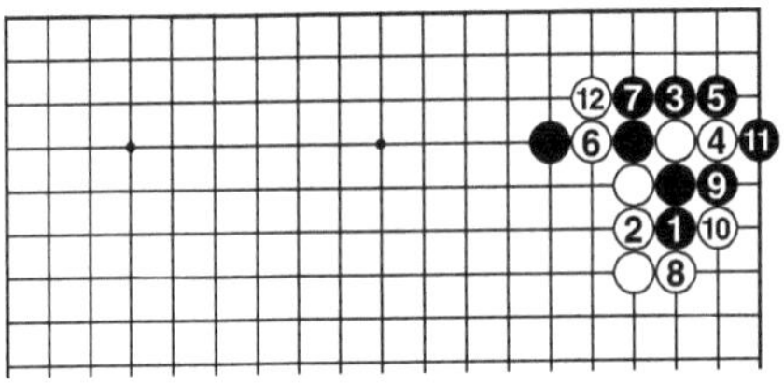

[138] Fehler. Das Diagramm ist ein Paradebeispiel, wie Schwarz hereingelegt wurde. Schwarz fängt zwei Steine und Weiß bekommt riesigen Einfluss nach außen. Das Ergebnis ist schlecht für Schwarz.

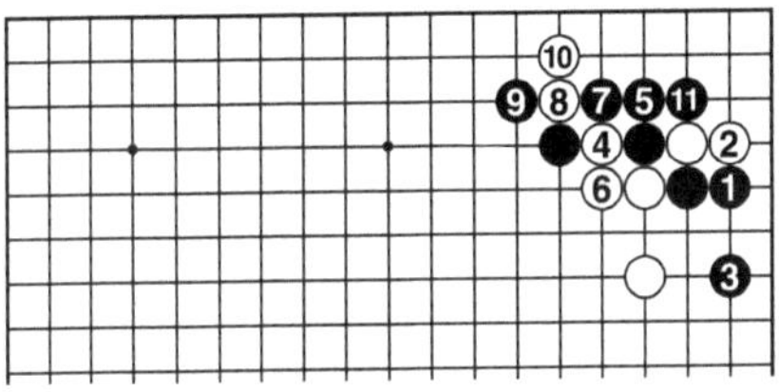

[138] Das Strecken auf 1 hier ist die stärkste Spielweise. Schwarz leistet Widerstand mit 3 bis 7 und wenn Weiß auf 8 schneidet, dann sichert Schwarz die Ecke mit 11. Nun kann er in jeglichem noch folgenden Kampf mithalten.

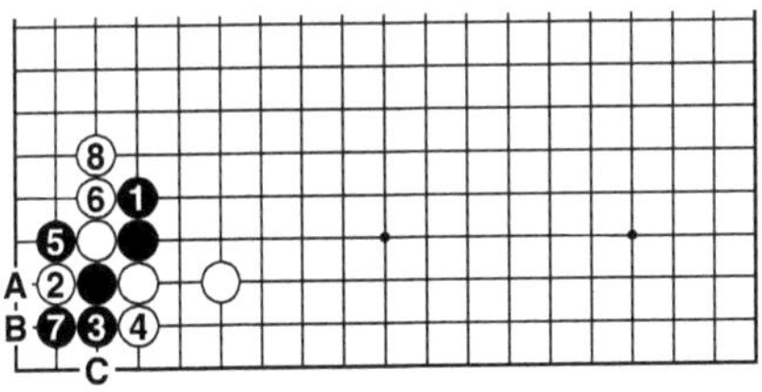

[139] Fehler. *„Nach dem Kreuzschnitt soll man strecken."* Doch dies gilt hier nicht, denn was passiert, zeigt das Diagramm. Weiß hat Stärke außen und ist zufrieden. Schwarz muss sogar noch aufpassen, dass Weiß nicht mit A bis C die Ecke tötet.

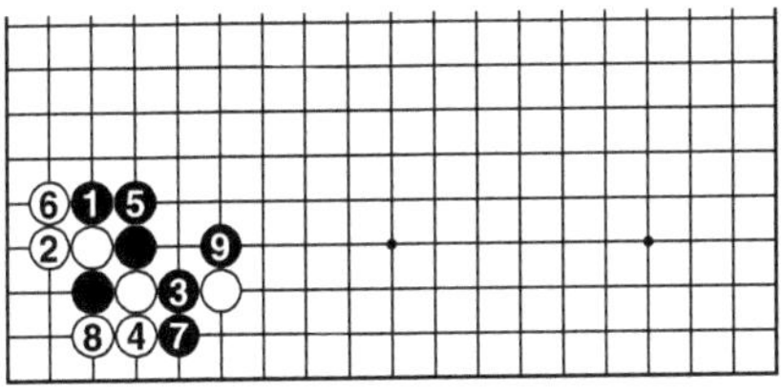

[139] Die Atari 1 und 3 sind hier richtig. Schwarz tauscht die Ecke gegen Stärke außen.

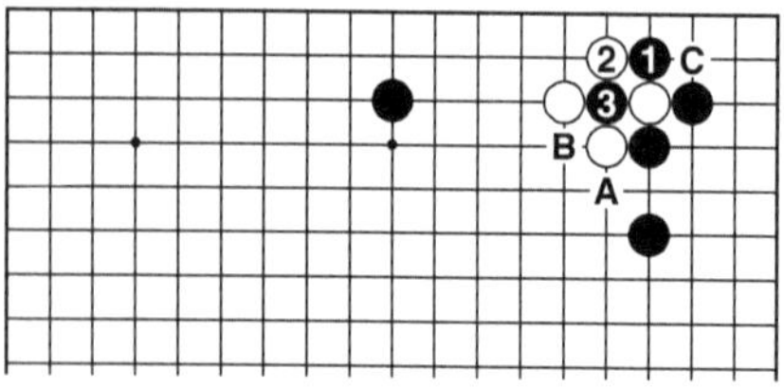

[140] *„In der Eröffnung gibt es kein Ko.“* Folgerichtig setzt Schwarz mit 1 Weiß unter Druck. Wenn Weiß das Ko kämpft und zurückschlägt, dann macht Schwarz das Ko mit A zu einem Alles-oder-Nichts. Deckt Weiß auf B, so deckt Schwarz auf C.

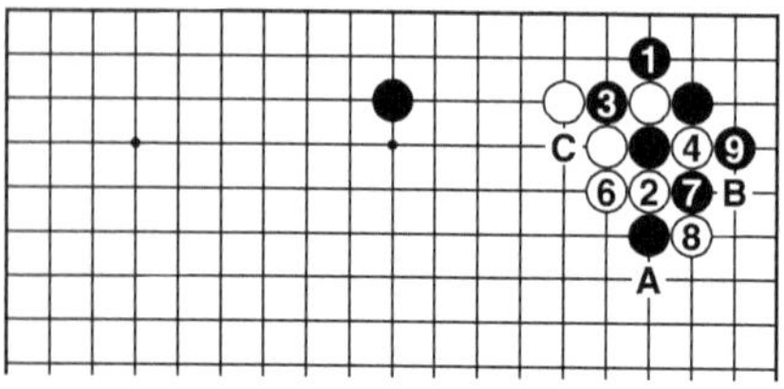

[140] Schwarz muss keine Sorge vor dem Gegenatari 2 haben, denn dann freut er sich über die starke Stellung, die nach dem Decken auf 5 entsteht. Spielt Weiß nach 9 auf A oder B, dann spielt Schwarz in jedem Fall C.

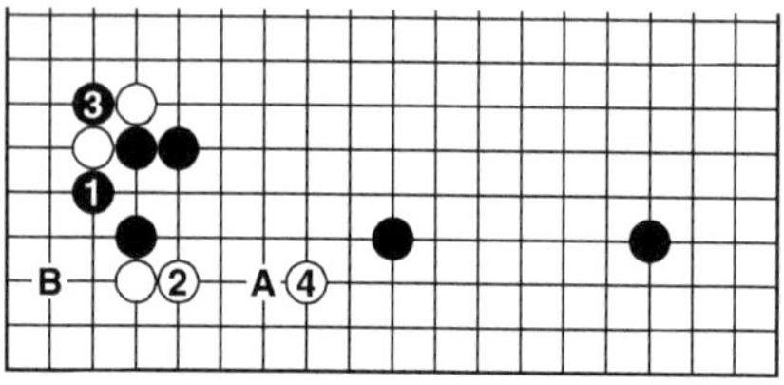

[141] Schwarz 1 ist richtig und nach Weiß 2 sollte er mit 3 einen Stein fangen. Schwarz steht solide. Nach 2 kann Schwarz auch A für B abtauschen, wenn er den unteren Rand mehr Gewicht geben möchte. Aber 3 bleibt weiterhin nötig.

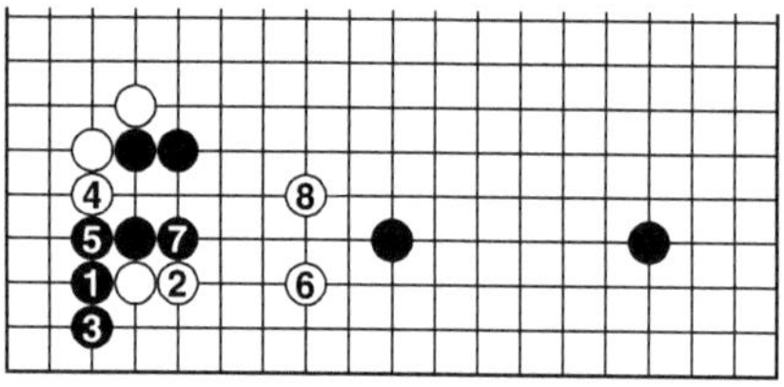

[141] Fehler. Das Hane 1 ist nicht gut, denn Weiß entwickelt sich auf beiden Seiten, während die schwarze Form recht ineffizient dasteht.

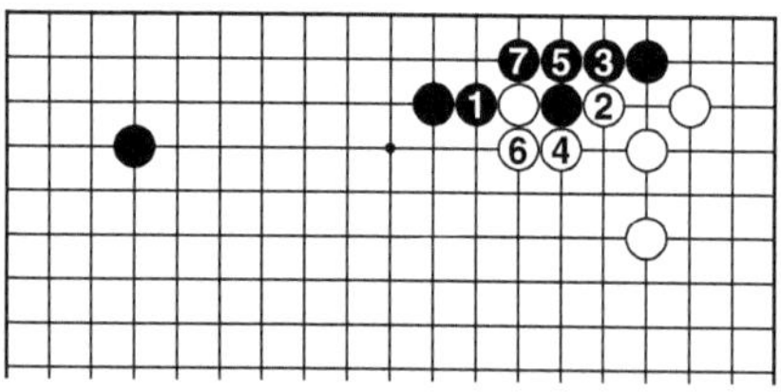

[142] Schwarz 1 sieht ungewöhnlich aus, ist aber die richtige Antwort. In der Abfolge bis 7 verbindet er seine Steine während Weiß außen steht.

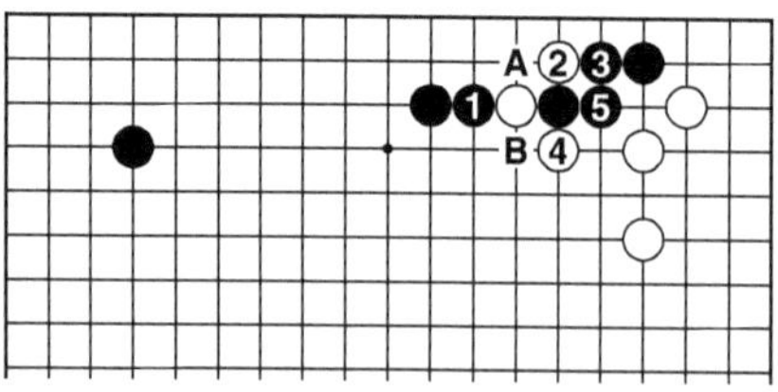

[142] Versucht Weiß es mit dem Hane 2 und dem Atari 4, dann sind 3 und 5 ein starker Konter. Nun sind A und B Miai und das Ergebnis somit noch besser für Schwarz.

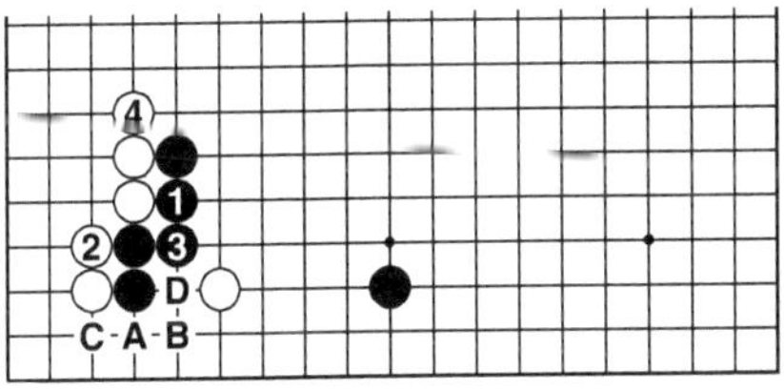

[143] Fehler. Raus ins Zentrum ist hier die falsche Marschrichtung, denn nach Weiß 2 muss Schwarz verbinden. Auch das Umbiegen A bis D ist Vorhand für Weiß. Schwarz hat sich überrumpeln lassen.

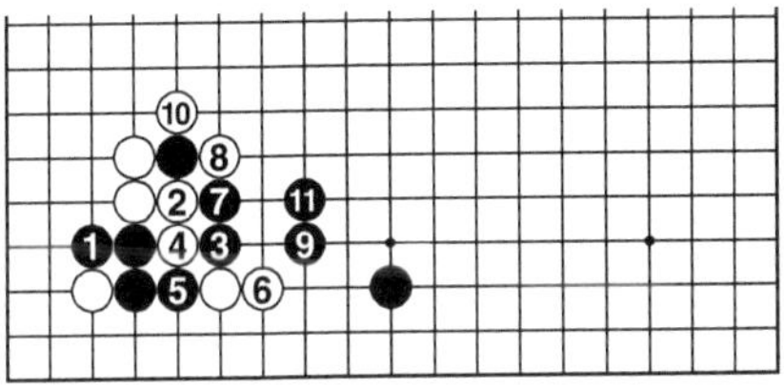

[143] Schwarz soll die Ecke nehmen und nach 2 mit 3 auflegen. In der Abfolge bis 11 erhält Schwarz ein schönes Stück Rand, mit dem sich die weiße Stärke nicht messen kann.

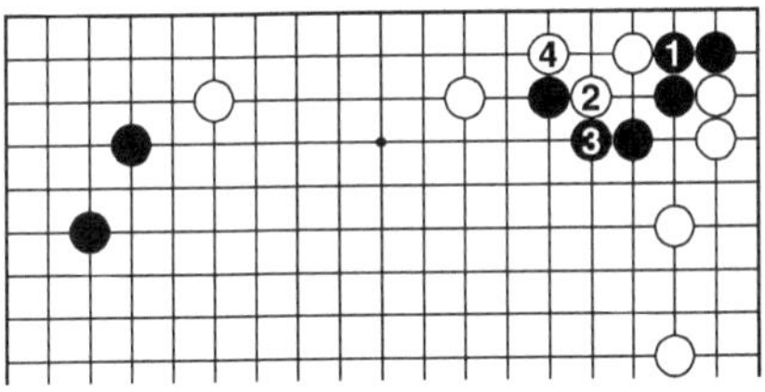

[144] Fehler. Mit 1 zu decken führt dazu, dass Weiß den schwarzen Steinen die Basis raubt. Schwarz rennt nun augenlos davon – das kann nicht gut sein.

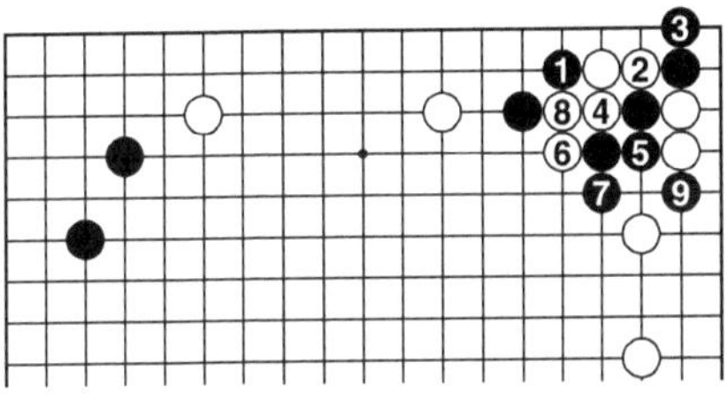

[144] Der wichtige Punkt ist 1 hier. Wenn Weiß schneidet, dann streckt Schwarz mit 3 zum Rand. Während Weiß sich hinauskämpft, sichert Schwarz eine neue Basis am rechten Rand. Weiß kann 6 nicht auf 8 spielen: Schwarz fängt mit 6.

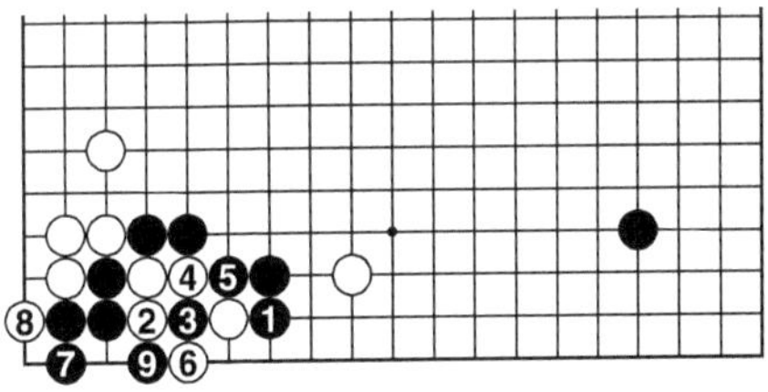

[145] Fehler. Schwarz kann den weißen Invasionsstein nicht bedingungslos fangen, wie die Abfolge bis 9 zeigt. Da Weiß das Ko als Erster schlägt, ist das Ergebnis katastrophal für Schwarz.

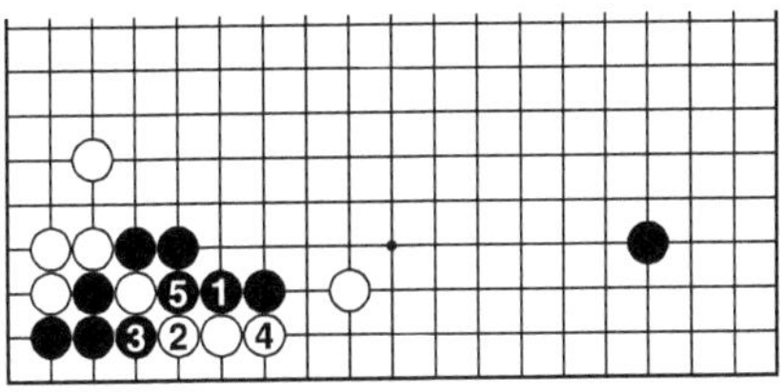

[145] Schwarz muss auf 1 nachgeben und kann so alle seine Steine verbinden. Der Fehler liegt allerdings schon in der Ausgangsform begründet, die er hätte vermeiden sollen.

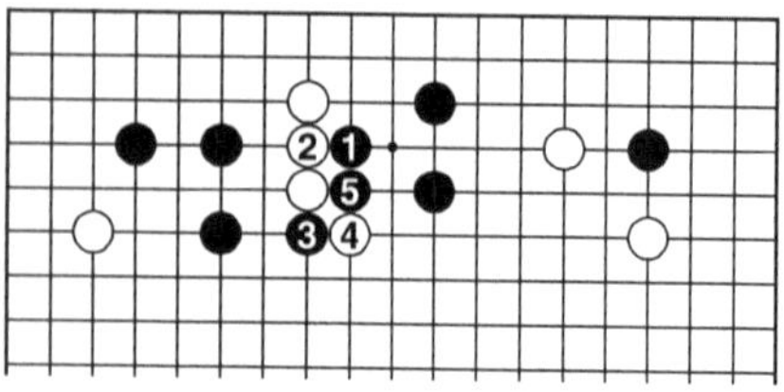

[146] Nach dem Doppelangriff sollte Schwarz sich mit 1 gegen die zwei weißen Steine lehnen, um Stärke aufzubauen. Wenn Weiß sich wehrt, kommt diese Gruppe unter Druck. Der Kampf ist gut für Schwarz.

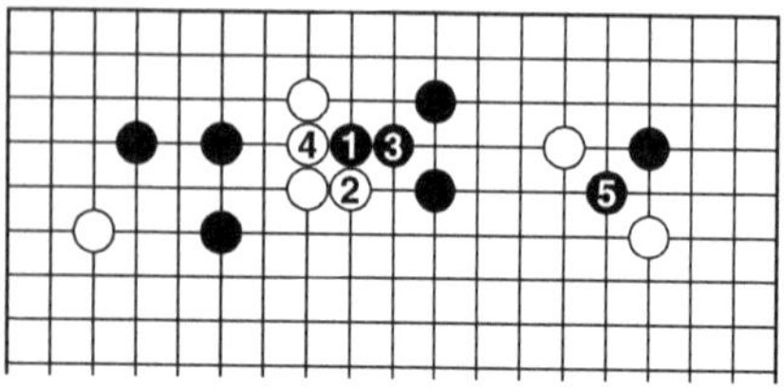

[146] Versucht Weiß dem Gegenangriff geschickt aus dem Weg zu gehen, dann ist die schwarze Form gestärkt und er kann mit 5 die beiden Steine rechts trennen. Weiß hat nun drei schwache Gruppen.

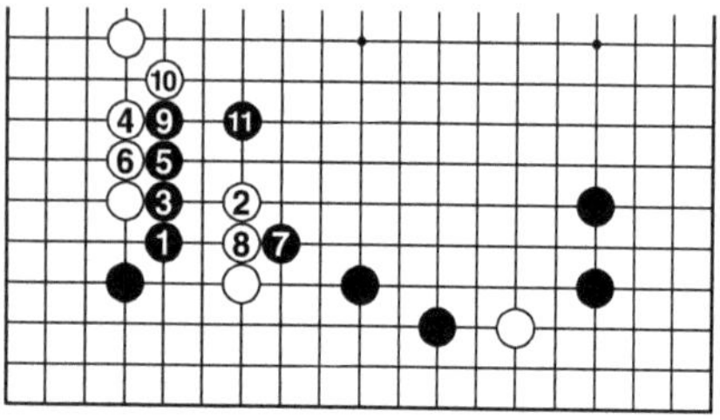

[147] Schwarz 1 trennt die beiden Steine. Läuft Weiß mit 2 heraus, dann lehnt sich Schwarz erst gegen die linke Seite, um dann die beiden Steine mit 7 und 11 anzugreifen. Der Kampf ist gut für Schwarz.

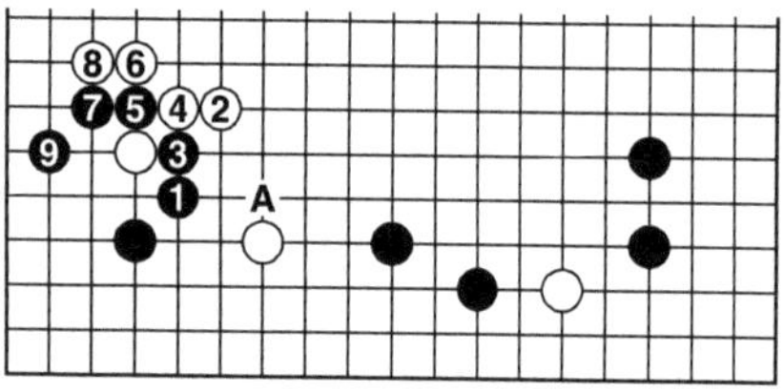

[147] Versucht Weiß leicht zu spielen, dann nimmt Schwarz Punkte mit. Nach 9 ist der Anleger auf A eine starke Fortsetzung.

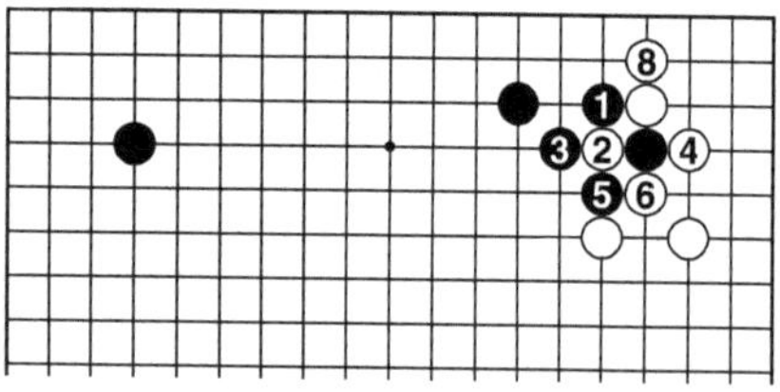

[148] Fehler. Schwarz 1 bis Weiß 8 sind keine Option, denn während Schwarz einen ineffektiven Klumpen baut, sichert sich Weiß in eleganter Form eine riesige Ecke (7 deckt).

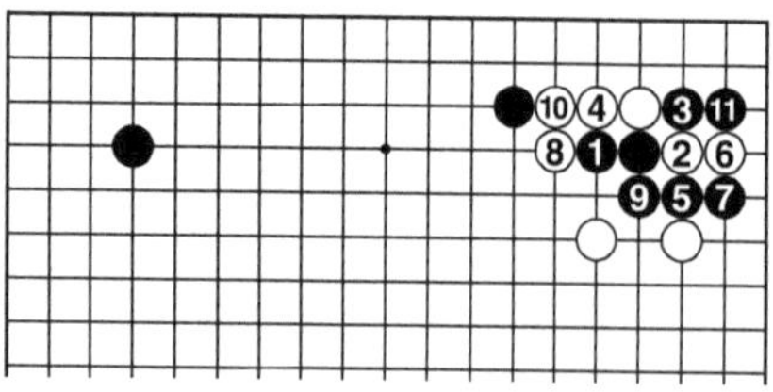

[148] Schwarz muss mit 1 Gegenwehr leisten, die eine Abfolge bis 11 erwarten lässt. Das Ergebnis ist für beide Seiten spielbar.

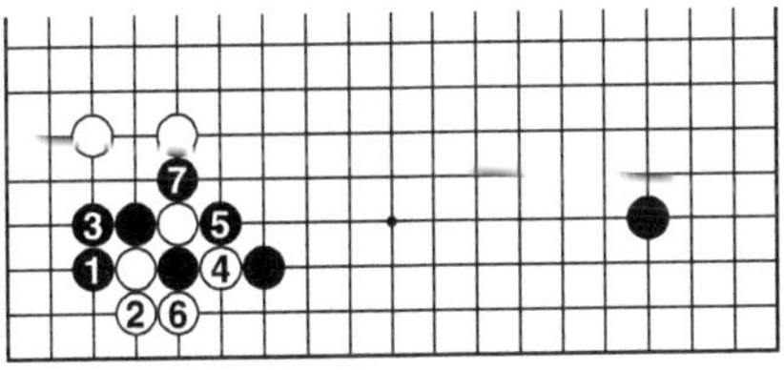

[149] Das Atari 1 und das Decken auf 3 sind hier richtig. Spielt Weiß nun das Atari 4, dann kontert Schwarz mit 5 und 7.

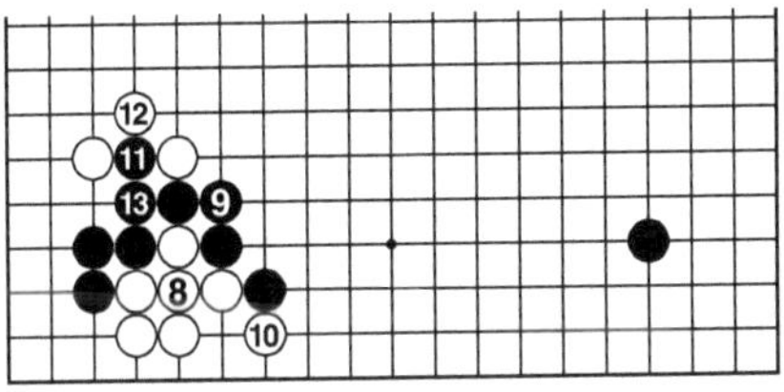

[149] Fortsetzung. Nach dem Decken auf 8 verbindet auch Schwarz auf 9. Wenn Weiß dem Klumpen mit 10 eine Basis gibt, dann sticht Schwarz durch die beiden Steine am linken Rand und sichert die eigene Verbindung.

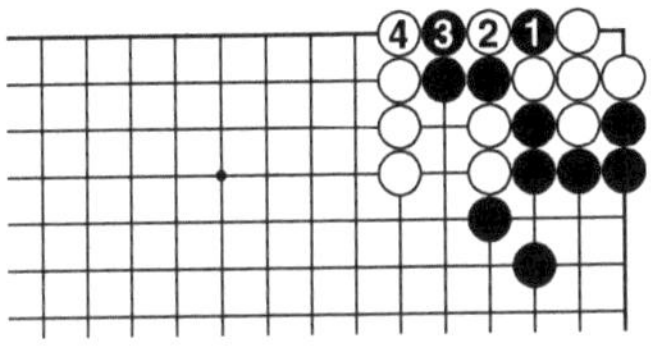

[150] Dies ist ein direktes Ko, das mit 1 beginnt. Schwarz 5 schlägt auf 1 und Weiß muss die erste Drohung spielen. Wer eine Drohung ignoriert, kann „durchschlagen" und das Ko beenden.

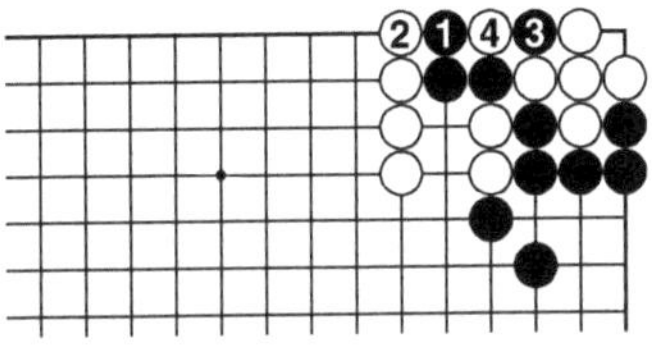

[150] Fehler. Schwarz darf hier nicht mit 1 beginnen, denn dann hat Weiß den Vorteil, das Ko zuerst zu schlagen, und Schwarz muss die erste Drohung finden.

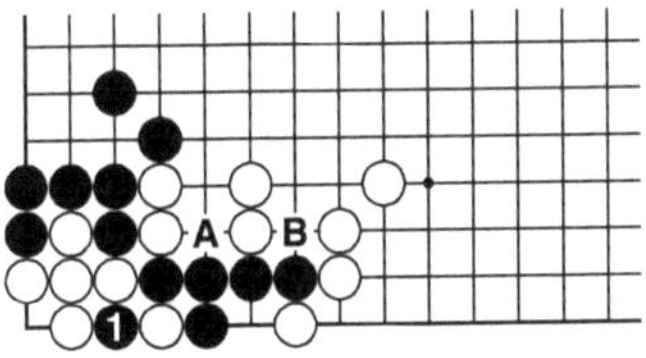

[151] Schwarz 1 beginnt das Ko. Doch dies ist ein Annäherungs-Ko. Weiß muss nicht nur das Ko zurückschlagen, sondern auch A und B besetzen, bevor es ein direktes Ko wird.

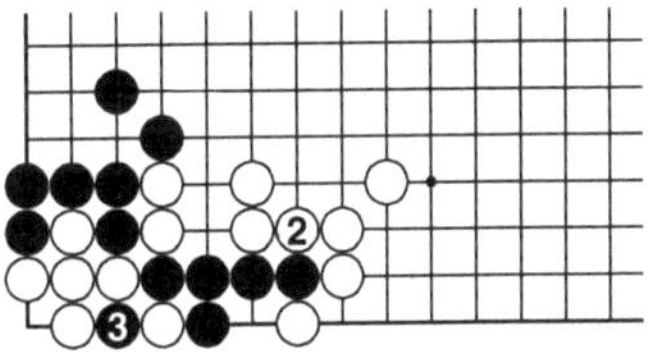

[151] Daher kann Schwarz fernbleiben und warten, bis Weiß eine Freiheit besetzt. Wenn Schwarz jetzt schlägt, ist es noch immer kein direktes Ko.

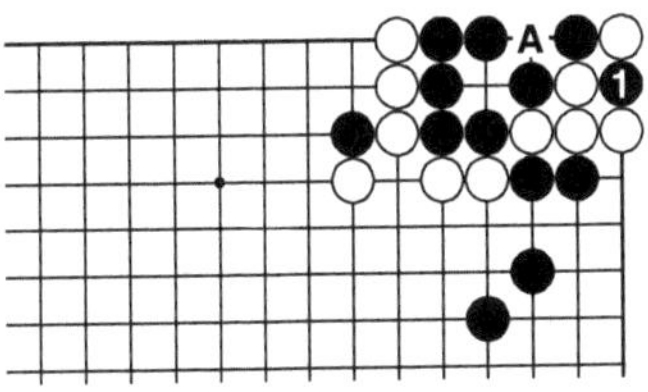

[152] Dies ist ein Zweistufen-Ko. Selbst wenn Weiß zurückschlagen kann und eine Ko-Drohung ignoriert, muss er noch ein weiteres Ko auf A spielen.

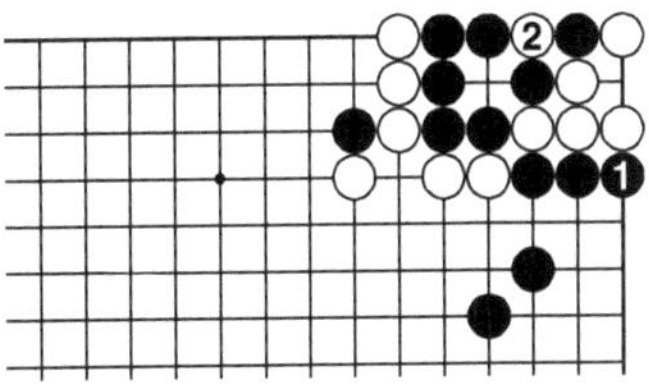

[152] Fehler. Schwarz 1 führt zu einem direkten Ko, das Weiß zuerst schlägt. Das ist natürlich für Schwarz schlechter als das Stufen-Ko.

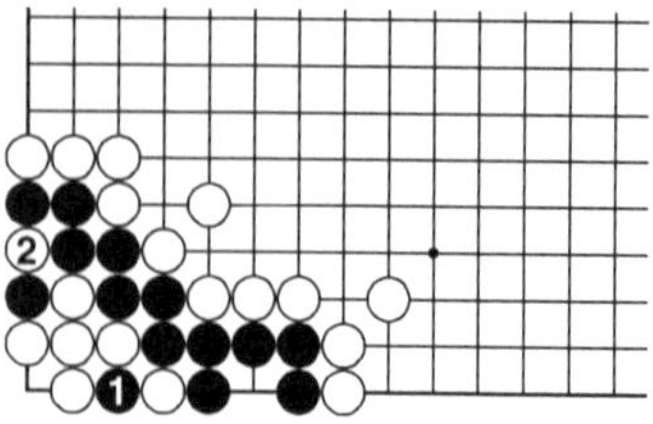

[153] Das ist ein Doppel-Ko, das keiner gewinnen kann. Immer wenn Schwarz schlägt, schlägt Weiß das andere Ko. So gibt diese Stellung unendlich viele Ko-Drohungen her. Aber...

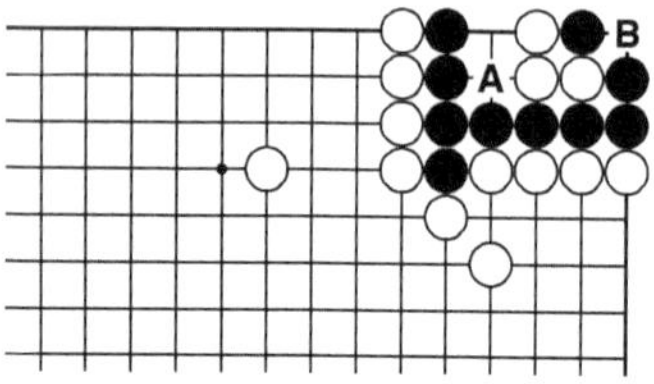

[154] Dies ist ein Zehntausend-Jahr-Ko. Spielt Schwarz auf A, dann wird es ein direktes Ko, aber das wäre schlecht für ihn. Deckt er auf B, dann stirbt er. Daher sollte er hier gar nicht spielen.

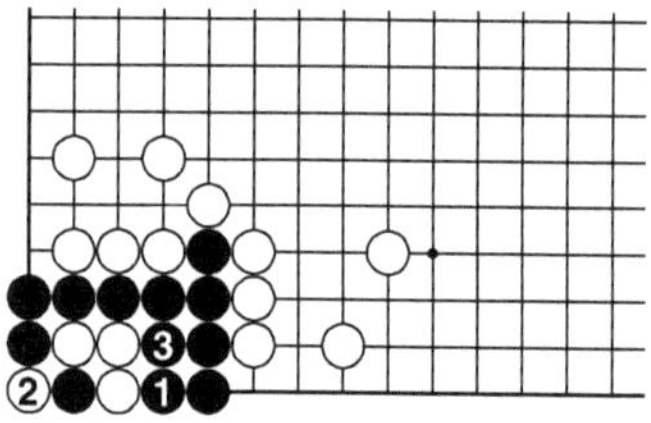

[155] Obwohl die Stellung ähnlich aussieht, kann Schwarz hier das Ko umgehen. Dank der Außenfreiheiten kann er leben. Jedoch ist dies Nachhand für „nur" sieben Punkte.

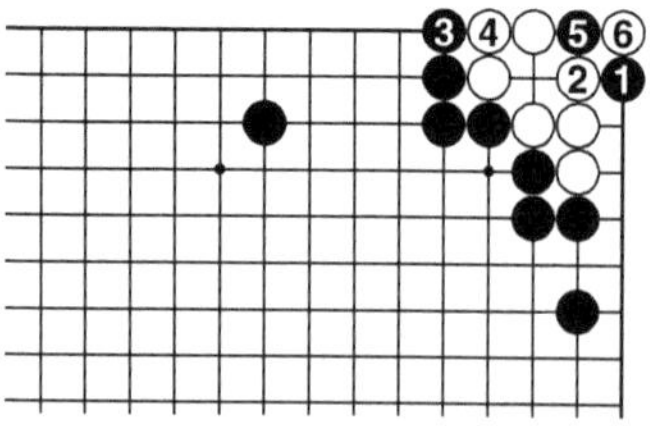

[156] Schwarz 1 beginnt ein direktes Ko. Weiß schlägt das Ko zuerst, doch für Schwarz ist das ein Erfolg, denn Weiß lebt hier nicht bedingungslos.

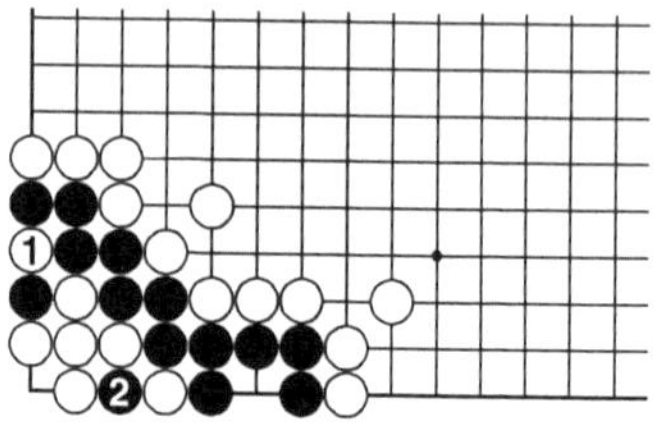

[153] ...das gilt natürlich auch für Weiß, der dies ebenso für Ko-Drohungen nutzen kann. Findet sich eine solche Stellung auf dem Brett, ist jedes weitere Ko sehr sorgfältig abzuwägen.

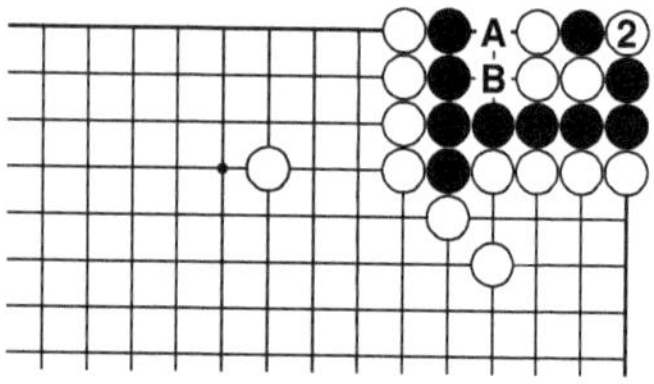

[154] Für Weiß ist es ein Annäherungs-ko. Weiß muss A oder B spielen und das Ko gewinnen. Schlägt Weiß das Ko und deckt es (ohne A oder B zu spielen), dann leben beide in Seki. Schwarz kann also ruhig abwarten.

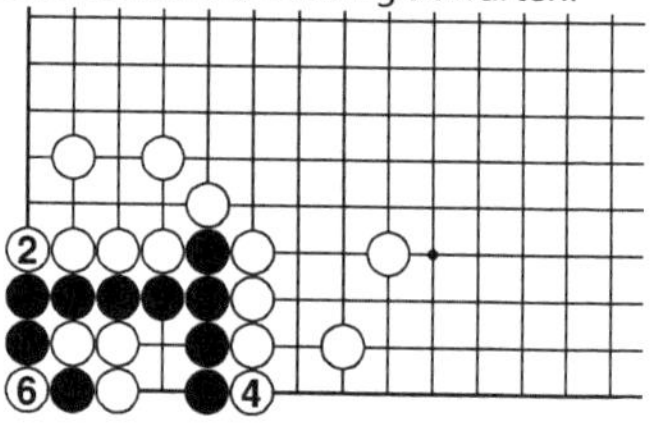

[155] Für Weiß ist es hier noch schwieriger zu töten, denn er müsste die Innen- und Außenfreiheiten besetzen und das Ko gewinnen. Schwarz muss abwägen, ob er warten kann.

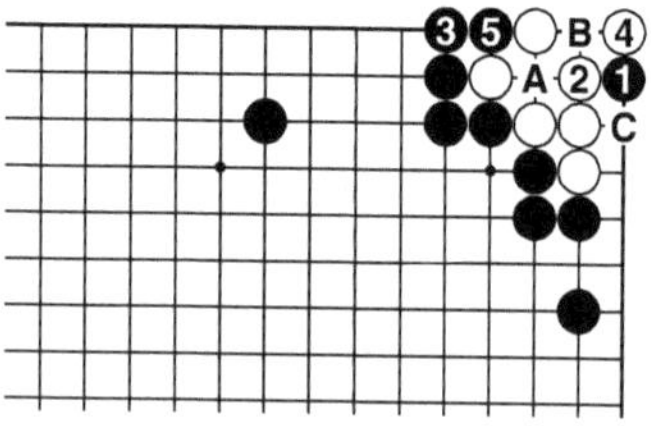

[156] Wirft Weiß mit 4 ein, dann gibt Schwarz von außen Atari. Deckt Weiß auf A, beginnt auf B das Ko. Schlägt Weiß auf C, dann startet das Ko auf A.

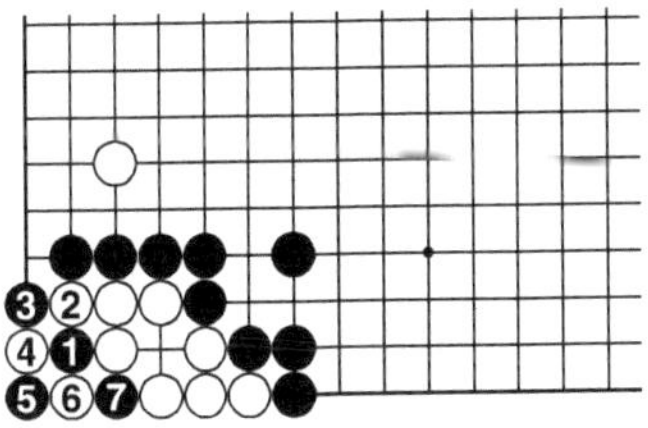

[157] Schwarz 1 beginnt das Ko in der Ecke. Weiß wirft mit 4 und 6 ein. Nach 7 gibt es ein direktes Ko, für das Weiß die erste Drohung finden muss.

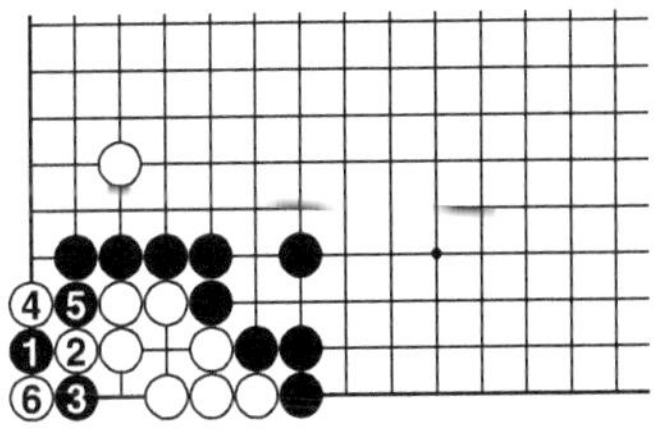

[157] Fehler. Schwarz 1 beginnt ebenfalls ein Ko, aber nach 6 muss Schwarz als erster eine Drohung spielen. Das kann entscheidend sein.

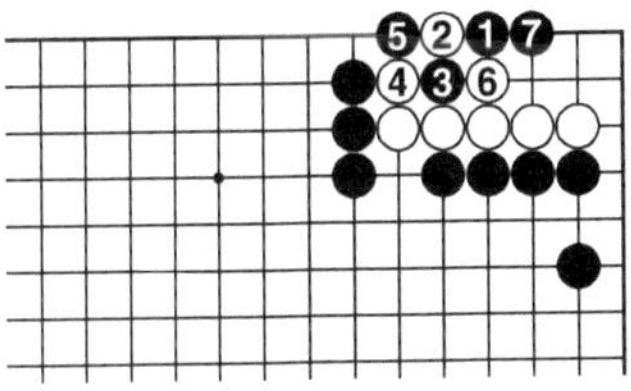

[158] Mit dem großen Affensprung 1 kann Schwarz ein Ko um die Ecke beginnen.

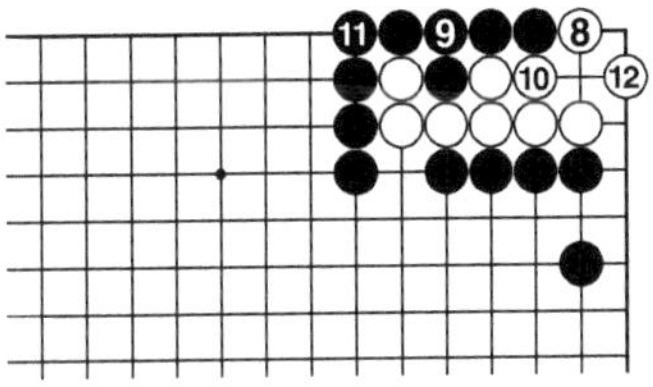

[158] Fehler. Schwarz darf nach 8 nicht das Ko decken, denn dann lebt Weiß mit 10 und 12. Statt 9 muss Schwarz selbst auf 12 setzen und Weiß beginnt das Ko.

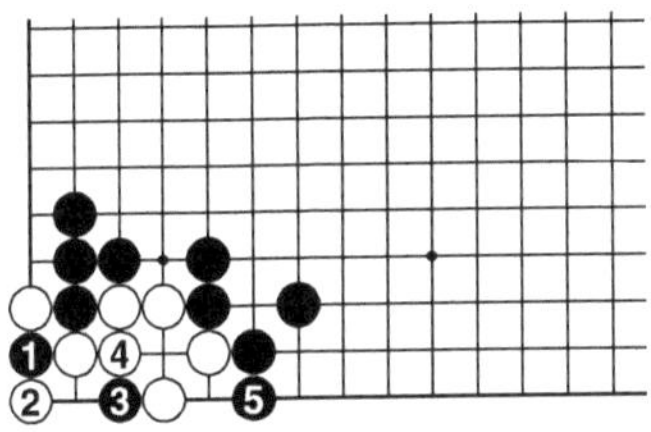

[159] Das Einwerfen mit 1 ist Tesuji. Schlägt Weiß, dann besetzt 3 den vitalen Punkt und nach 5 ist Weiß tot. Daher ...

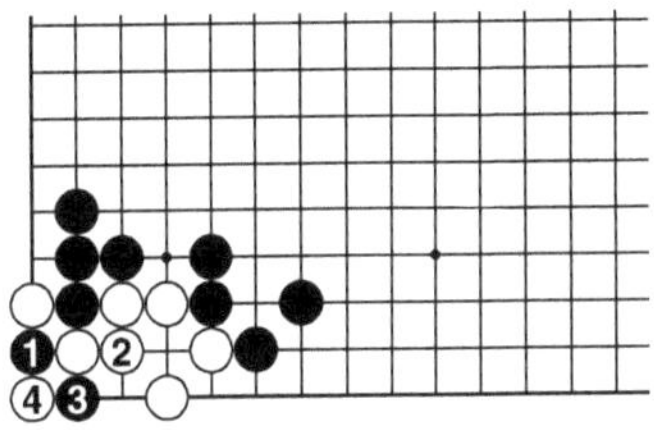

[159] ... wird Weiß auf 2 nachgeben. Nun kann Schwarz mit 3 ein Ko einleiten, das Weiß zuerst schlägt.

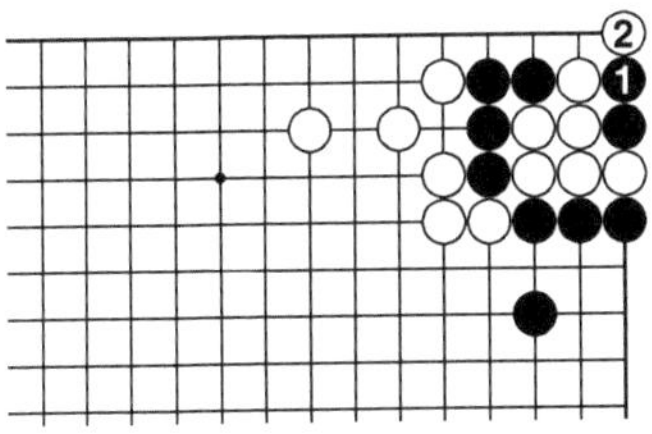

[160] Schwarz 1 verhindert ein echtes Auge und bereitet das Ko vor.

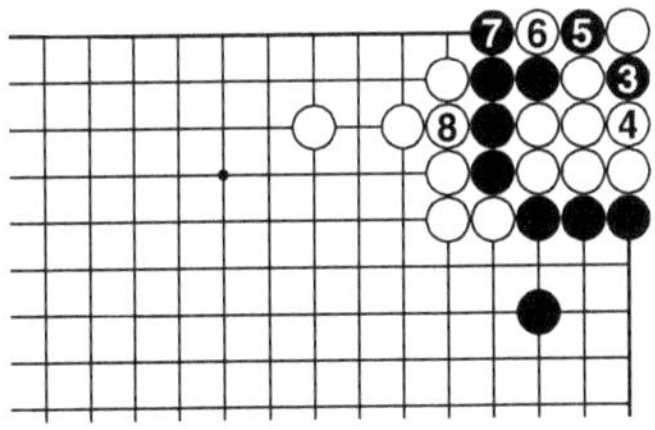

[160] Fortsetzung. Schwarz wirft mit 3 und 5 ein, Weiß schlägt mit 4 und 6. Nach 7 muss Weiß eine Außenfreiheit nehmen. Nun gibt es ein direktes Ko.

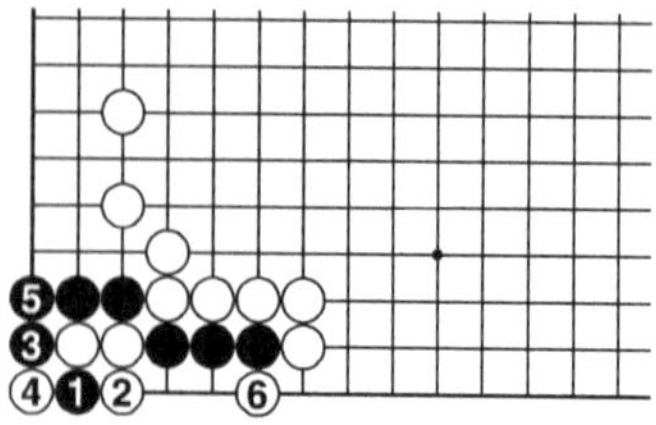

[161] Schwarz 1 und 3 leiten das Ko ein, das Schwarz nach 6 als erster schlägt.

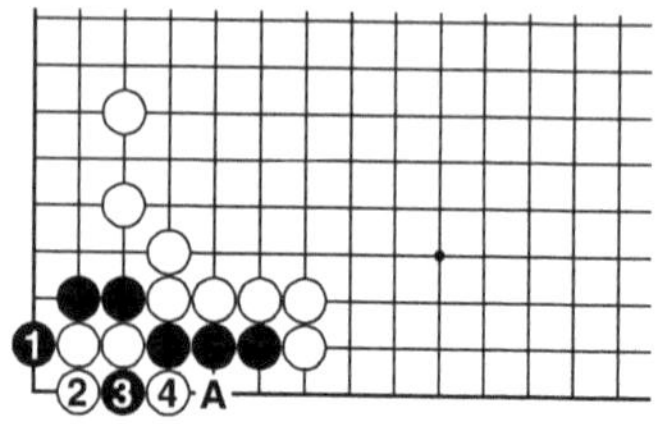

[161] Fehler. Jeder andere Versuch schlägt fehl. Schwarz 1 und 3 ergeben hier kein Ko, denn Schwarz kann nach 4 nicht auf A spielen.

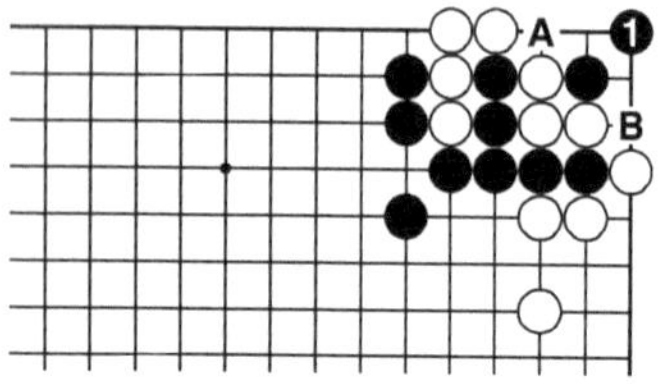

[162] Schwarz 1 ist der vitale Punkt, um ein Ko zu beginnen: entweder auf A oder B.

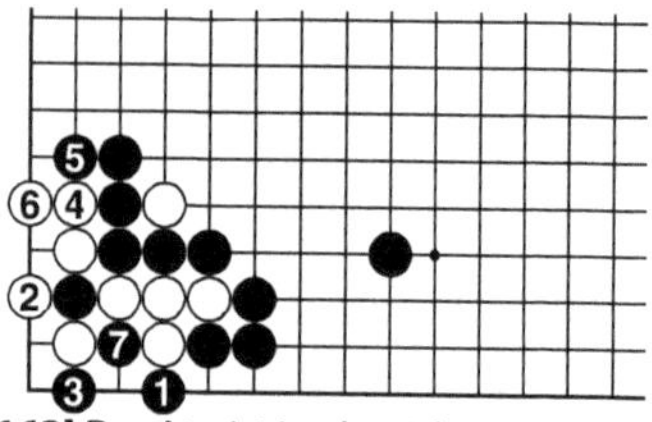

[163] Das Atari 1 ist der richtige Start. Schlägt Weiß auf 2, dann verhindert 3 ein echtes Auge. Nach 7 beginnt das Ko.

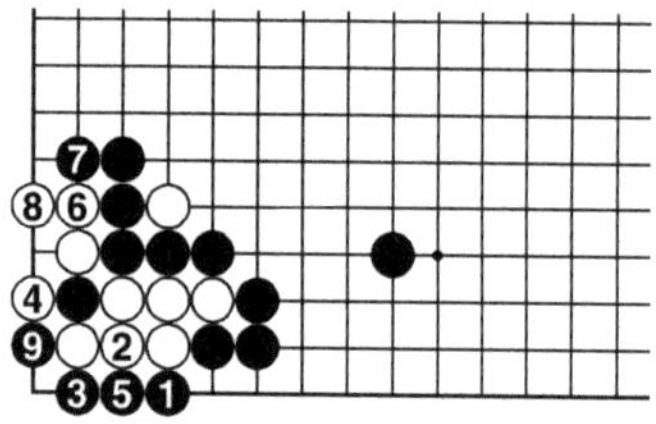

[163] Deckt Weiß auf 2, dann springt Schwarz wieder auf 3. Nach der Abfolge bis 8 ist es der Einwurf auf 9, der das Ko um die Ecke beginnt.

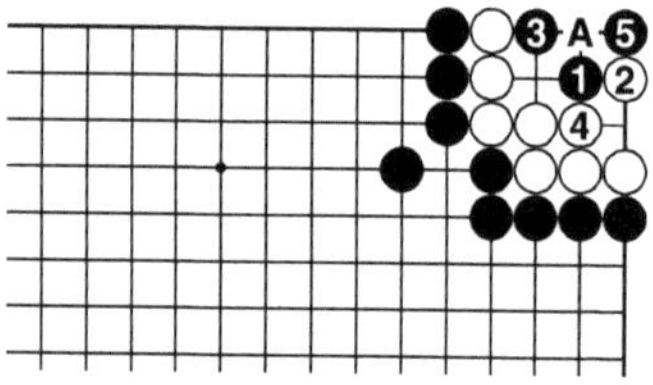

[164] *„In symmetrischen Stellungen spiele in der Mitte".* Schwarz 1 ist also natürlich und nach 5 beginnt das Ko. Spielt Schwarz statt 5 auf A, dann ist die Ecke ein Seki.

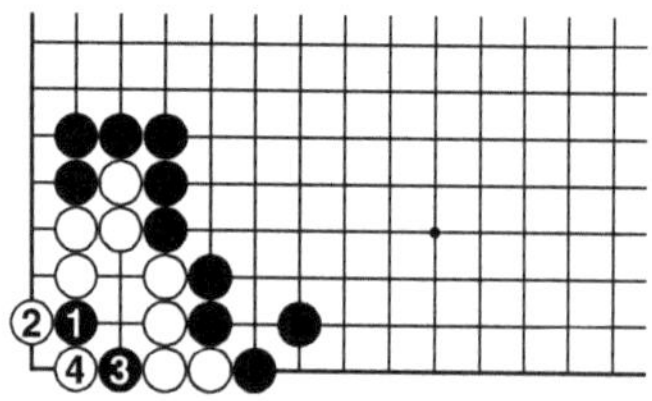

[165] Schwarz 1 ist der vitale Punkt. Weiß 2 und 4 sind alternativlos, denn sonst stirbt Weiß.

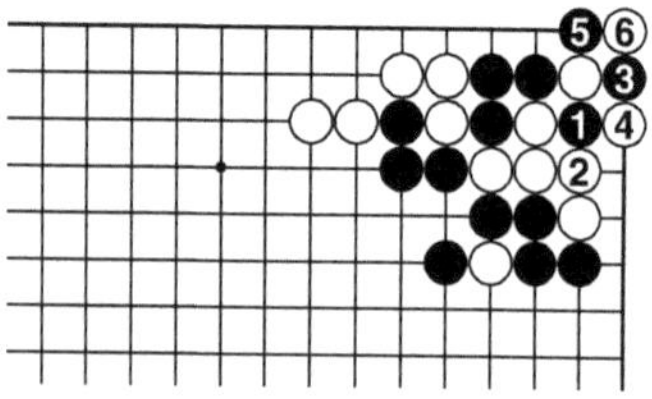

[166] Die schwarzen Steine sind noch nicht ganz verloren. Mit 1 bis 6 entsteht ein Ko. Zwar ein Zweistufen-Ko, aber für Weiß steht die Ecke auf dem Spiel.

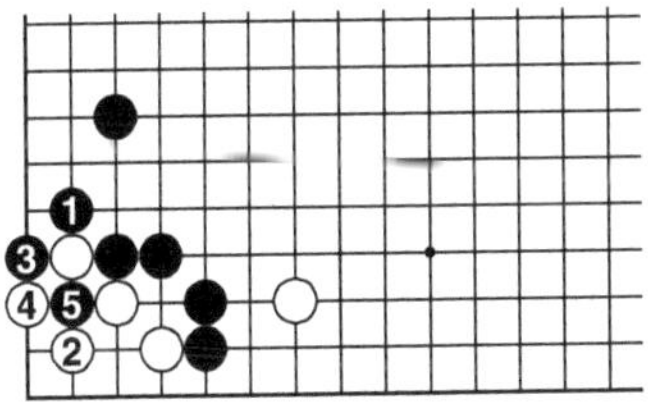

[167] Schwarz 1 bis 5 beginnen ein einfaches und direktes Ko.

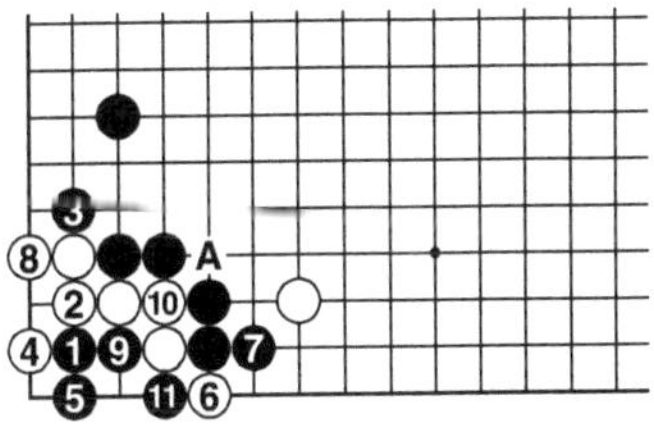

[167] Fehler. Schwarz 1 hier führt auch zu einem Ko, aber es ist die harte Tour. Verliert Schwarz das Ko und schneidet Weiß dann noch auf A, so bricht die schwarze Stellung zusammen.

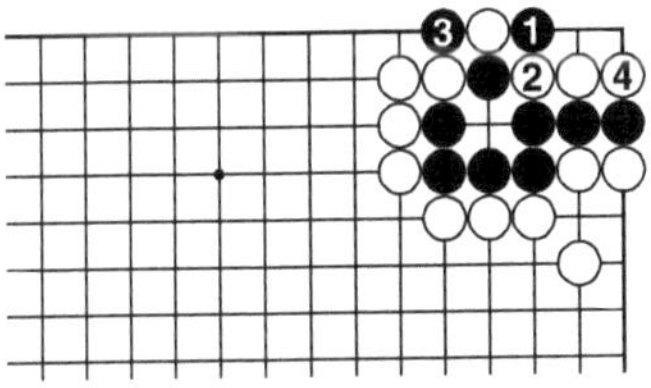

[168] Fehler. Schwarz 1 leidet unter einem blinden Fleck. Nach Weiß 4 kann Schwarz das Atari aufgrund von Freiheitenmangel nicht decken.

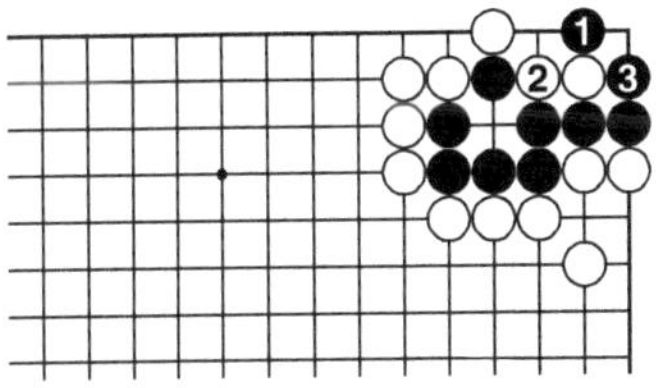

[168] Schwarz muss das Ko mit 1 und 3 in diesem Diagramm beginnen.

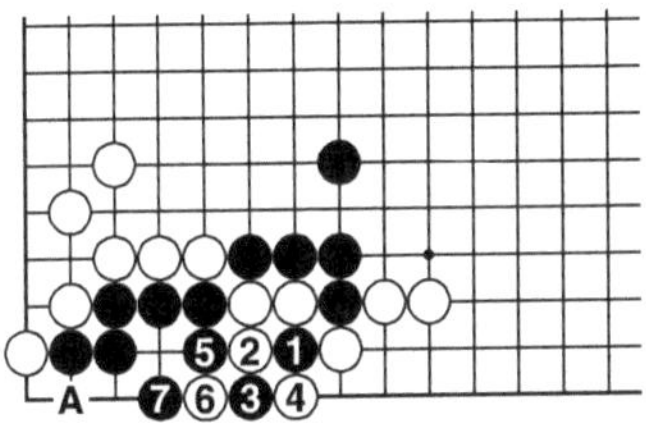

[169] Die Kombination von 1 und 3 bereitet den Weg zum Ko. Nach 7 muss Weiß entscheiden: Schwarz auf A leben lassen oder selbst A spielen und das Ko kämpfen.

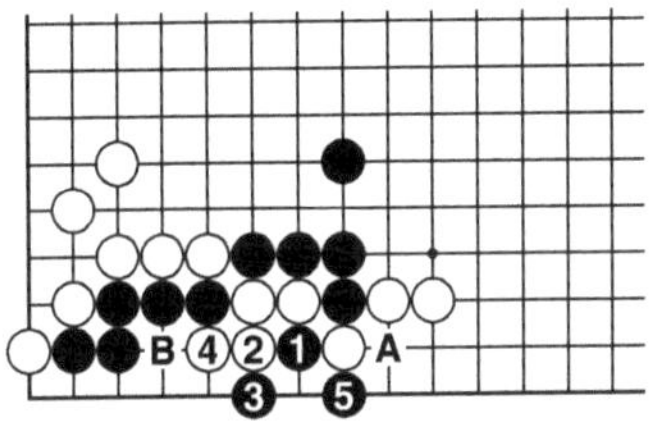

[169] Weicht Weiß mit 4 aus, dann beginnt Schwarz 5 ein Ko. A ist eine lokale Ko-Drohung für Weiß, die Schwarz mit B beantworten muss.

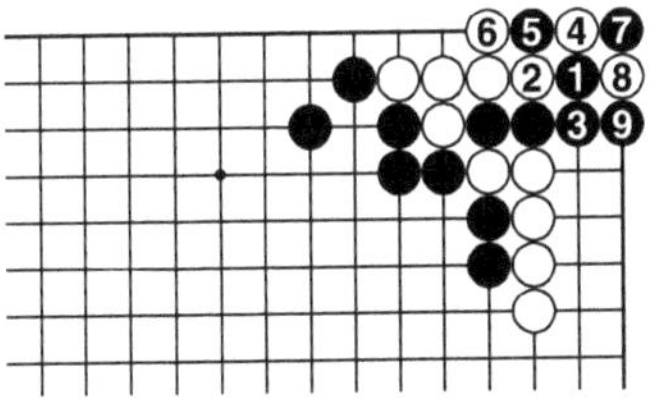

[170] Schwarz 1 ist der einzige Zug, da er sonst das Semeai verliert. Hier erhält er nach 9 zwar nur ein Zwei-Stufen-Ko, aber auch das ist besser als nichts.

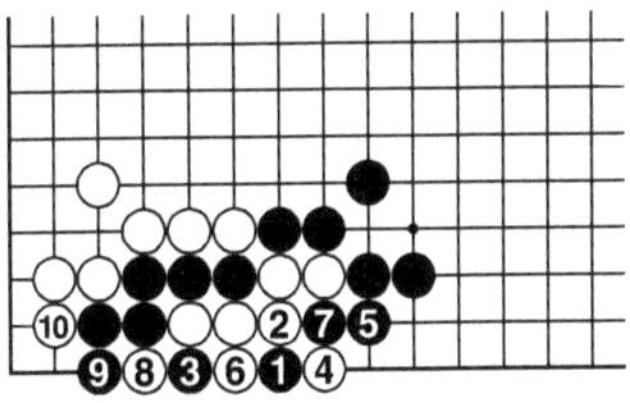

[171] Schwarz 1 ist ein großes Tesuji. Schwarz forciert mit 3 bis 7 und nach 9 und Weiß 10 kann das Ko mit 11 auf 3 beginnen.

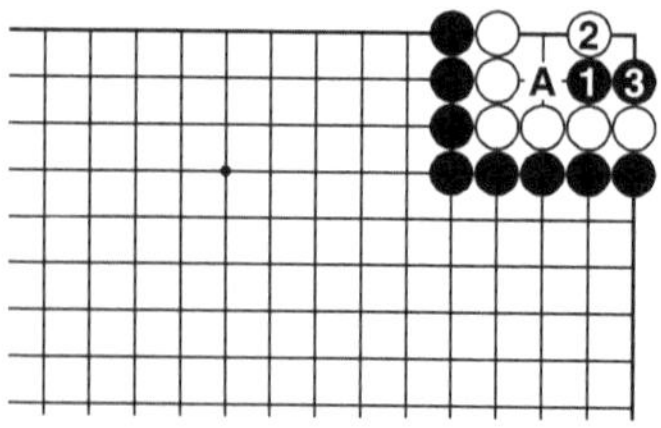

[172] Schwarz 1 tötet die weiße Ecke, denn nach 3 kann sich Weiß nicht auf A annähern und es bleibt eine tote Form zurück.

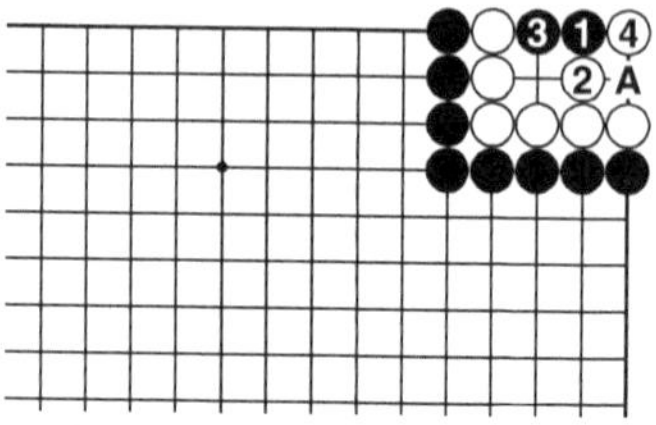

[172] Fehler. Schwarz 1 ist ein Fehler, denn nun lässt sich die Ecke nur über das Ko auf A fangen.

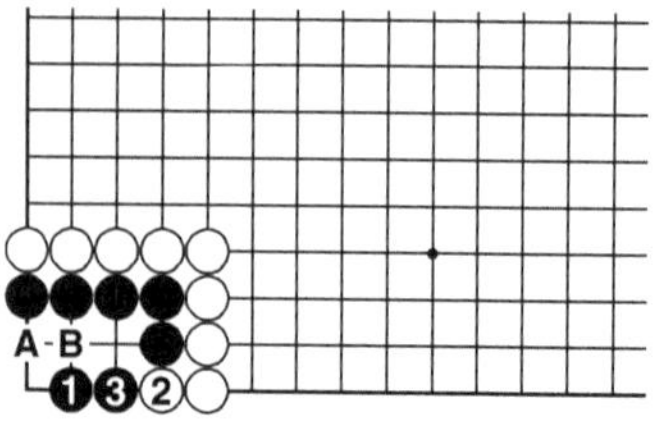

[173] Schwarz lebt mit 1. Nach 2 und 3 hat die Ecke eine lebende Form. Spielt Weiß statt 2 auf A, dann lebt Schwarz mit B.

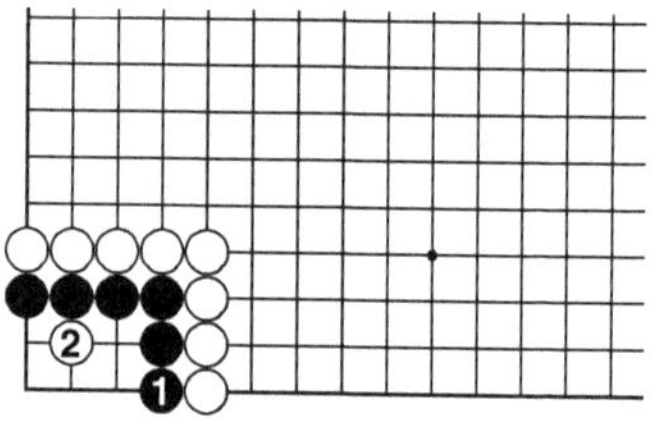

[173] Fehler. Schwarz möchte mit 1 den Augenraum maximieren, aber das ist hier falsch. Weiß tötet auf 2.

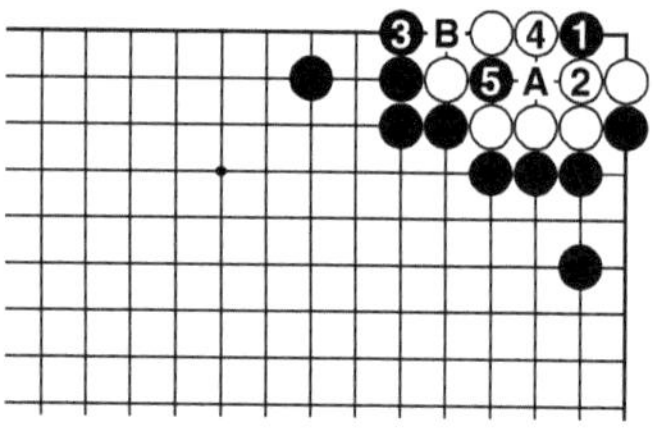

[174] Schwarz tötet mit 1. Weiß hat keine Möglichkeit zwei Augen zu bilden. Schlägt Weiß nach 5 auf A, dann verhindert B das zweite Auge.

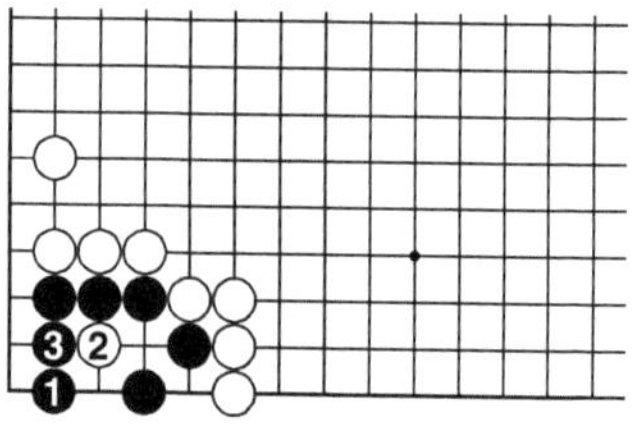

[175] Schwarz 1 besetzt den vitalen Punkt, die Ecke lebt.

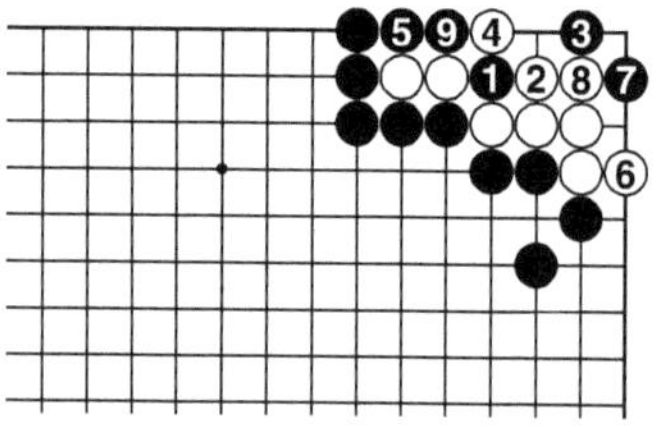

[176] Schwarz 1 und 3 sind die ersten Züge der Sequenz, die schließlich mit 7 und 9 zum Tod der Ecke führen.

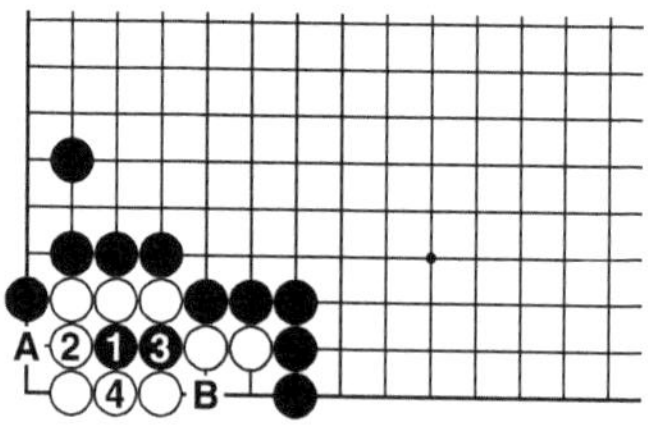

[177] Schwarz besetzt mit 1 den vitalen Punkt. Nach Weiß 4 wirft Schwarz auf 3 ein. Auf Weiß A folgt Schwarz B, der das zweite Auge verhindert.

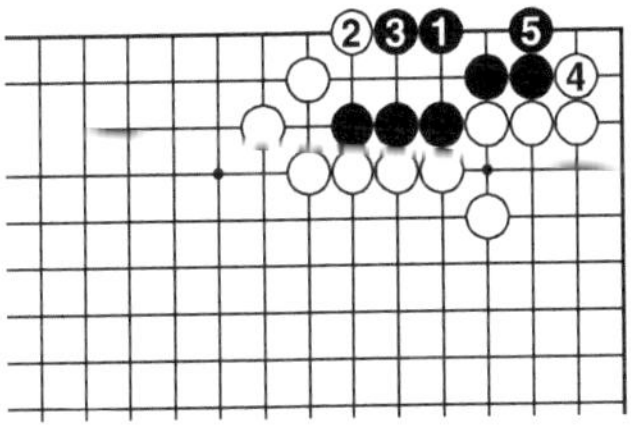

[178] Der vitale Punkt ist Schwarz 1, er ermöglicht zwei Augen für die Gruppe.

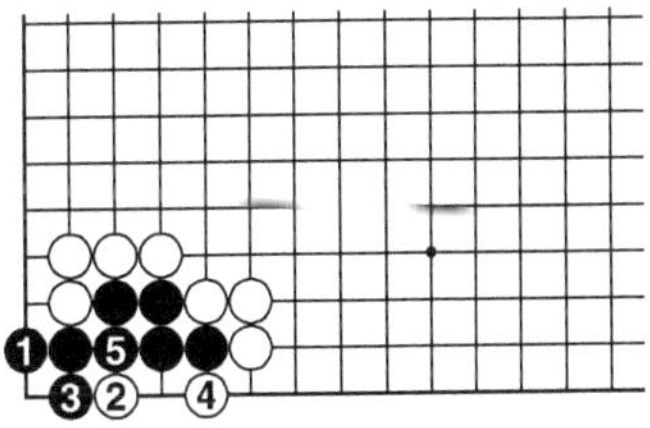

[179] Schwarz streckt mit 1 zum Rand und schafft so ausreichend Augenraum. Weiß 2 sieht wie der vitale Punkt aus, aber Schwarz kontert einfach mit 3 und 5.

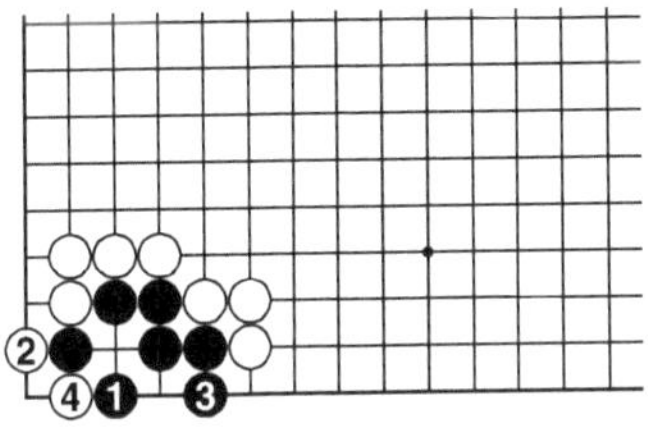

[179] Fehler. Schwarz 1 ist nicht der vitale Punkt, denn Weiß kann mit 2 und 4 noch ein Ko beginnen. Das muss nicht sein.

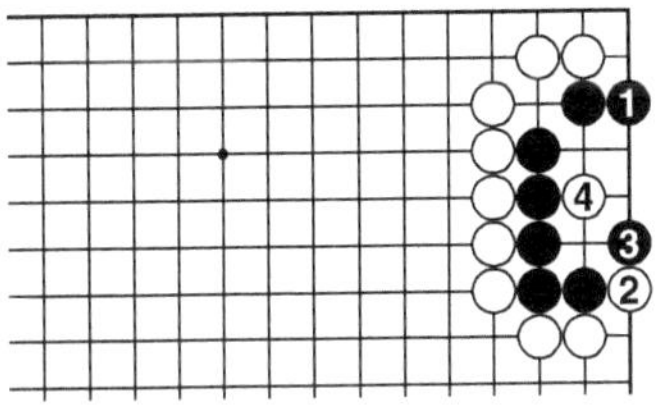

[180] Fehler. Mit Schwarz 1 den Augenraum zu vergrößern, reicht hier nicht. Weiß reduziert erst mit 2 und tötet dann auf 4.

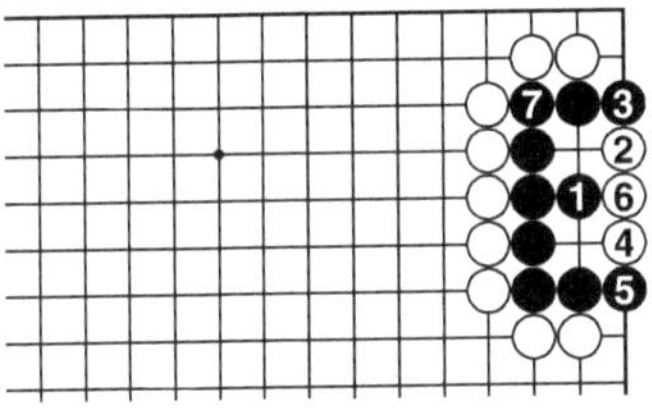

[180] Richtig. Schwarz muss auf 1 nachgeben. Weiß kann zwar mit 2 bis 6 zwei Augen verhindern, aber Schwarz lebt nach 7 in Seki.

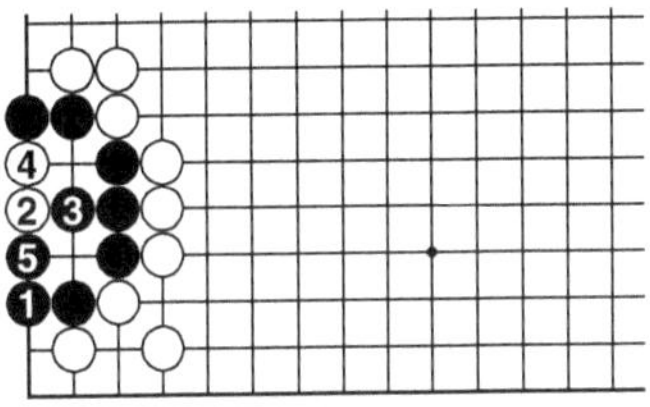

[181] Schwarz lebt hier mit 1, denn die Außenfreiheiten erlauben ihm, die Steine 2 und 4 zu fangen.

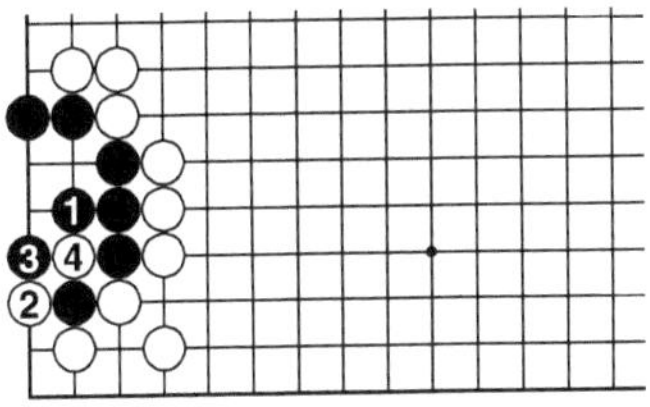

[181] Fehler. Schwarz 1 hier führt nicht zum Ziel, denn Weiß kann mit 2 und 4 ein Ko erreichen.

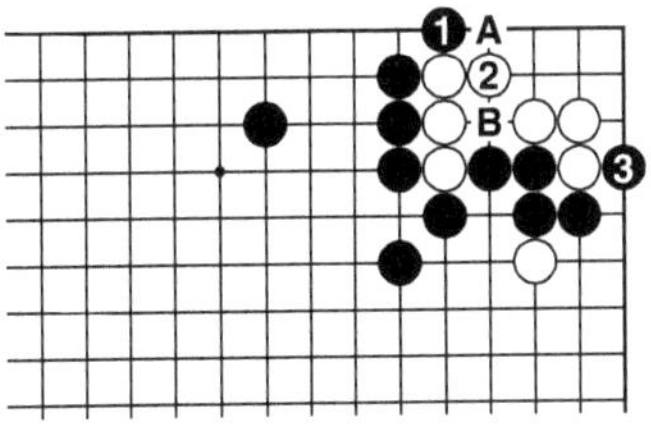

[182] Der Tod steckt im Hane. Schwarz spielt zweimal Hane. Nun hat Weiß keine Möglichkeit zu leben. Blockt Weiß mit 2 auf A, dann folgt Schwarz B.

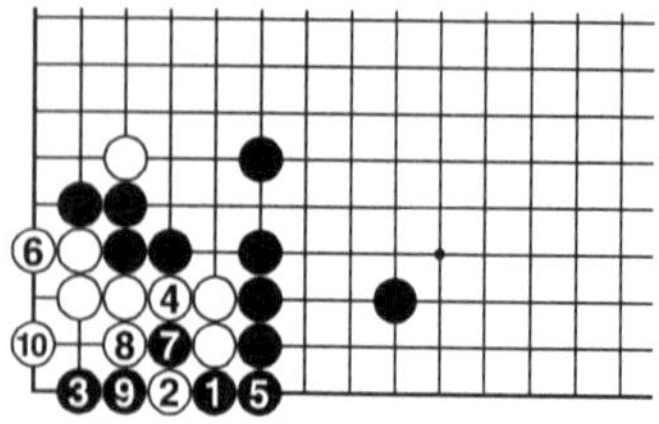

[183] Diese Stellung gleicht dem Problem 182, doch Weiß hat hier eine Außenfreiheit. Diese erlaubt es, auf 2 zu blocken und ein Ko zu erreichen.

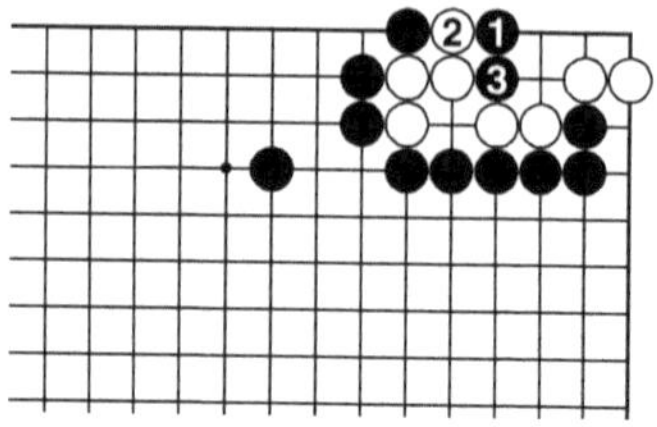

[184] Schwarz kann mit 1 und 3 töten, denn dies nutzt den bestehenden Mangel an Freiheiten aus.

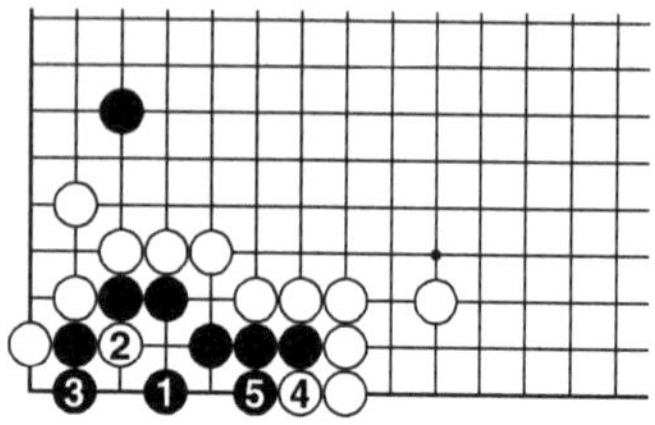

[185] Schwarz 1 auf der ersten Linie sichert zwei Augen. Weiß kann mit 2 den Stein nicht abtrennen und fangen. Schwarz lebt.

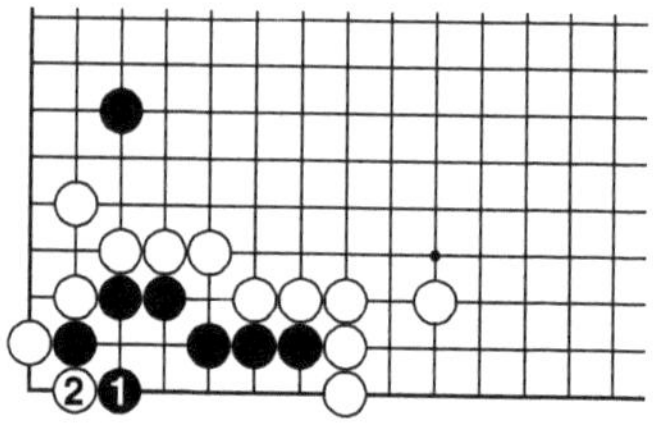

[185] Fehler. Mit 1 den Stein in der Ecke zu schützen ist fatal, denn Weiß beginnt nun mit 2 ein Ko.

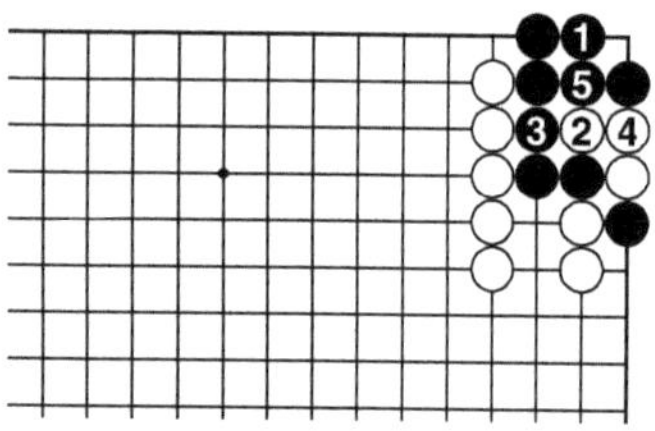

[186] Schwarz lebt mit einem Zug auf dem 2-1-Punkt. Weiß 2 und 4 scheitern, denn nach Schwarz 5 ...

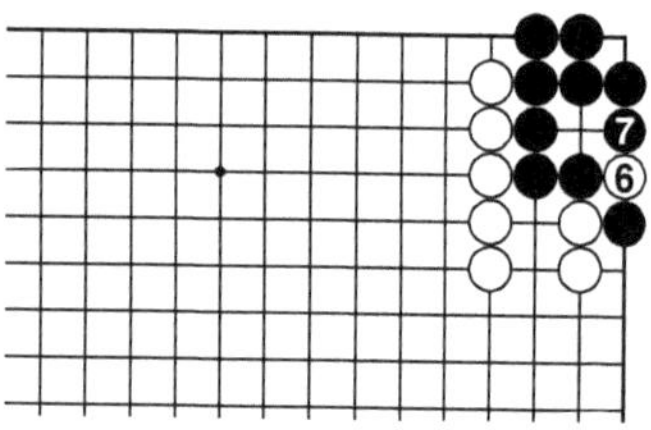

[186] ... und nach dem Einwurf 6 lebt Schwarz mit 7.

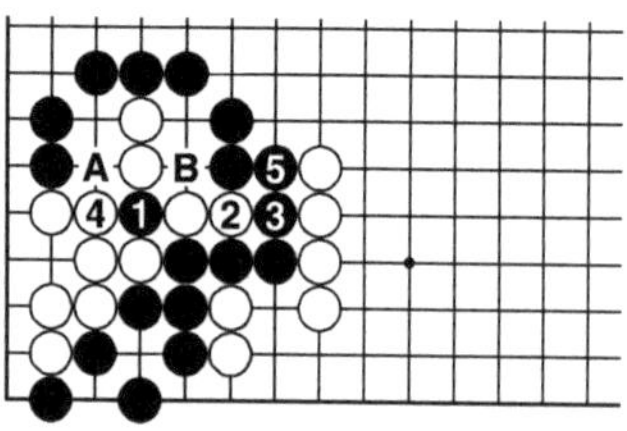

[187] Der Einwurf 1 ist das Tesuji, das die schwarzen Steine verbinden lässt und gleichzeitig die weiße Gruppe tötet, denn A und B sind Miai.

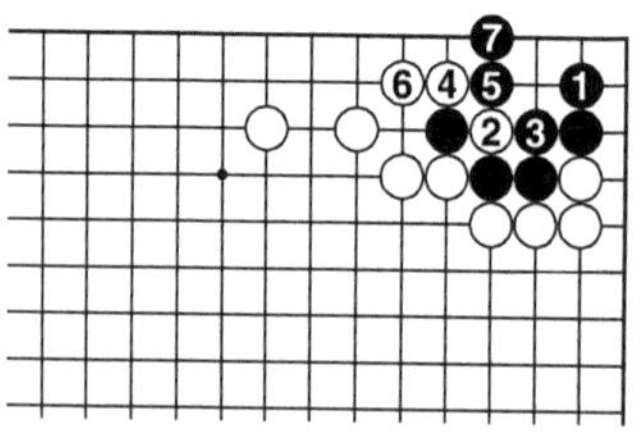

[188] Schwarz 1 sieht ungewöhnlich aus, sichert aber die Augenform in der Ecke. Nach 3 bis 7 lebt Schwarz.

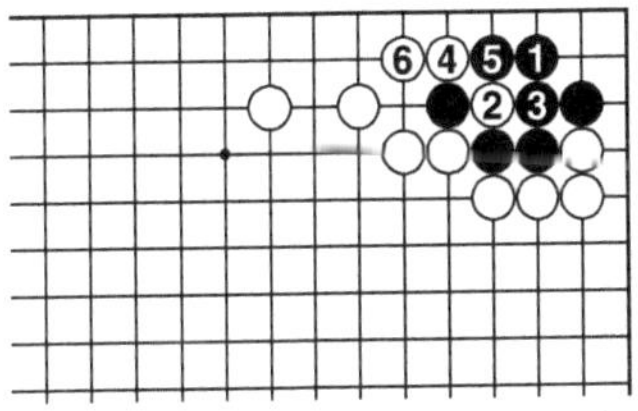

[188] Fehler. Der Tigerrachen 1 ist hier nicht richtig, denn Weiß tötet mit 2 bis 6. Schwarz bekommt keine zwei Augen.

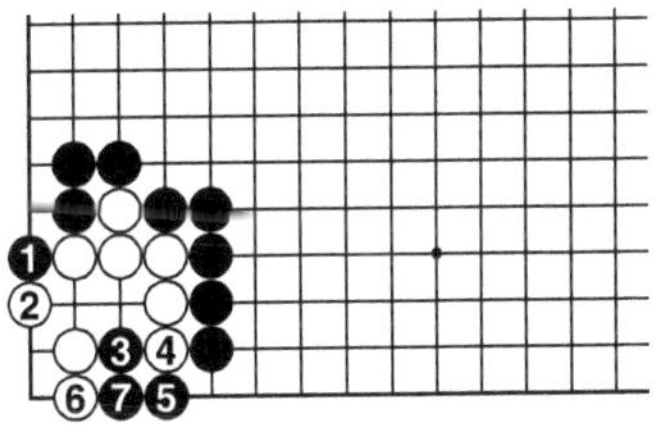

[189] Die richtige Reihenfolge ist Schwarz 1 und dann 3. Nach 7 hat Weiß aufgrund des Freiheitenmangels, für den 1 sorgt, keine Chance auf zwei Augen.

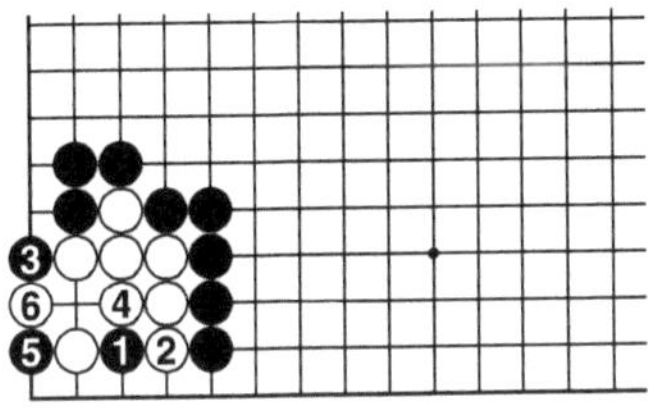

[189] Fehler. Erst mit 1 hier zu beginnen ist die falsche Reihenfolge. Weiß kann mit 2 bis 6 in ein Ko flüchten.

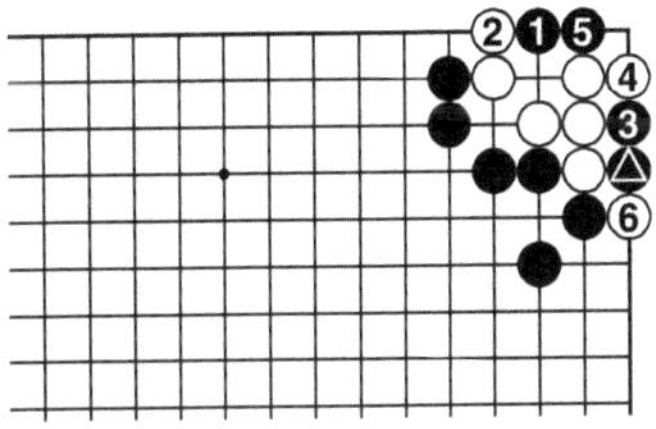

[190] Schwarz 1 tötet. Nach Weiß 2 reduziert Schwarz mit 3 und verhindert auf 5 zwei Augen. Nach Weiß 6 wirft er auf dem markierten Stein ein. Schwarz kann auch mit 3 beginnnen.

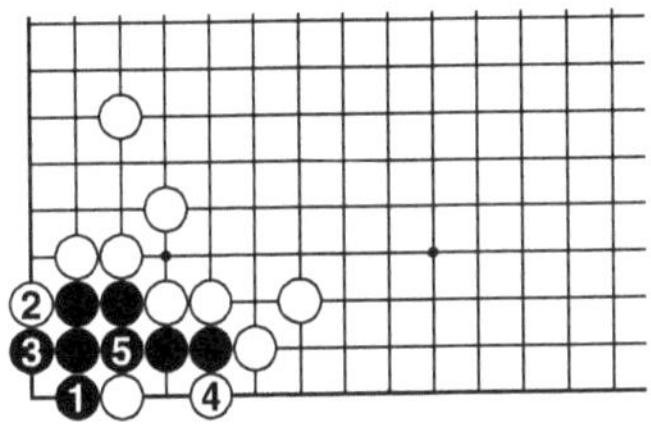

[191] Schwarz lebt sicher mit 1, denn Weiß kann den einzelnen Stein nicht anbinden.

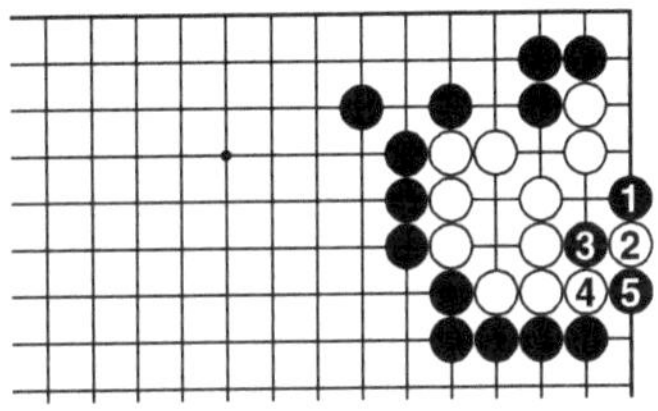

[192] Der große Affensprung besetzt den vitalen Punkt. Weiß kann den Stein nicht abschneiden, daher gibt es keine zwei Augen für ihn.

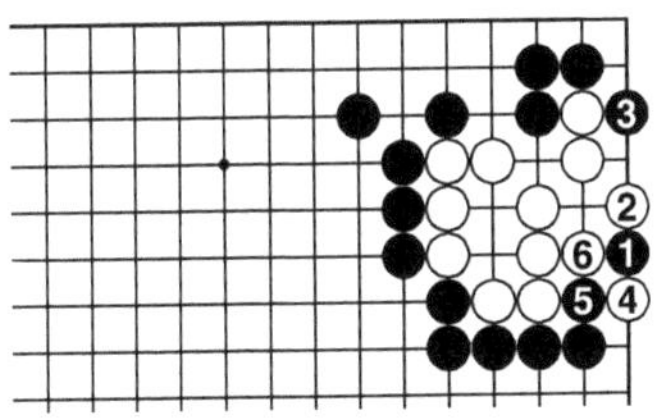

[192] Fehler. Der kleine Affensprung verfehlt den vitalen Punkt. Nun kann Weiß mit 2 bis 6 leben.

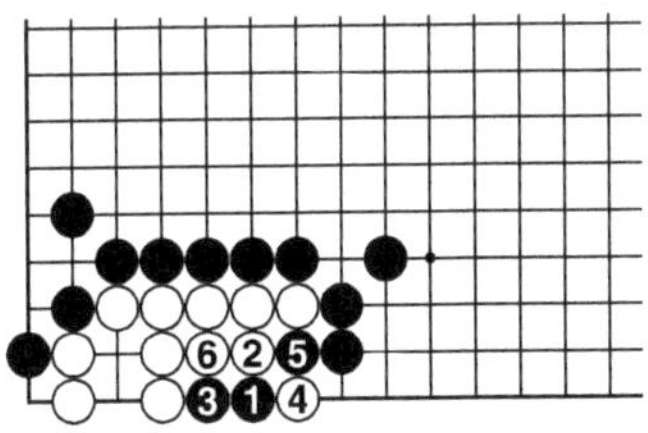

[193] Hier tötet Schwarz auf 1. Nach Weiß 6 folgt der Einwurf auf 1. Beginnt Schwarz jedoch auf 3, dann lebt Weiß mit 5, Schwarz 4 und Einwurf auf 1.

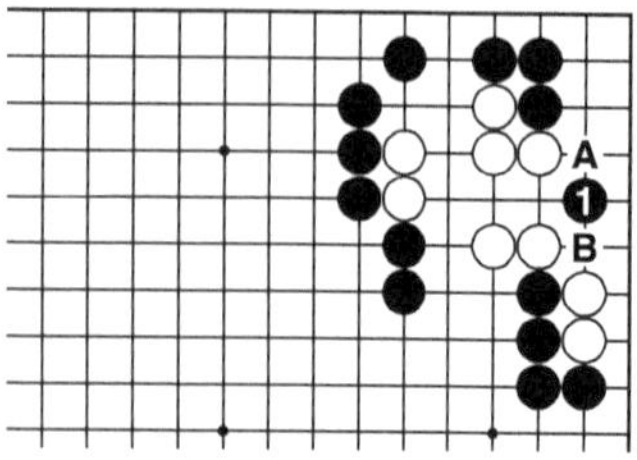

[194] Schwarz 1 trifft den vitalen Punkt und tötet, denn nun sind die Punkte A und B Miai.

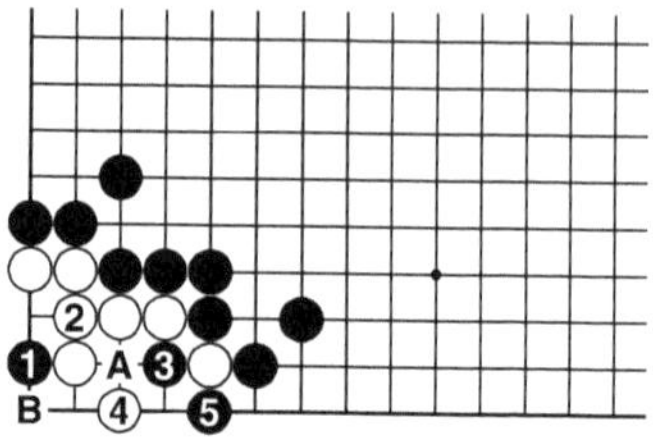

[195] Schwarz 1 droht eine Mausefalle an. Deckt Weiß, dann fängt Schwarz mit 3 einen Stein und 1 steht auf dem vitalen Punkt. Nach 5 kann Weiß nicht gleichzeitig A und B besetzen.

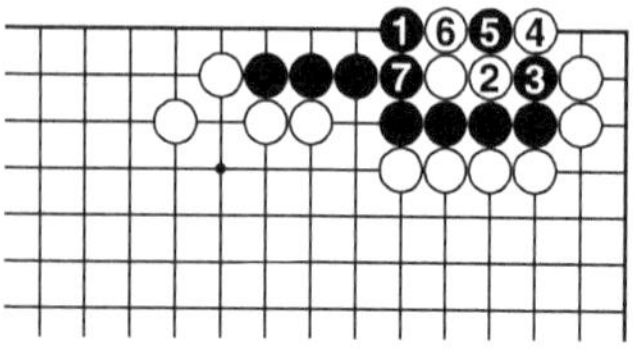

[196] Schwarz muss mit Bedacht den vitalen Punkt besetzen. Weiß kann den einzelnen Stein nicht mehr herausziehen. Schwarz lebt.

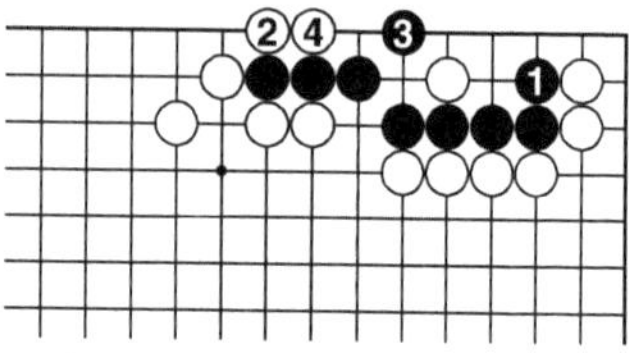

[196] Fehler. Schwarz darf nicht gierig sein, sonst tötet Weiß wie hier gezeigt.

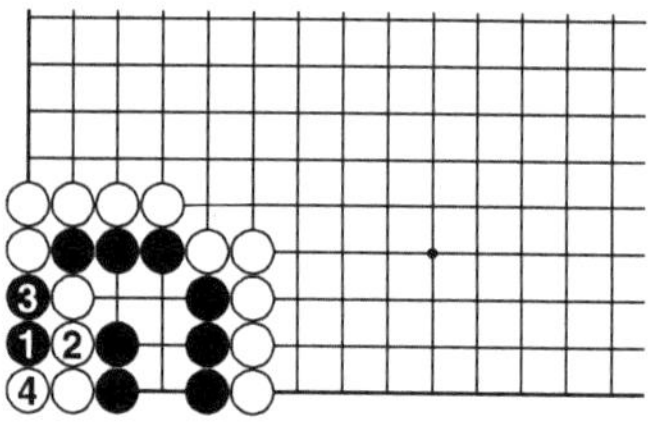

[197] Schwarz 1 ist ein geschicktes Opfer, das sich eine Mausefalle zunutze macht.

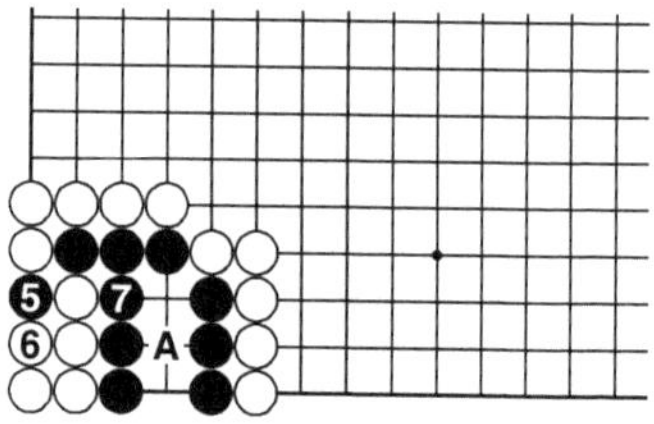

[197] Fortsetzung. Schwarz wirft wieder ein. Schlägt Weiß mit 6, dann sind nach 7 das Leben auf A und das Schlagen auf 5 Miai.

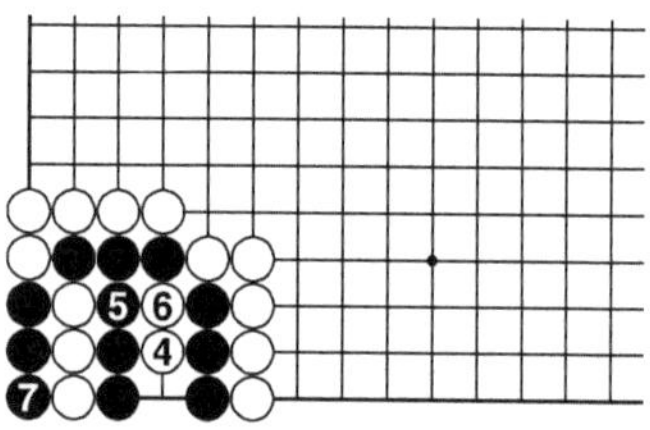

[197] Variante. Versucht Weiß statt 4 wie hier den vitalen Punkt zu nehmen, dann lebt Schwarz mit 5 bis 7, denn ...

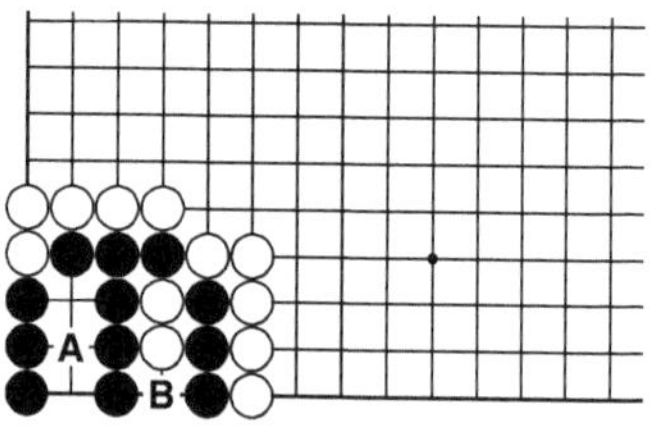

[197] ... nach 7 sind nun die Punkte A und B Miai.

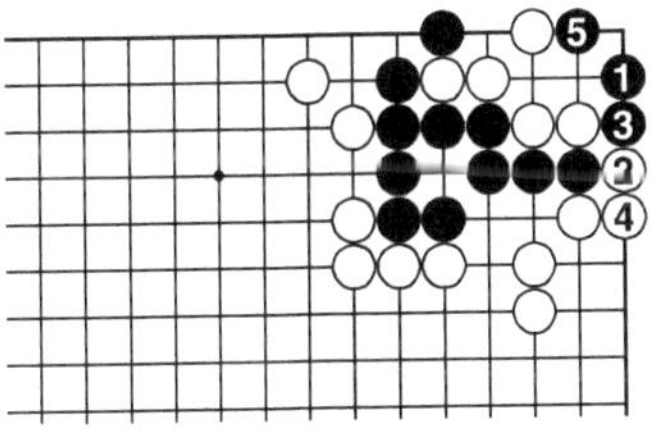

[198] Schwarz 1 ist das Tesuji, das Weiß in der Ecke tötet und so Schwarz zum Leben verhilft. Versucht Weiß zu verbinden, dann folgen 3 und 5. Nun kann Weiß sich nicht mehr annähern.

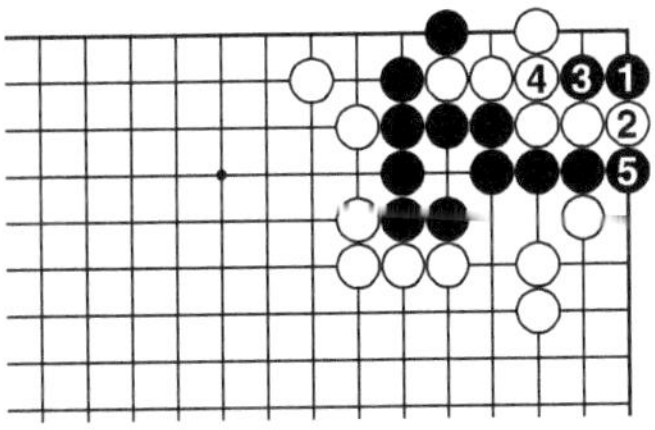

[198] Variante. Versucht Weiß es mit dem Trennen auf 2, dann verhindert 3 ein zweites Auge. Den Wettlauf nach 5 gewinnt Schwarz. Spielt Weiß 4 auf 5, dann lebt Schwarz auf 4.

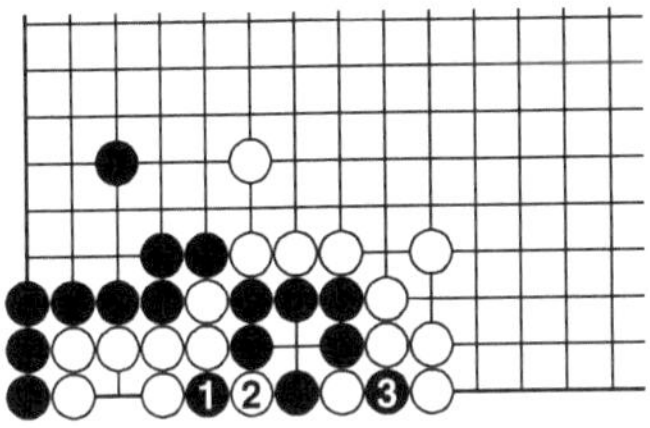

[199] Der Einwurf 1 ist richtig, denn nun lebt Schwarz in Doppel-Ko.

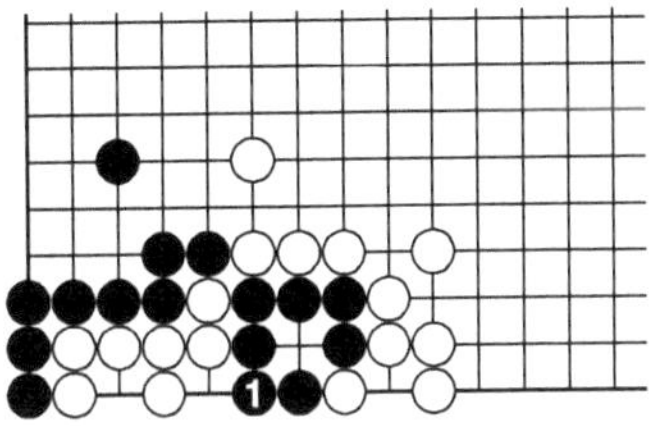

[199] Fehler. Schwarz lebt hier in Seki, da Weiß sich nicht annähern kann. Jedoch ist das Fangen der weißen Steine die deutlich bessere Variante.

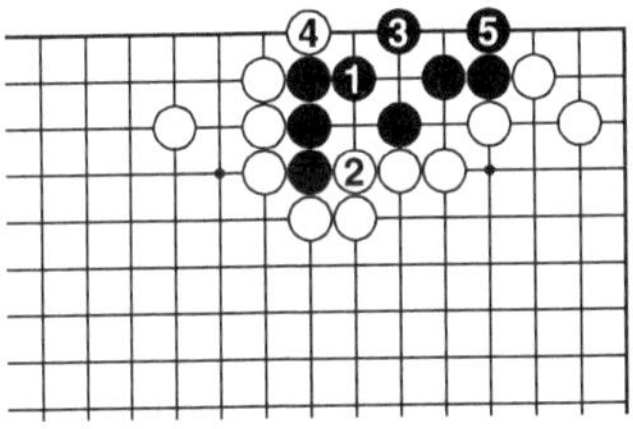

[200] Der vitale Punkt ist 1. Weiß 2 verhindert zwar ein Auge, aber nicht die zwei Augen die Schwarz mit 3 und 5 machen kann.

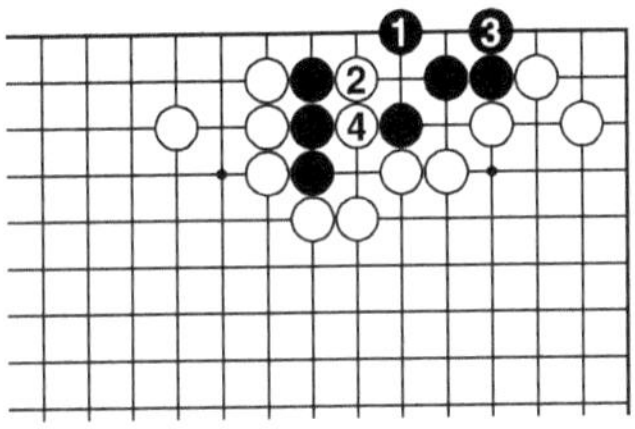

[200] Fehler. Schwarz 1 ist hier nicht der vitale Punkt, denn Weiß kann mit 2 töten. Die zwei weißen Steine können nicht gefangen werden.

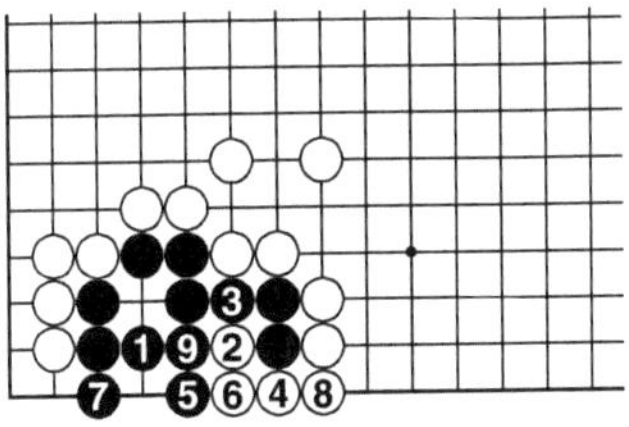

[201] Mit dem Tesuji 1macht Schwarz zwei Augen. Weiß kann ihm keines streitig machen.

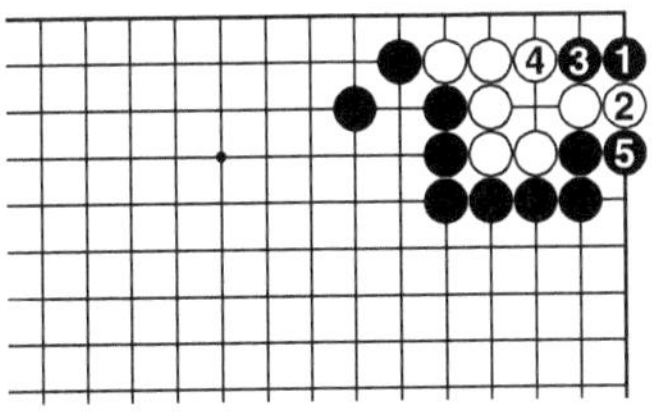

[202] Schwarz 1 tötet. Dagegen kann Weiß nichts ausrichten. Schwarz 1 auf 3 wäre ein Fehler, denn Weiß kann dann auf 1 noch ein Ko erreichen.

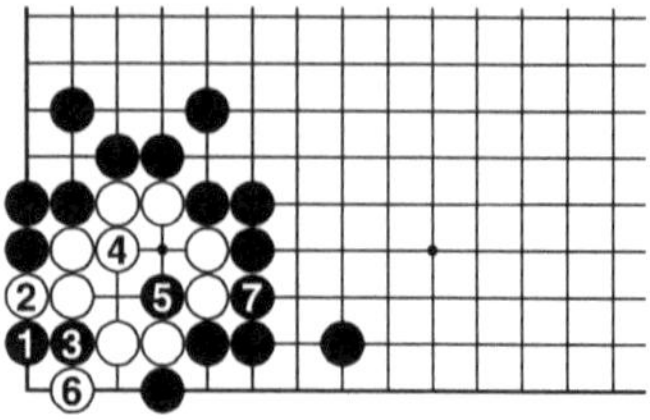

[203] Schwarz 1 muss mit 2 beantwortet werden. Mit 3 droht ein Doppel-Atari auf 4. Schwarz 5 besetzt den vitalen Punkt und dank des Freiheitenmangels ist 7 der finale Stoß.

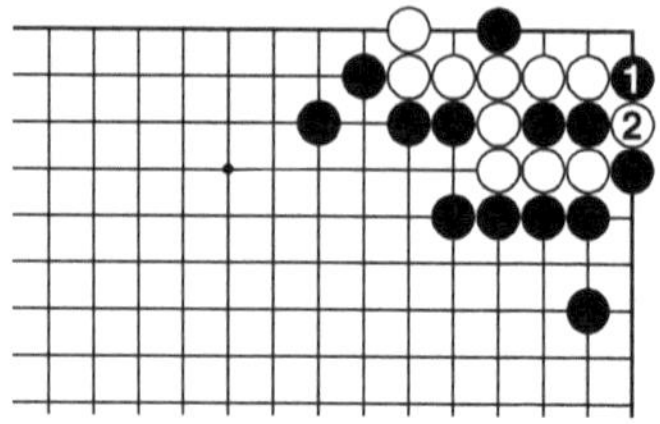

[204] Mit 1 verhindert Schwarz zwei Augen. Nach Weiß 2 schlägt er einfach einen Stein zurück.

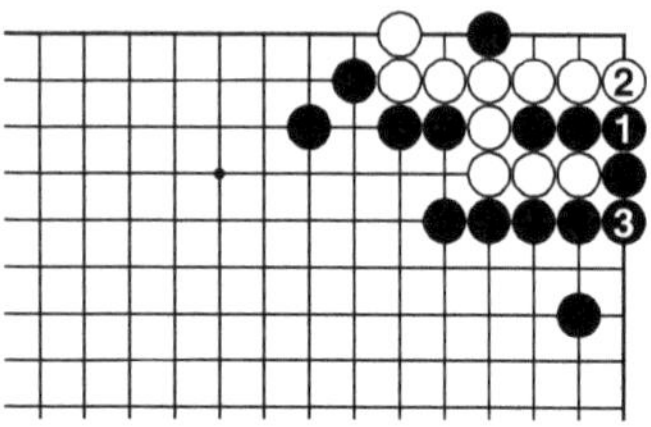

[204] Fehler. Zwei Steine zu retten ist verlockend, aber falsch. Weiß lebt mit 2 und Schwarz muss jetzt vier Steine retten.

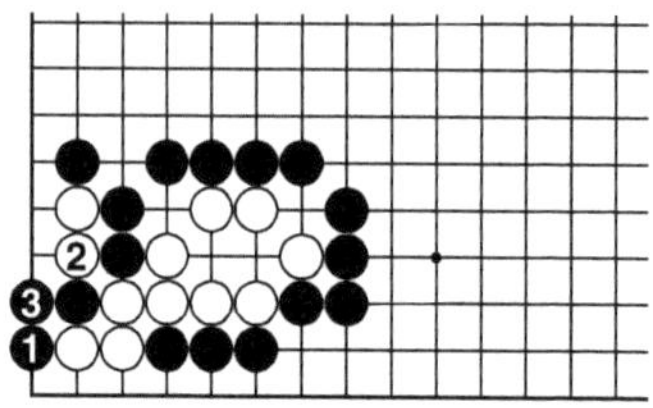

[205] Das Umbiegen auf 1 verhindert das zweite Auge für Weiß. Vor Weiß 2 muss Schwarz keine Angst haben. Er verbindet und Weiß kann sich nicht weiter annähern.

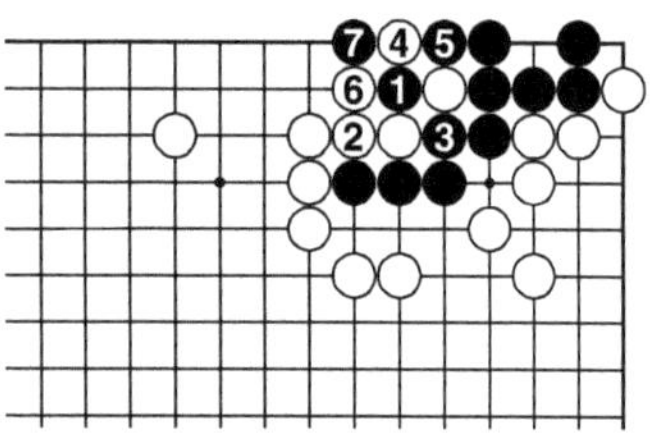

[206] Das Tesuji hier ist Schwarz 1. Weiß kann den Stein nicht fangen. Auch der Versuch, das Auge mit 4 unecht zu machen, scheitert.

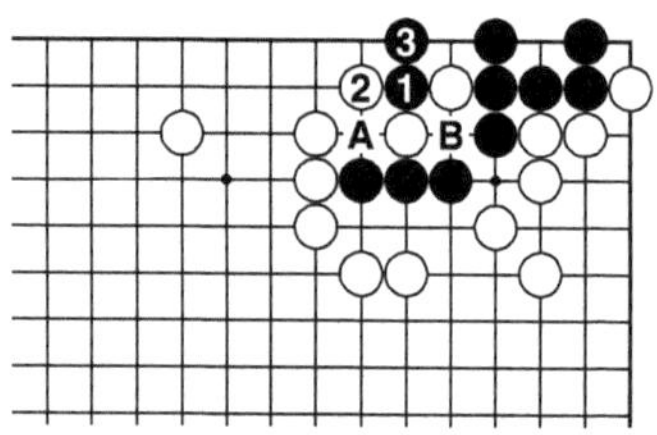

[206] Variante. Versucht Weiß den schwarzen Stein zu fangen, dann streckt er zum Rand. Weiß kann nicht gleichzeitig auf A und B decken.

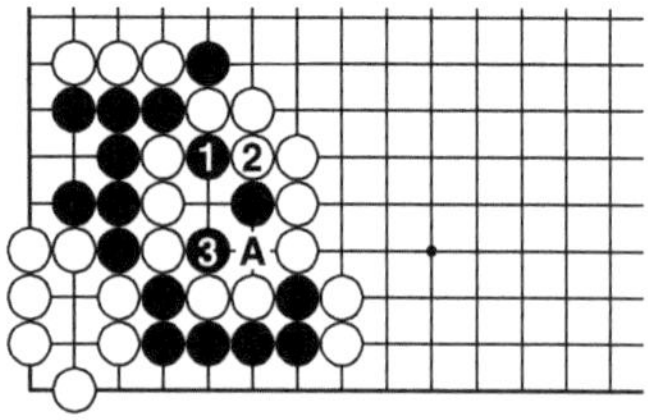

[207] Hier löst eine Mausefalle das Problem. Schwarz verbindet so seine Steine und sichert Leben. Spielt Weiß statt 2 auf 3, dann fängt Schwarz auf A.

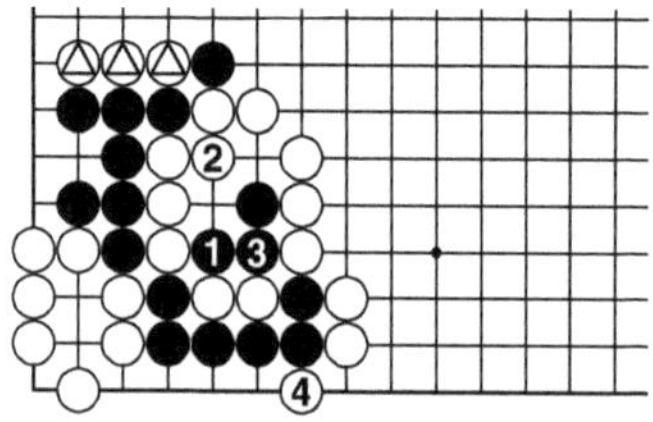

[207] Fehler. Schwarz 1 ist die falsche Reihenfolge. Weiß deckt auf 2 und nach 4 ist Schwarz tot. Die markierten Steine haben mehr Freiheiten als die schwarzen.

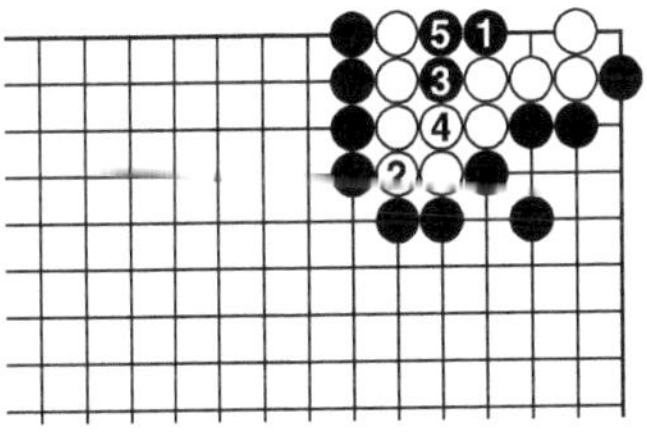

[208] Es reicht nicht, auf 2 Atari zu geben. Schwarz muss von innen spielen. Nach 3 kann Weiß mangels Freiheiten nicht auf 5 trennen. Nach 5 ist Weiß tot.

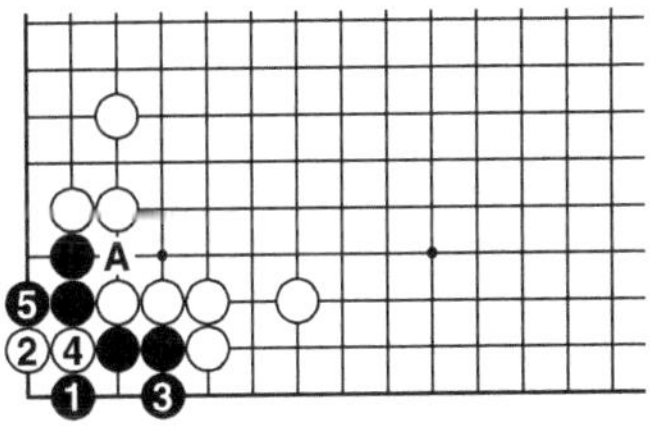

[209] Dank der Außenfreiheit A kann Schwarz leben. Er muss den 2-1-Punkt auf der „schwachen“ Seite spielen, denn nur so kann er leben. Spielt er jedoch 2, dann tötet Weiß auf 1.

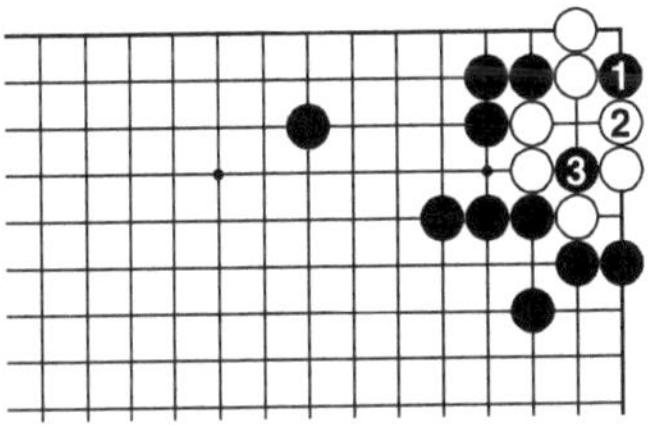

[210] Der vitale Punkt ist 1. Versucht Weiß mit 2 zwei Augen zu machen, dann wirft Schwarz auf 3 ein. Aufgrund des Freiheitenmangels kann Weiß nicht verbinden.

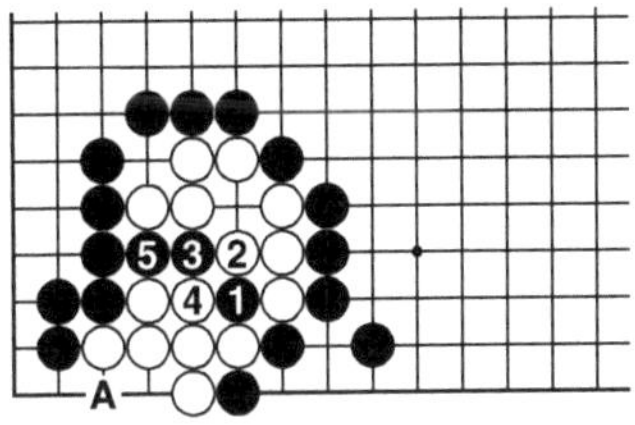

[211] Das Tesuji ist 1. Nach Weiß 2 gibt Schwarz Atari auf 3 und verhindert mit 5 ein echtes Auge. Antwortet Weiß auf A, dann droht Schwarz auf 3 eine Mausefalle an, oder auf 5 herauszulaufen.

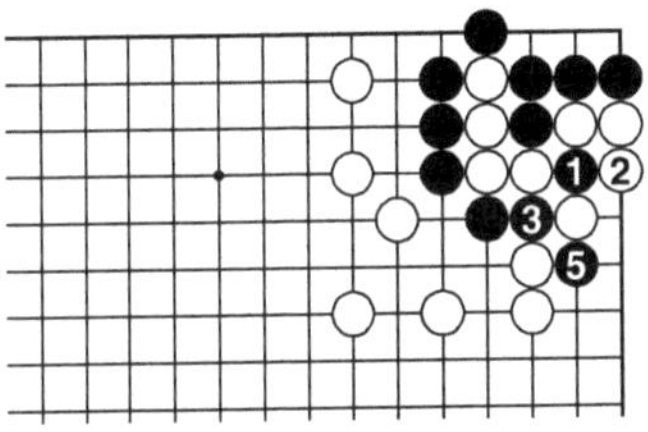

[212] Mit dem Einwurf 1 droht Schwarz zwei Steine zu fangen. Schlägt Weiß den Stein, dann gibt Schwarz mit 3 Atari auf vier Steine. Deckt Weiß, dann fängt Schwarz mit 5 alles. Er lebt.

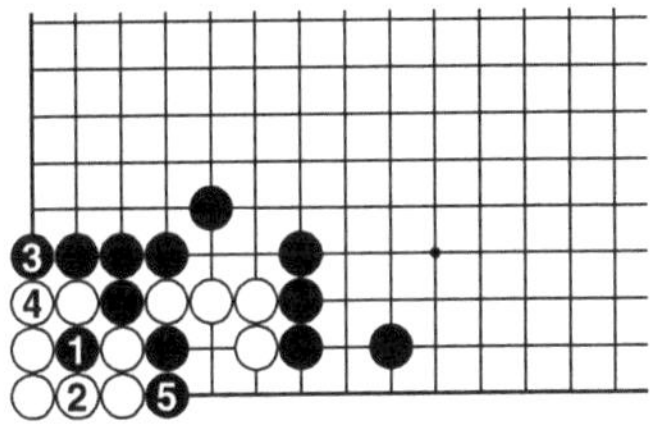

[213] Auch hier ein Einwurf, aber diesmal zum Töten. Nach Weiß 2 und 4 gibt Schwarz mit 5 Atari. Spielt Weiß zuerst 4, dann antwortet Weiß auf 5.

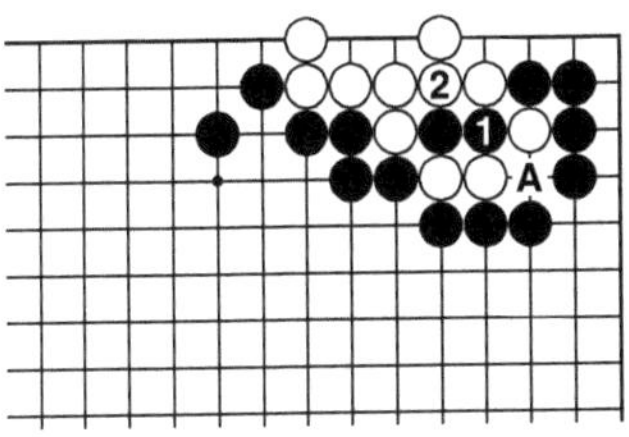

[214] Schwarz opfert mit 1 einen Stein. Schlägt Weiß, dann wirft Schwarz wieder auf 3 ein. Weiß kann mangels Freiheiten kein Auge auf A machen.

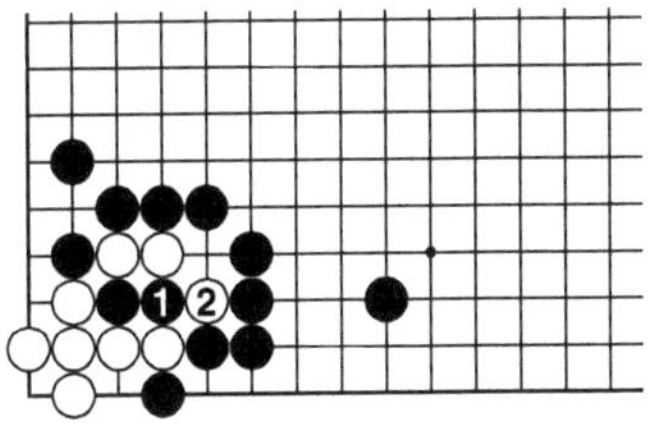

[215] Auch hier opfert Schwarz einen Stein. Nach dem Schlagen muss er wieder auf 3 einwerfen.

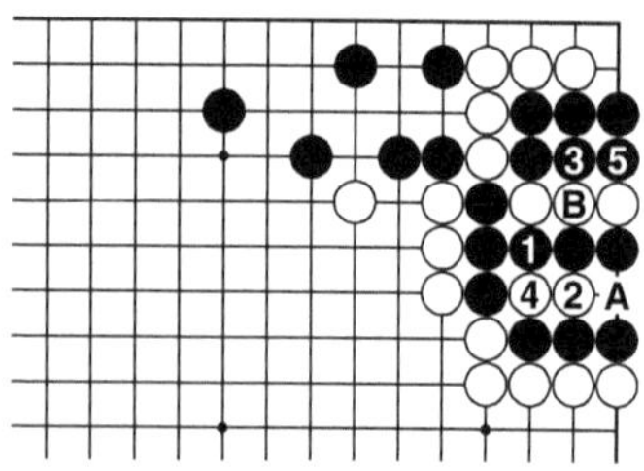

[216] Das Problem ähnelt der Nr. 197. Schwarz muss mit 1 beginnen und nach 5 sind A und B Miai, um zu leben.

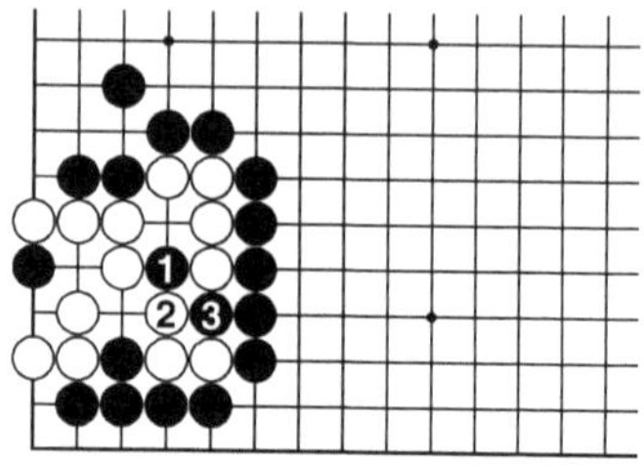

[217] Schwarz 1 tötet die weiße Gruppe. Weiß 2 wird mit 3 gekontert. Es entsteht kein echtes Auge.

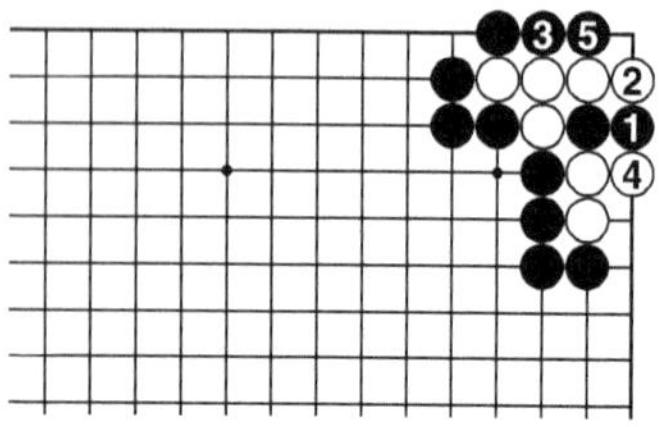

[218] Schwarz 1 streckt zuerst. Nach Weiß 2 kann er mit 3 und 5 schieben und so das zweite Auge in der Ecke verhindern.

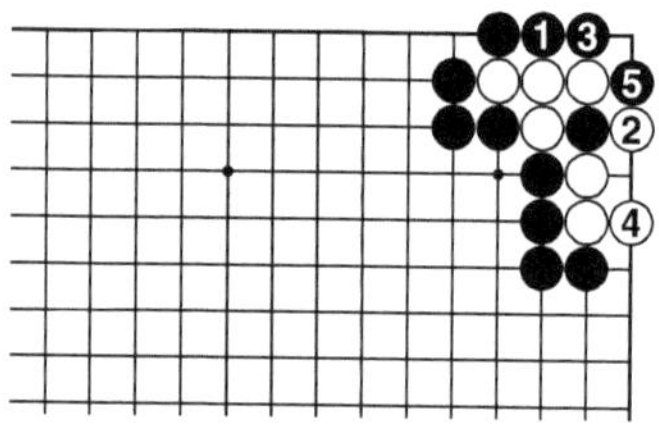

[218] Fehler. Schwarz darf nicht zuerst in die Ecke drängen, denn nach Weiß 2 und 4 bleibt ihm nur ein Ko zu spielen.

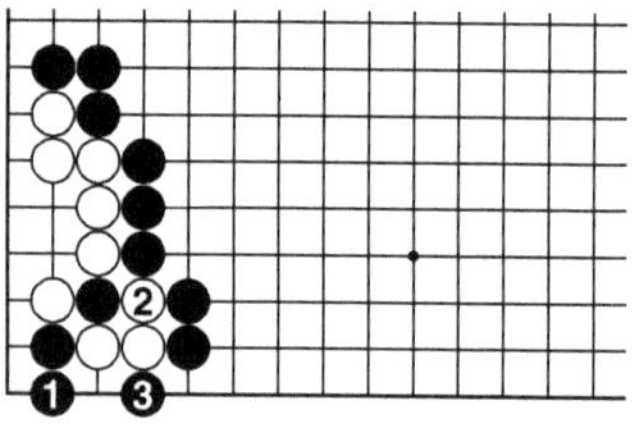

[219] Schwarz streckt zum Rand und ermöglicht so eine Verbindung. Der verbleibende Augenraum ist zu klein für Weiß, um zwei Augen zu machen.

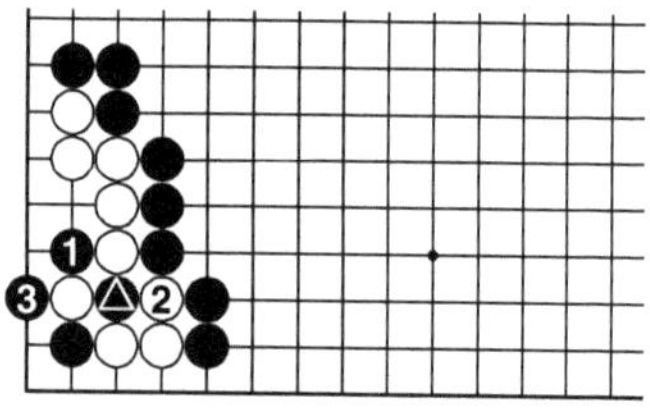

[219] Fehler. Schwarz darf nicht den einzelnen Stein fangen wollen, denn dann schlägt Weiß mit 2 und deckt mit 4 auf dem markierten Punkt. Nun kann Schwarz nicht mehr töten.

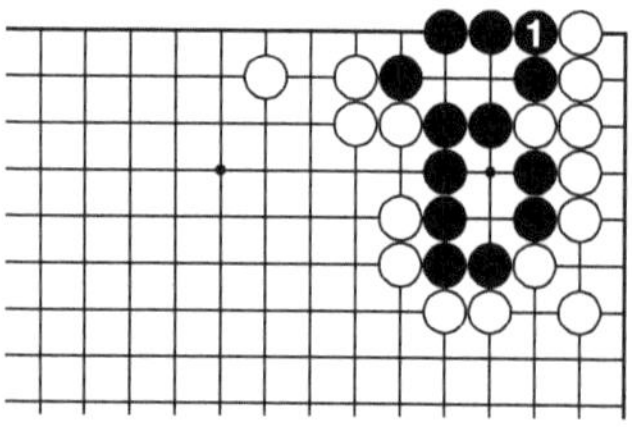

[220] Schwarz muss mit 1 noch einmal decken, um zu leben.

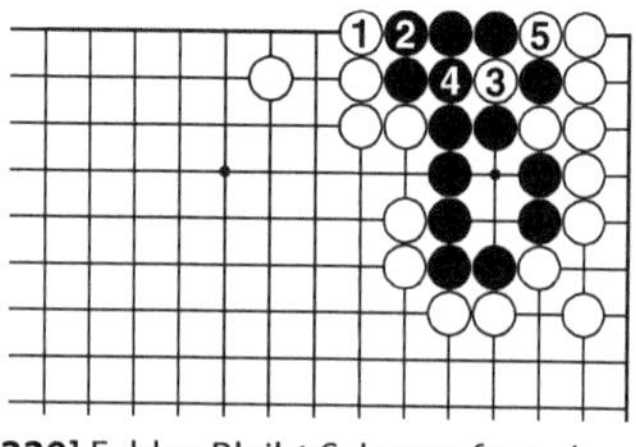

[220] Fehler. Bleibt Schwarz fern, dann kann Weiß mit dem Strecken zum Rand die schwarze Gruppe töten.

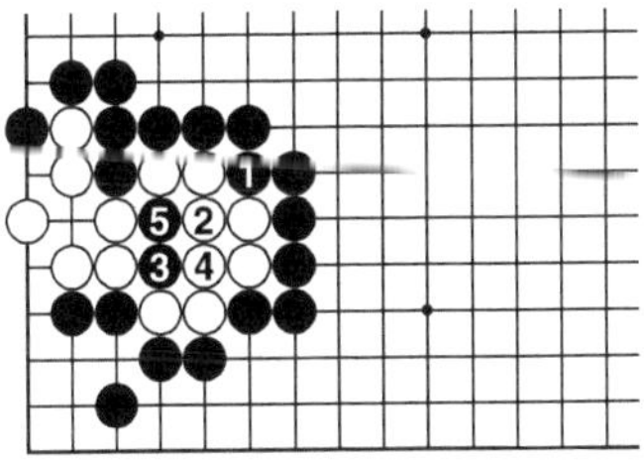

[221] Schwarz nimmt eine Außenfreiheit und aktiviert so die Schwächen der Form. Weiß hat keine Chance, zwei Augen zu machen.

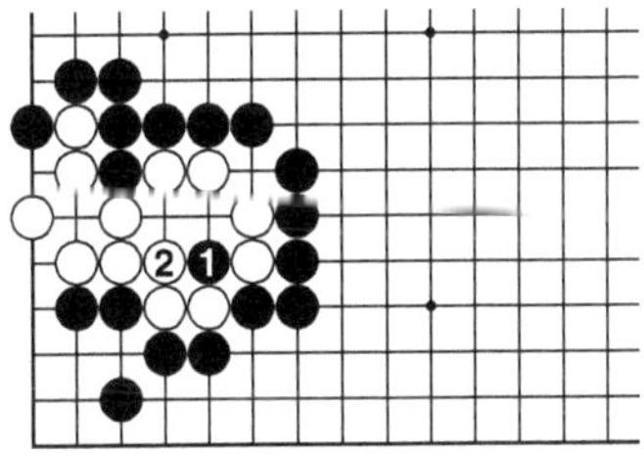

[221] Fehler. Mit 1 Atari zu geben ist ein Fehler, denn nun kann Weiß problemlos leben.

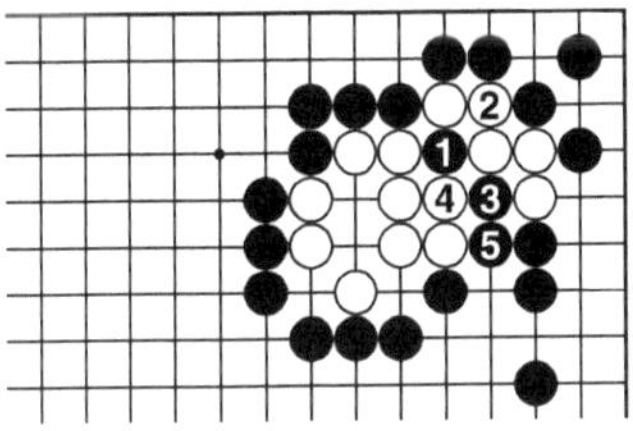

[222] Der Einwurf 1 leitet die Sequenz ein, die dazu führt, dass Weiß ein unechtes Auge bekommt. Spielt Schwarz nur auf 5, dann lebt Weiß auf 3.

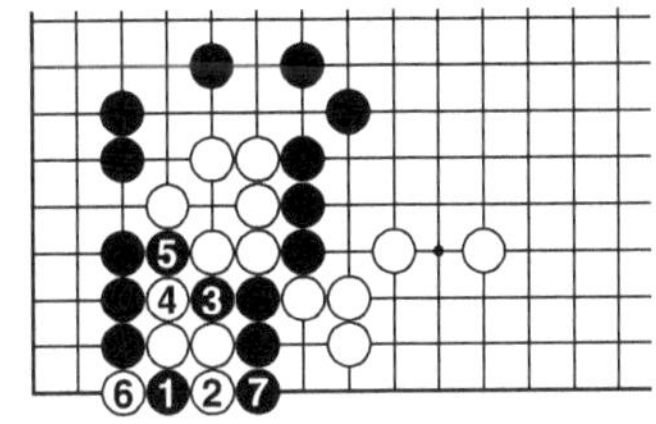

[223] Das Hane 1 ist Tesuji und erlaubt Schwarz, vier Steine zu fangen. Man beachte, dass statt 1 ein Hane auf 2 nicht funktioniert.

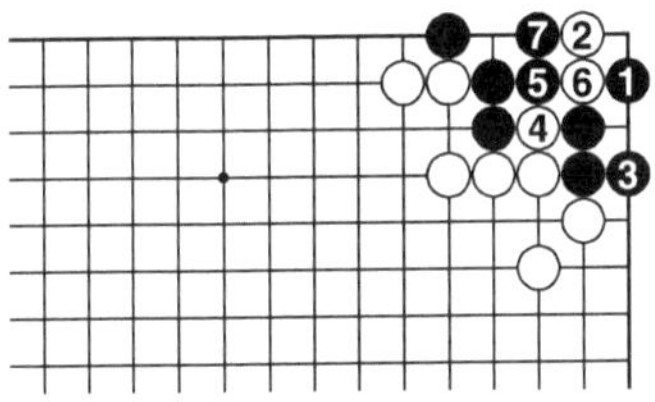

[224] Der vitale Punkt ist Schwarz 1. In der Zugabfolge bis 7 lässt sich die Form aus Problem 209 wiedererkennen. Schwarz lebt.

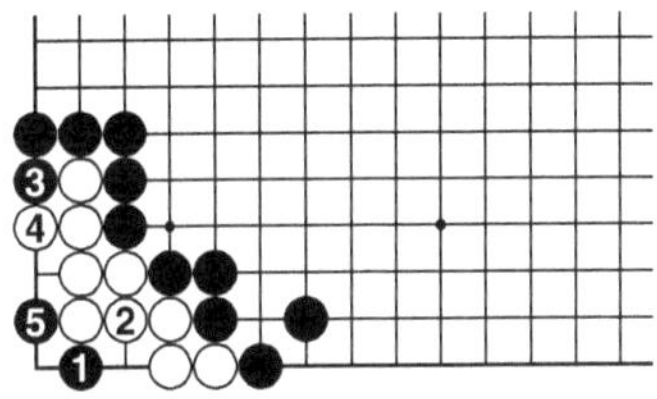

[225] Schwarz 1 droht eine Mausefalle an. Mit 3 wird der Augenraum reduziert und 5 tötet schließlich, da Weiß sich nicht annähern kann. Es ist kein Seki, denn ...

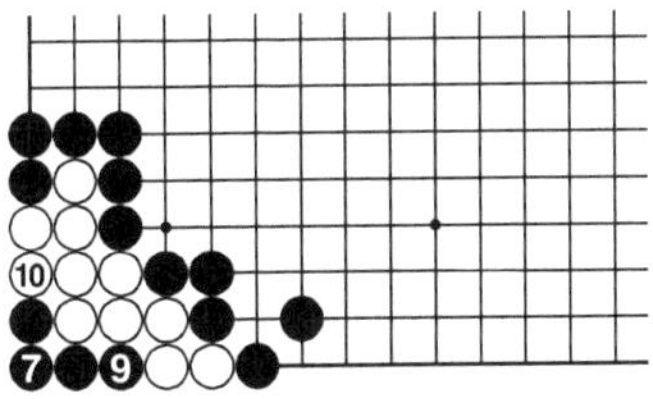

[225] ... dies ist die „gebogene Vier", die per Definition tot ist. Zum Beweis spielt Schwarz nach Partieende 7 und 9. Weiß 8 passt und 10 schlägt.

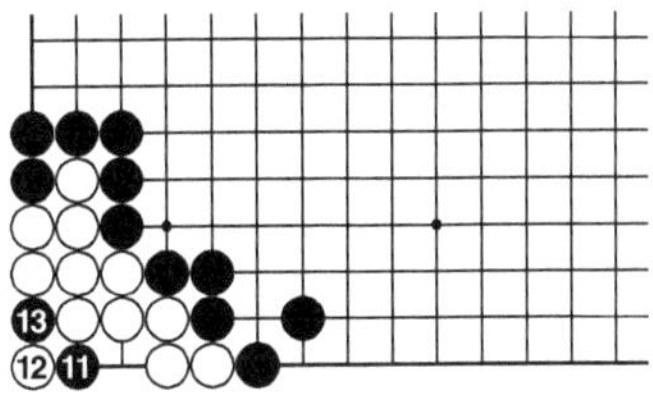

[225] Schwarz setzt mit 11 wieder in die Form hinein. Es bleibt nur ein Ko für Weiß. Nach Partieende gibt es nur Passen als Ko-Drohung. Daher ist Weiß tot.

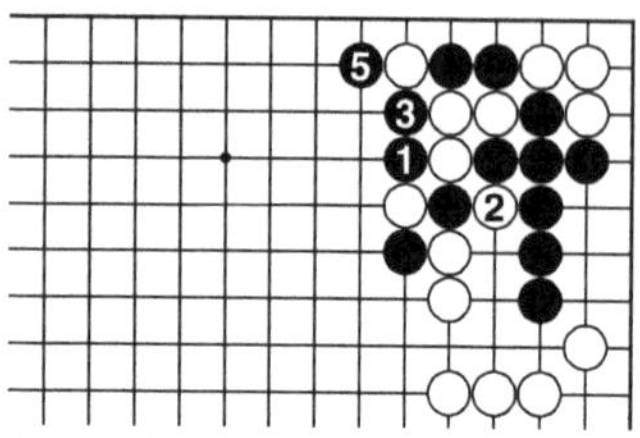

[226] Schwarz 1 öffnet zwei Wege. Verhindert Weiß mit 2 den Weg nach draußen, dann fängt Schwarz die weißen Steine in der Ecke.

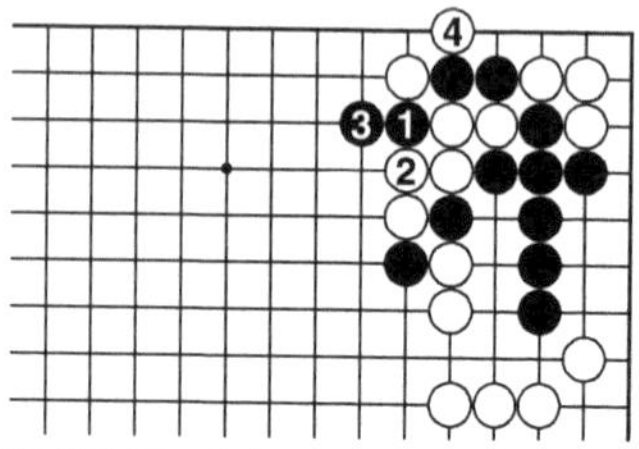

[226] Fehler. Schwarz 1 hier führt nicht zum Erfolg, denn Weiß fängt zwei Steine. Nun kann Schwarz weder fliehen noch leben.

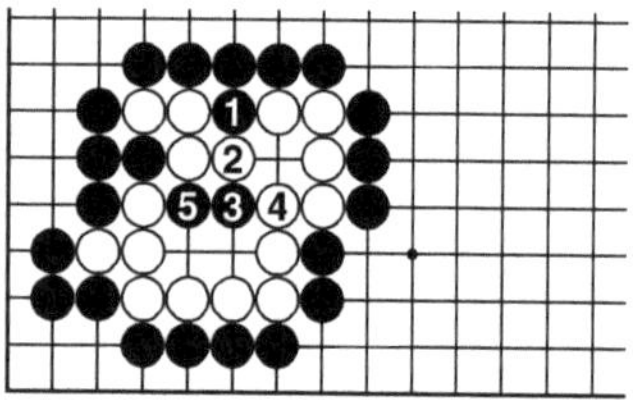

[227] Erst den Augenraum reduzieren und dann mit 3 und 5 die Schwächen in der Form ausnutzen ist der richtige Weg, um die weißen Steine zu fangen.

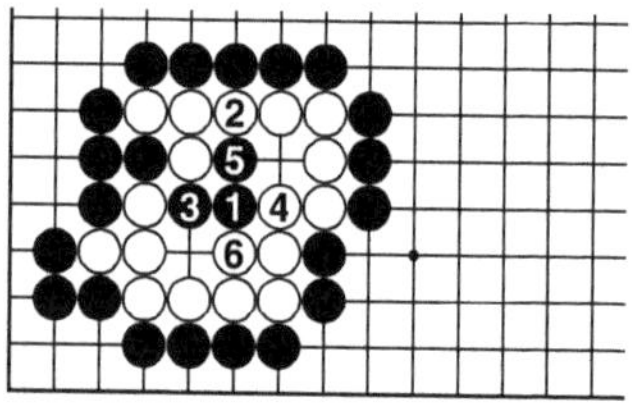

[227] Fehler. Schwarz 1 auf den Mittelpunkt ist ein Fehler, denn nun kann Weiß mit 2 bis 6 in Seki leben.

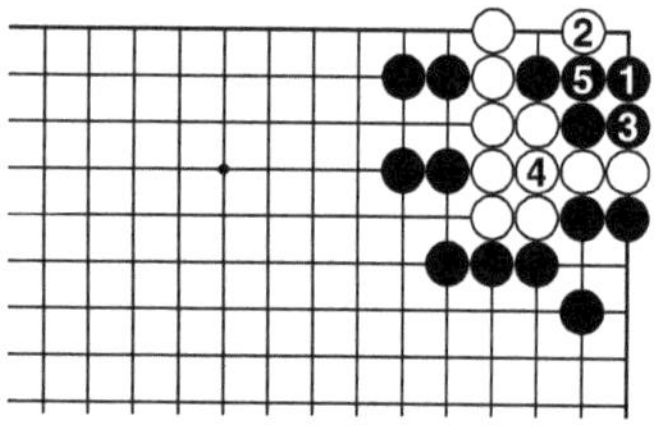

[228] Schwarz 1 ist der richtige Zug. Nach Weiß 2 gibt Schwarz das Atari 3 und führt dann eine Nakade-Form, eine tote Innenform, mit 5 herbei.

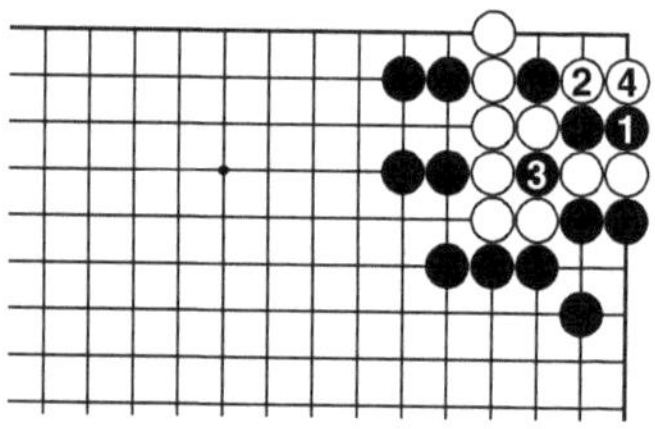

[228] Fehler. Schwarz darf das Atari nicht sofort spielen, denn Weiß opfert zwei Steine, um mit 2 und 4 zu leben.

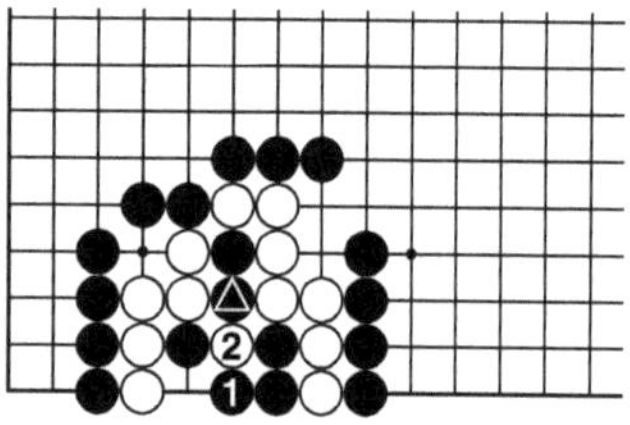

[229] Schwarz 1 führt zu einer toten Innenform. Schlägt Weiß mit 2 zwei Steine, dann schlägt Schwarz zurück.

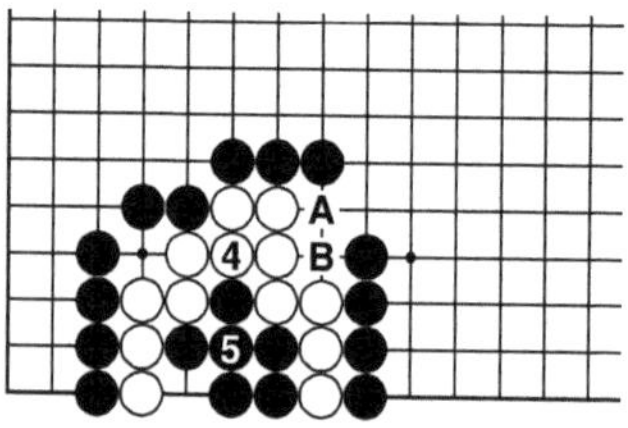

[229] Fortsetzung. Wenn die Außenfreiheiten A und B besetzt sind, muss Weiß auf 4 verbinden. Nun deckt Schwarz auf 5 und Weiß ist tot.

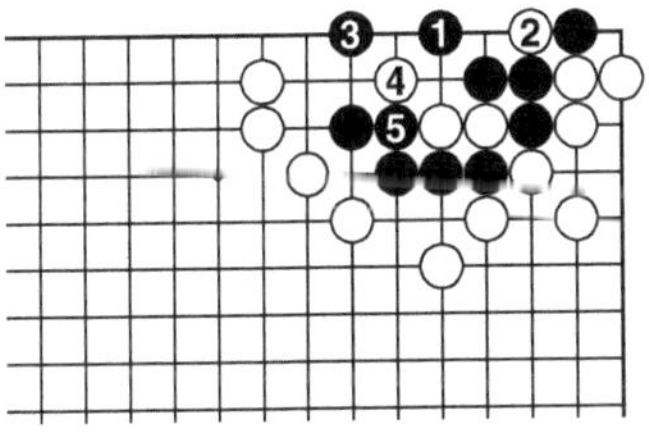

[230] Schwarz besetzt mit 1 den vitalen Punkt. Weiß 2 verhindert ein zweites Auge am Rand, aber Schwarz hat nun die Kombination von 3 und 5.

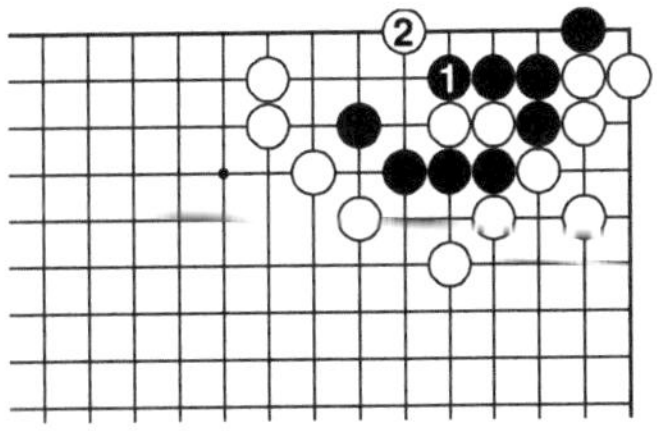

[230] Fehler. Mit Schwarz 1 die zwei Steine zu fangen reicht nicht, denn Weiß tötet mit dem großen Affensprung. Schwarz kann keine zwei Augen machen.

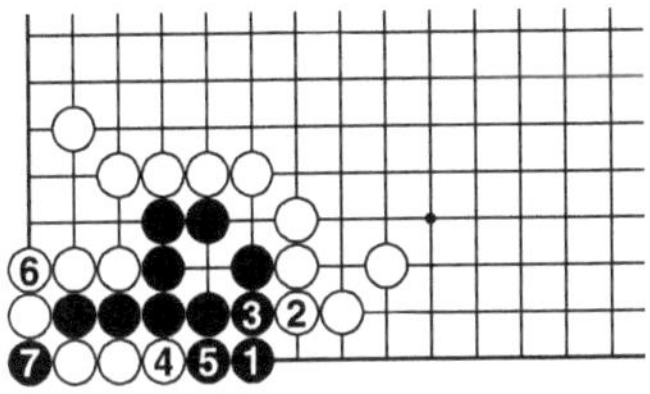

[231] Schwarz ist der richtige Anfang. Nach Weiß 2 folgt das Decken auf 3. Will Weiß mit 4 das zweite Auge verhindern, dann scheitert er am Freiheitenmangel, denn 7 schlägt drei Steine.

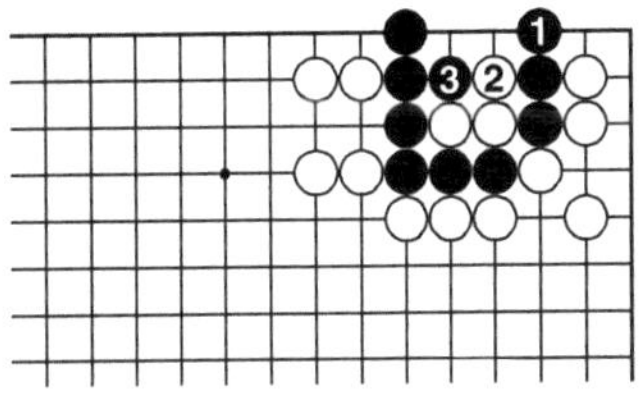

[232] Schwarz streckt mit 1 zum Rand und lebt. Was immer Weiß versucht, Schwarz unterteilt den Augenraum in zwei sichere Augen.

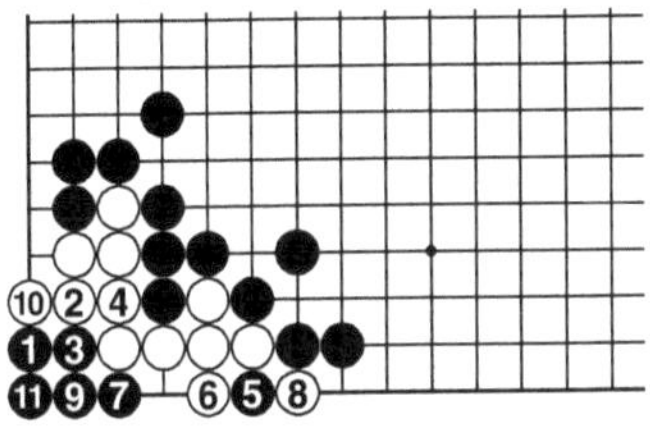

[233] Schwarz 1 besetzt den vitalen Punkt, 3 droht den Schnitt an, 5 reduziert, 7 verhindert das zweite Auge. Nach 11 ist Weiß aufgrund der Innenform tot.

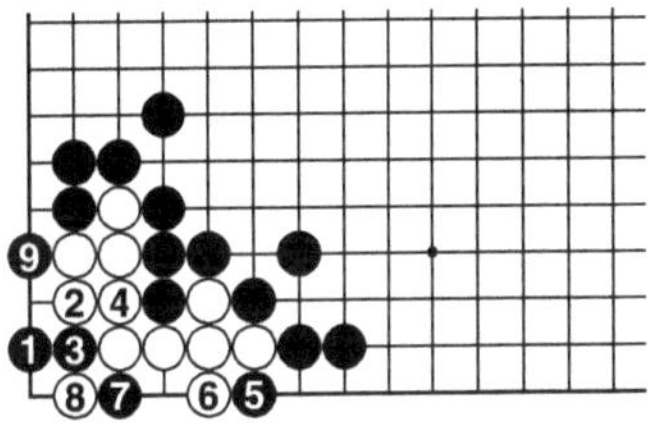

[233] Variante. Wirft Weiß mit 8 ein, dann antwortet Schwarz auf 9. Weiß kann das Anbinden aufgrund von Freiheitenmangel nicht verhindern.

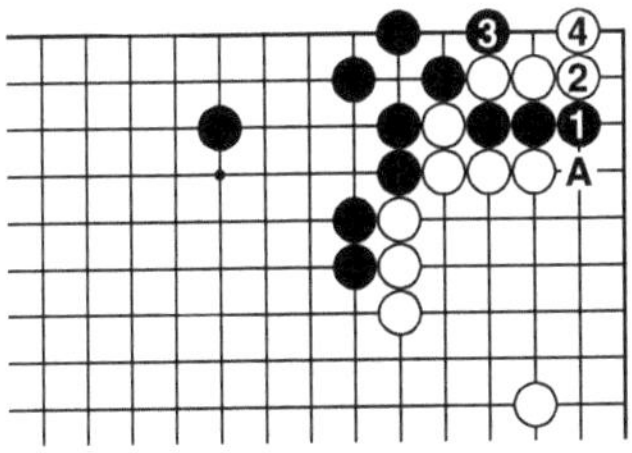

[234] Das Strecken auf 1 ist das korrekte Endspiel. Weiß muss strecken und auf 4 das Gebiet sichern. Später muss Weiß noch auf A eine Freiheit nehmen.

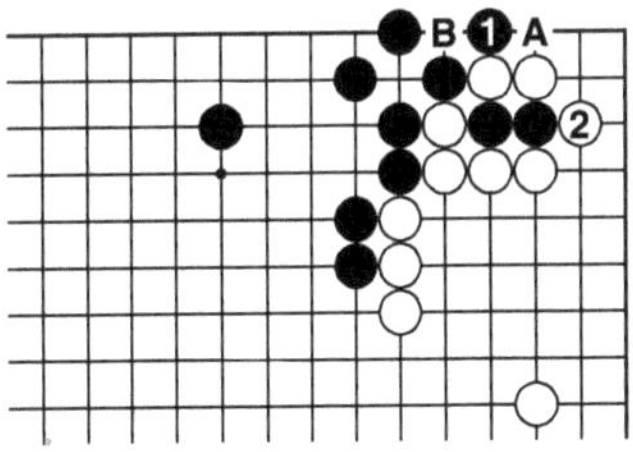

[234] Vergleich. Nach Schwarz 1 hier schlägt Weiß zwei Steine. Spielt Weiß später A und Schwarz deckt auf B, dann hat Weiß einen Punkt mehr.

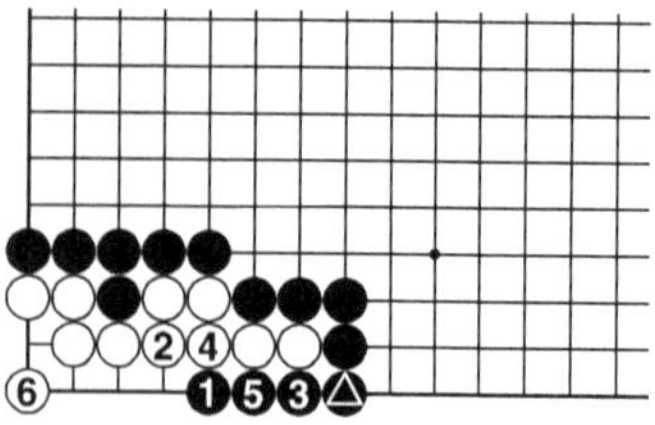

[235] Dank des markierten Steins kann Schwarz auf 1 springen. Weiß kann nicht schneiden, sondern muss nachgeben. Nach 5 muss Weiß auf 6 leben. Es bleiben zwei Punkte für ihn.

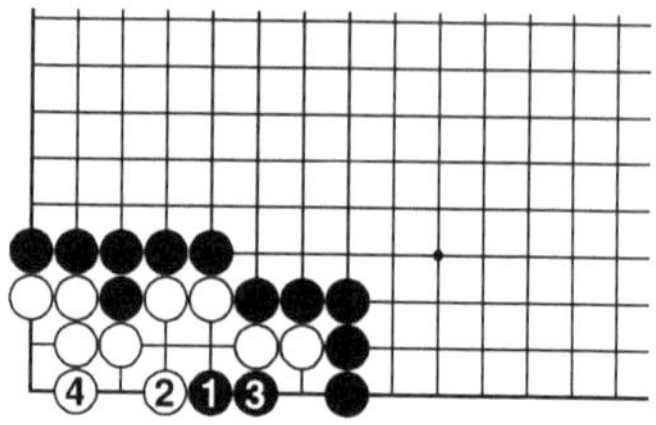

[235] Variante. Antwortet Weiß mit 2 hier, dann zieht Schwarz auf 3 zurück. Weiß muss wieder mit 4 leben. Später kann Schwarz in Nachhand zwei Steine fangen.

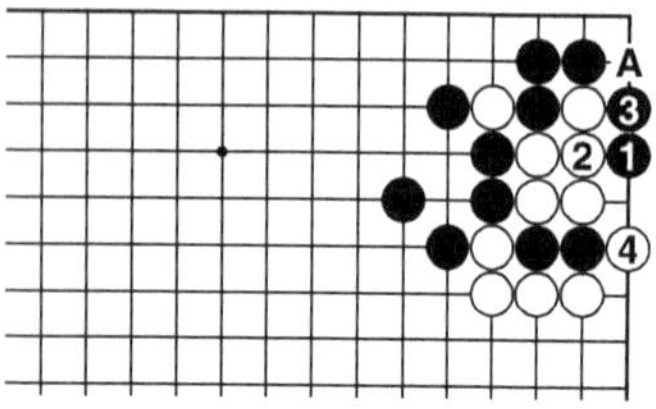

[236] Schwarz 1 ist das korrekte Endspiel. Deckt Weiß auf 2, dann kann Schwarz in Vorhand 3 spielen und hat so den großen Zug auf A für Weiß verhindert.

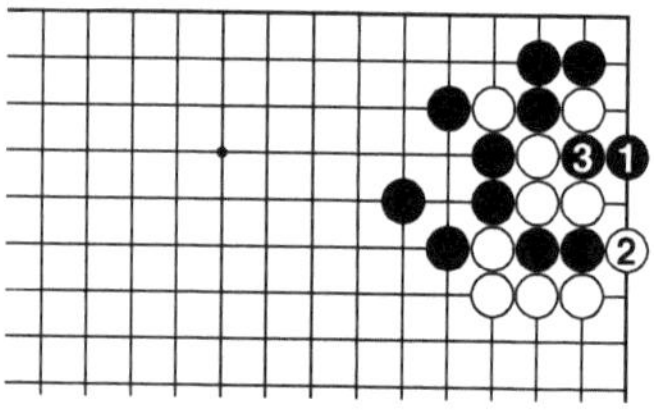

[236] Variante. Schlägt Weiß gleich zwei Steine, dann kann Schwarz mit 3 in Nachhand drei Punkte nehmen.

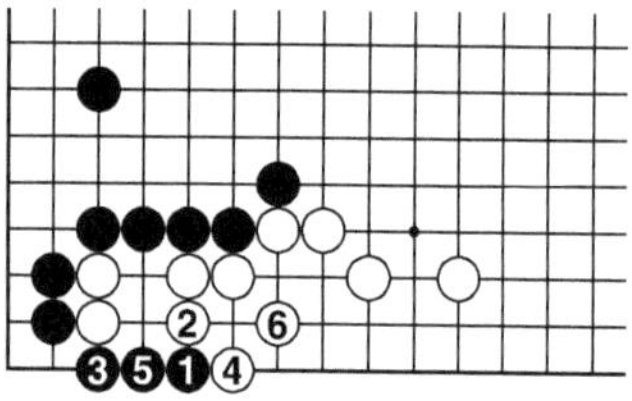

[237] Der Sprung auf 1 ist groß. Weiß muss mit 2 und 4 nachgeben und sogar auf 6 decken.

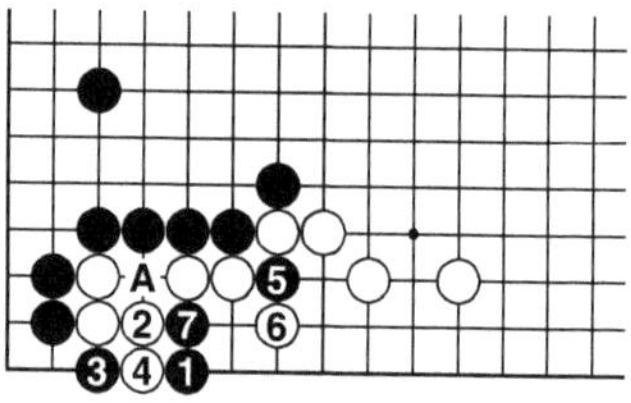

[237] Variante. Leistet Weiß mit 2 Widerstand, dann kann Schwarz 3 und 5 spielen. Nach 7 kann Weiß mangels Freiheiten nicht auf A decken.

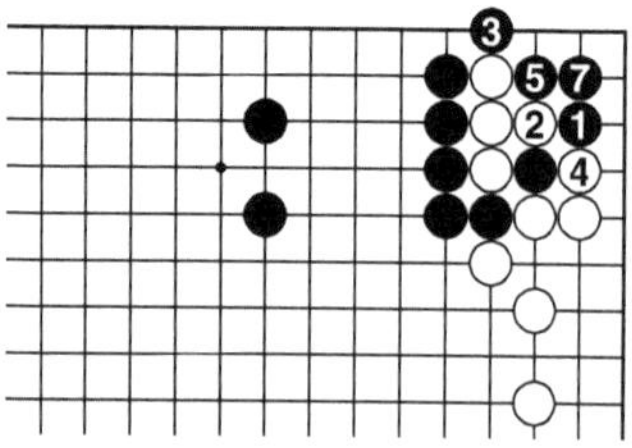

[238] Schwarz 1 droht, drei weiße Steine zu fangen. Während Weiß sie anbindet, opfert Schwarz einen Stein und übernimmt die Ecke komplett.

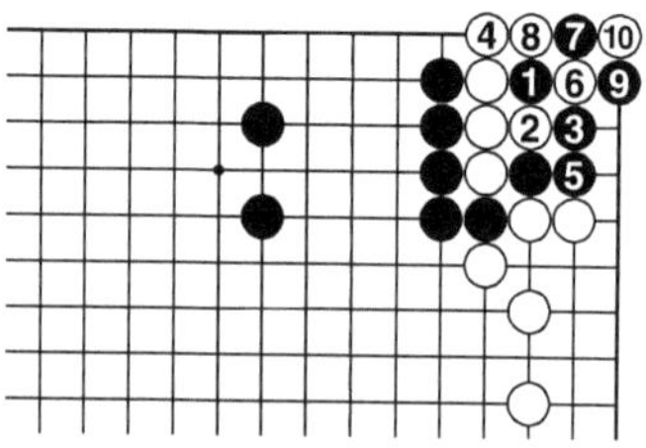

[238] Fehler. Das Klemmen auf 1 sieht wie Zugumstellung aus, funktioniert aber nicht. Nach 10 gibt es ein leidliches Ko.

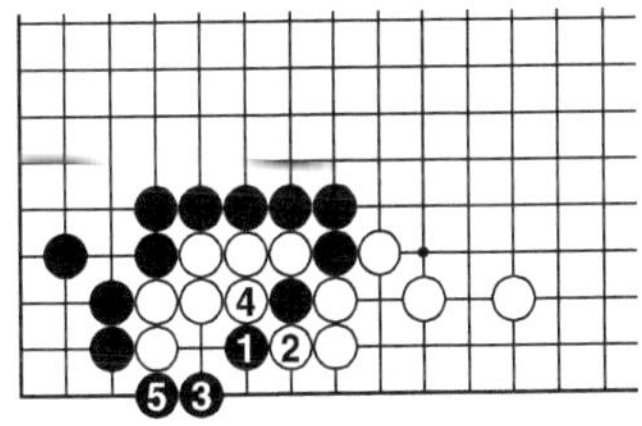

[239] Statt dem üblichen Umbiegen auf 5 und Verbinden ist Schwarz 1 hier richtig. Der Zug nimmt Weiß sechs Punkte.

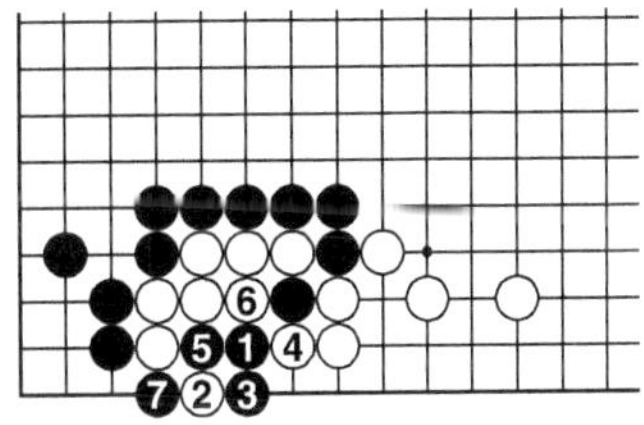

[239] Variante. Leistet Weiß mit 2 Widerstand, dann spielt Schwarz 3 bis 7. Weiß wird das Atari decken und Schwarz kann seine Steine anbinden.

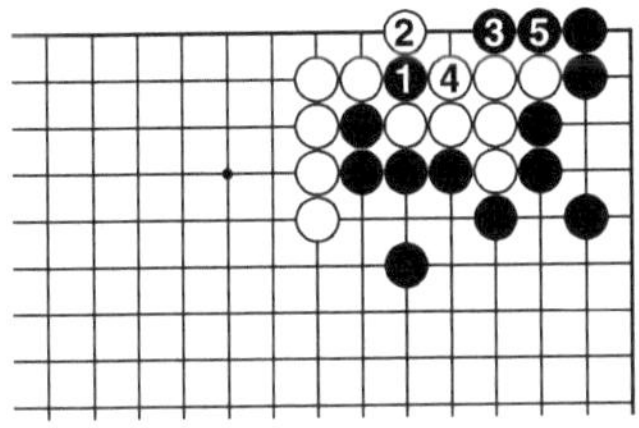

[240] Schwarz opfert mit 1 einen Stein und nimmt Weiß gut fünf Punkte ab.

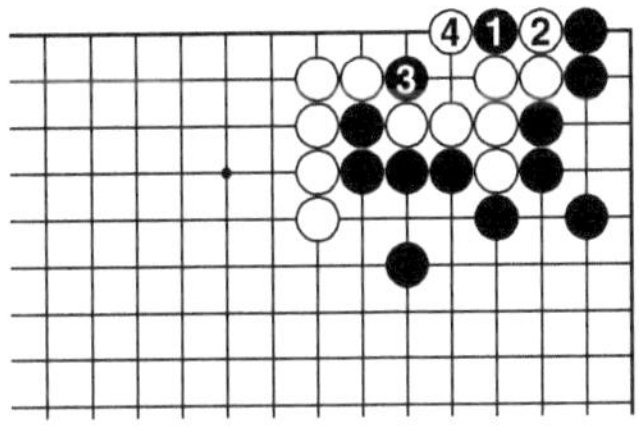

[240] Fehler. Die Reihenfolge von 1 und 3 zu tauschen ist fatal, denn Weiß kann beide Steine fangen.

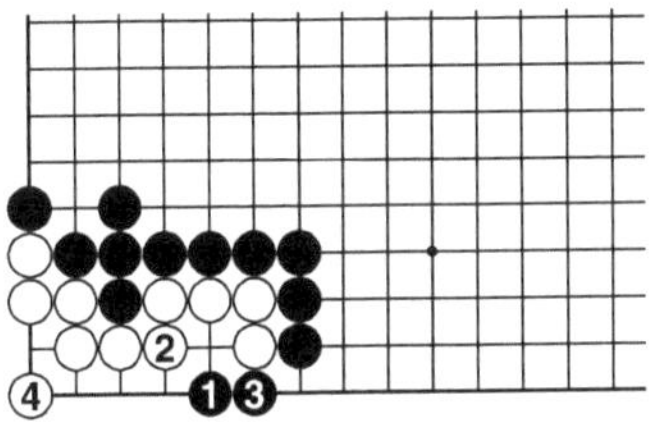

[241] Schwarz 1 ist ein bekanntes Tesuji. Weiß kann nicht trennen, sonst verliert er fünf Steine. Nach 3 muss Weiß in der Ecke leben.

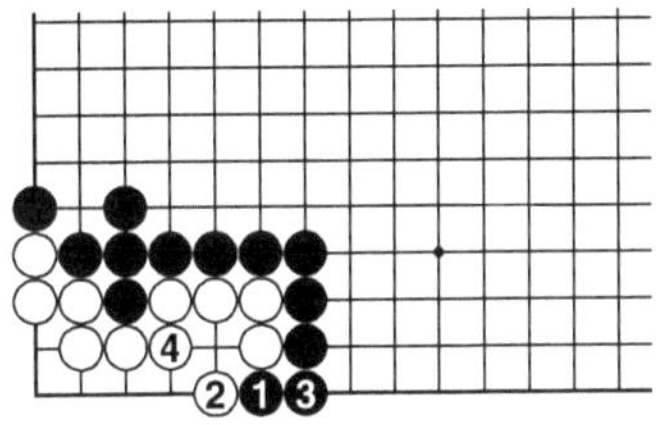

[241] Vergleich. Spielt Schwarz das übliche Umbiegen und Verbinden, dann ist die weiße Ecke um einiges größer.

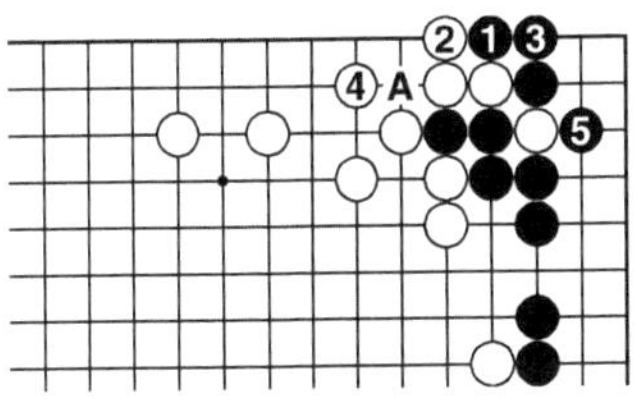

[242] Deckt Weiß nach 1 auf A, ist das Vorhand für Schwarz. Antwortet Weiß auf 2, dann sichert Schwarz die Ecke, endet aber mit 5 in Nachhand.

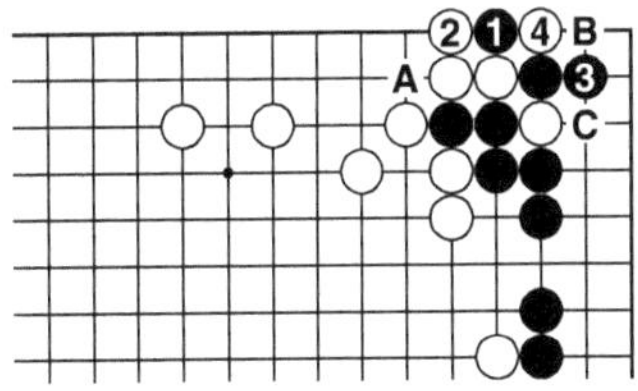

[242] Variante. Möchte Schwarz Vorhand behalten, streckt er auf 3. Weiß 4 ist nötig, da sonst A droht. Später gibt es noch Weiß B und Schwarz C.

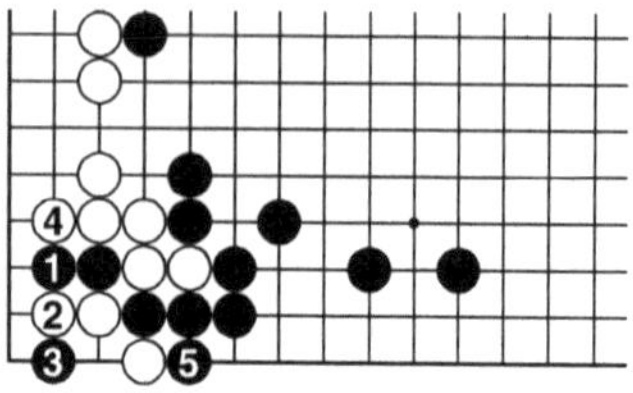

[243] Schwarz streckt mit 1 und zwingt Weiß zu weiteren Zügen in seinem Gebiet. Nach Weiß 2 folgt das Tesuji 3. Weiß deckt auf 4 und Schwarz spielt 5.

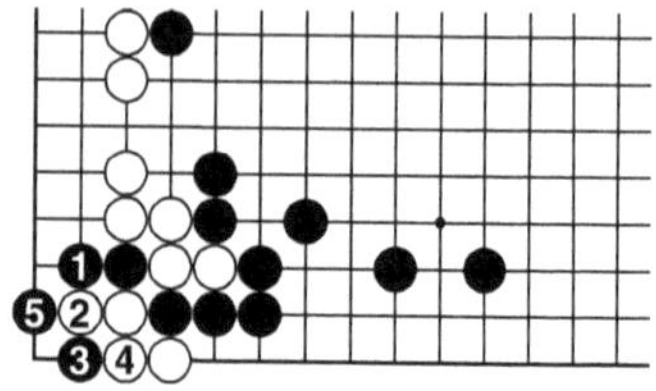

[243] Variante. Antwortet Weiß mit 4 hier, dann beginnt Schwarz ein Ko um viele Punkte.

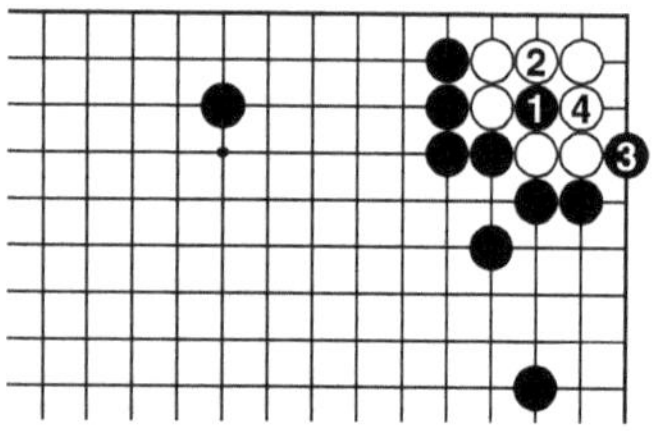

[244] Schwarz 1 ist groß. Fängt Weiß auf 2 spielt Schwarz das Atari 3. Er hat in Vorhand ein großes Endspiel für Weiß verhindert.

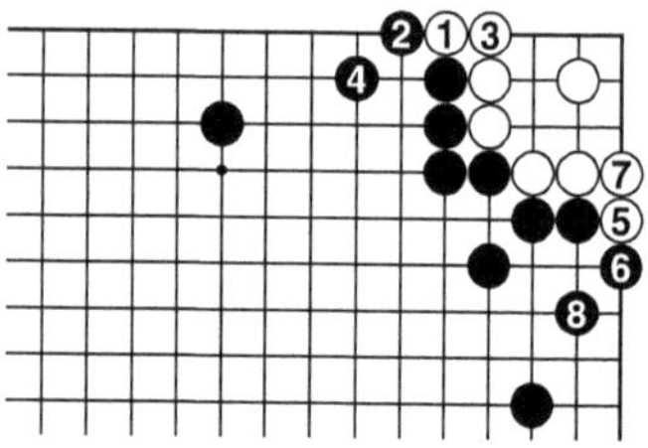

[244] Vergleich. Wenn Weiß hier zuerst spielt, kann er mit zwei großen Endspielen Punkte in Vorhand machen. Der Unterschied sind mindestens vier Punkte.

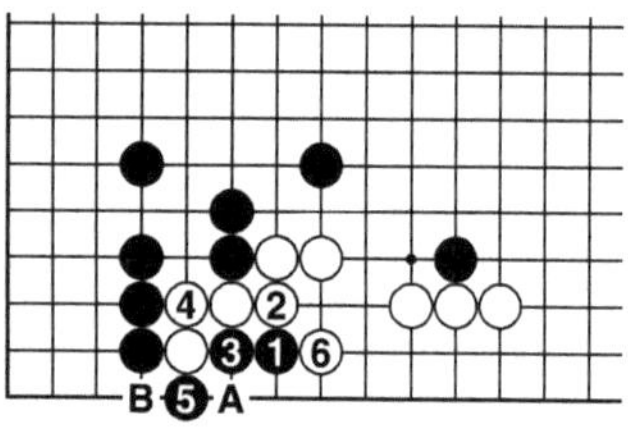

[245] Schwarz beginnt mit 1. Nach 6 muss er nicht auf A decken, denn er hat schon das große Vorhand-Endspiel von Weiß B verhindert und ist damit zufrieden.

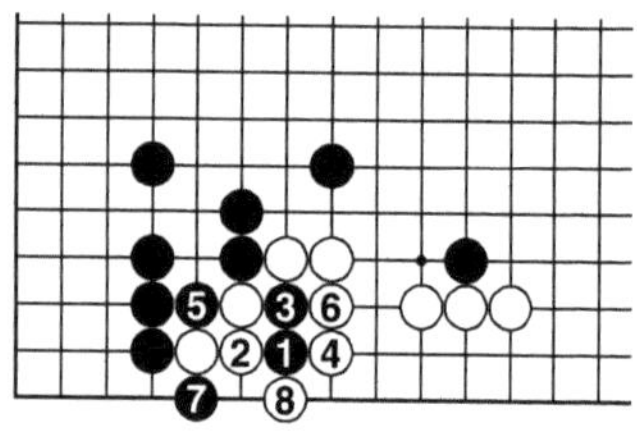

[245] Variante. Leistet Weiß mit 2 Widerstand, dann opfert Schwarz wieder zwei Steine. Nach 8 hat er wieder das Endspiel von Weiß in Vorhand verhindert.

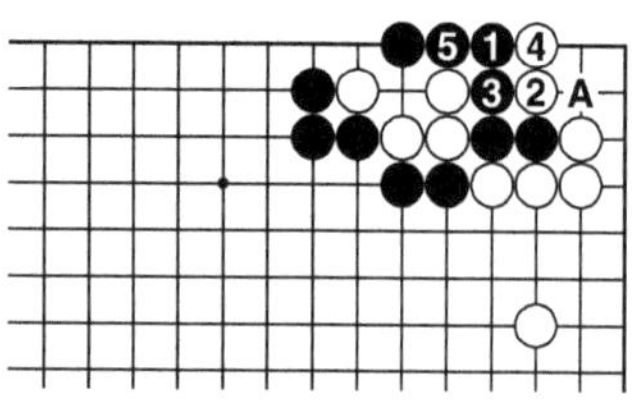

[246] Schwarz 1 ist Tesuji und fängt vier weiße Steine. Weiß behält nach 5 noch eine Schwäche auf A.

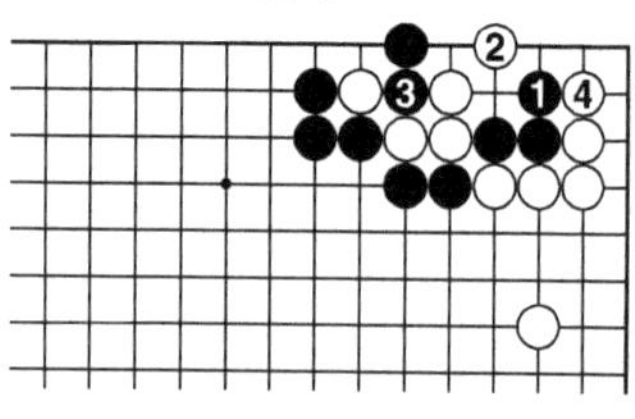

[246] Fehler. Hier fängt Schwarz nur einen Stein. Der Unterschied ist gewaltig.

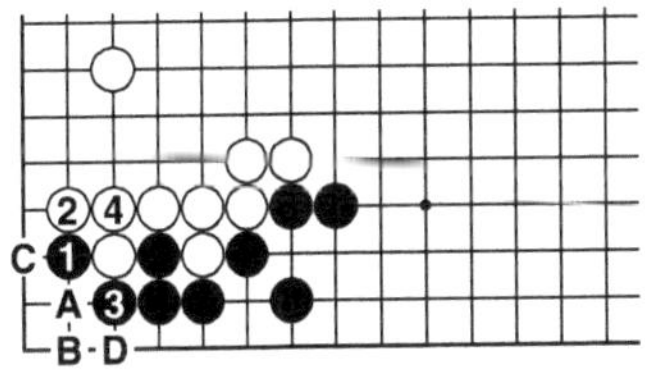

[247] Das Klemmen auf 1 ist richtig. Nach 4 nimmt Schwarz Vorhand. Kommt Weiß zuerst zurück, spielt er A, Schwarz B, Weiß C. Das schwarze Gebiet wird auf D abgeschlossen.

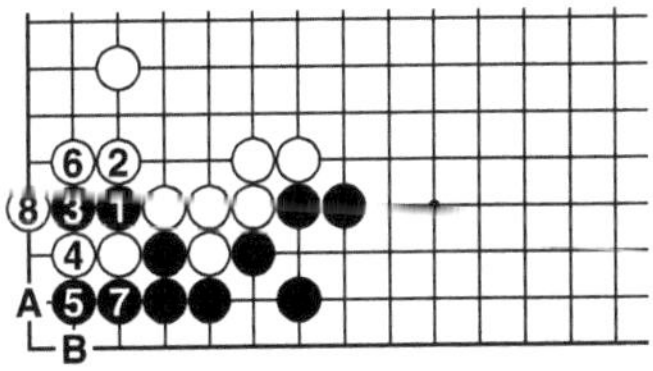

[247] Variante. Schwarz schneidet und behält bis 8 Vorhand. Spielt Weiß später A, ist B die Gebietsgrenze.
Schwarz nimmt sich hier die Möglichkeit, später das Endspiel auf A im linken Diagramm zu spielen.

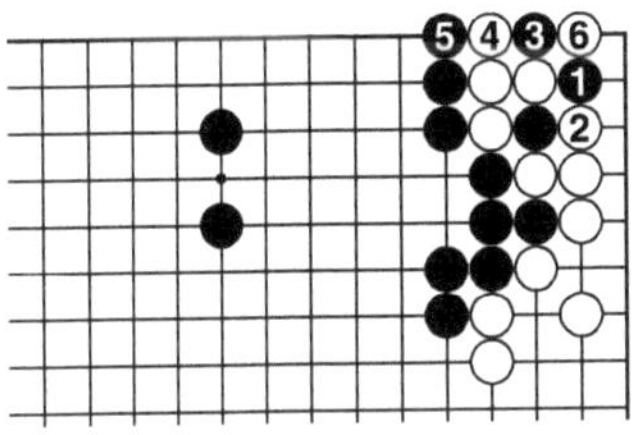

[248] Schwarz 1 droht, drei Steine zu fangen. Will Weiß diese behalten, dann muss er die Abfolge bis 6 mitspielen. Schwarz hat in Vorhand ein großes Endspiel für Weiß verhindert.

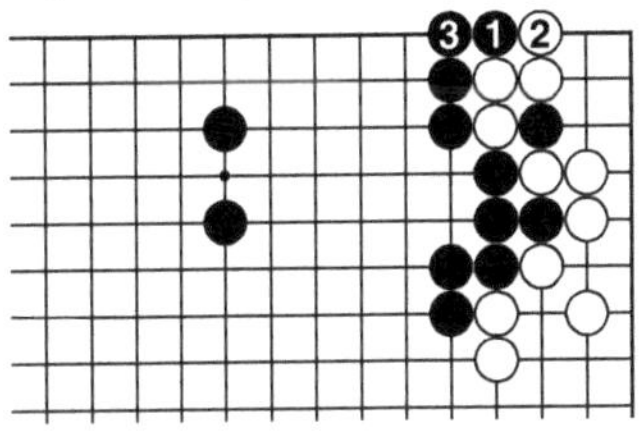

[248] Vergleich. Hier spielt Schwarz das einfache Umbiegen und verbinden. Die Ecke ist nun zwar einen Punkt kleiner, aber dafür verliert Schwarz die wertvollere Vorhand.

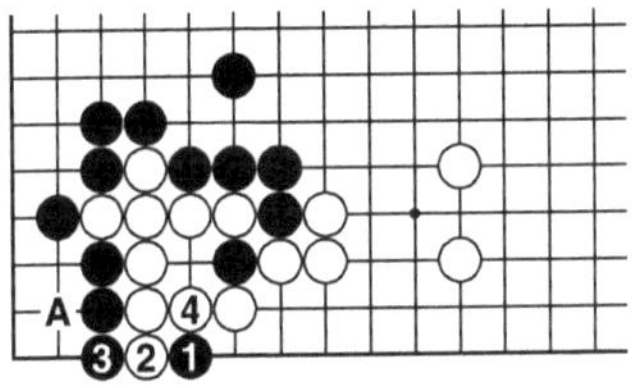

[249] Schwarz 1 ist ein Opfer, dass Weiß zur Nachhand zwingt. Deckt Weiß nicht auf 4, dann fängt Schwarz auf 4 acht Steine. Er hat in Vorhand den weißen Zug auf A verhindert.

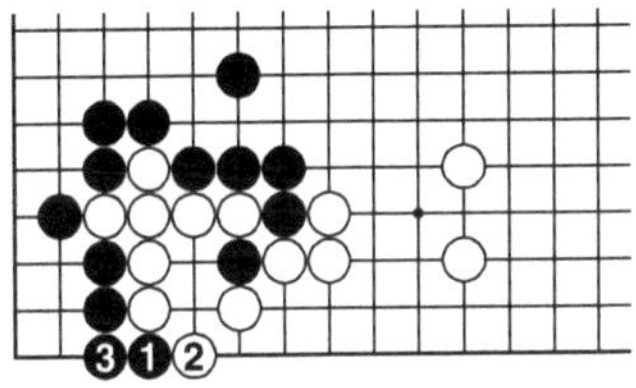

[249] Vergleich. Schwarz 1 und 3 verhindern ein weißes Vorhand-Endspiel. Weiß bekommt sogar einen Gebietspunkt weniger, aber die Nachhand für Schwarz wiegt dies nicht auf.

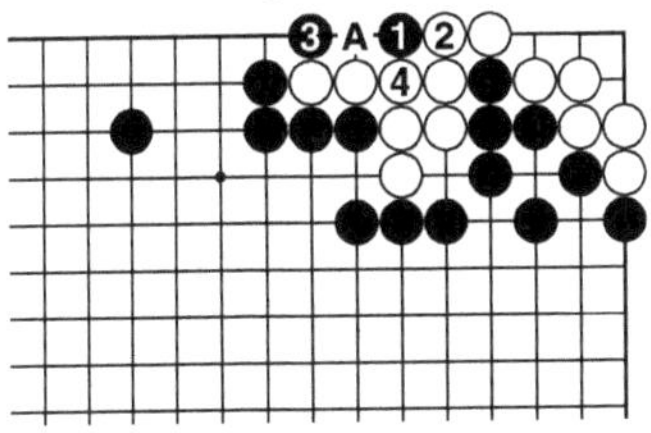

[250] Schwarz 1 und 3 sind Vorhand, da Weiß um zwei Augen fürchten muss. Spielt er nur 3, dann blockt Weiß auf A und hat sogar einen Punkt mehr.

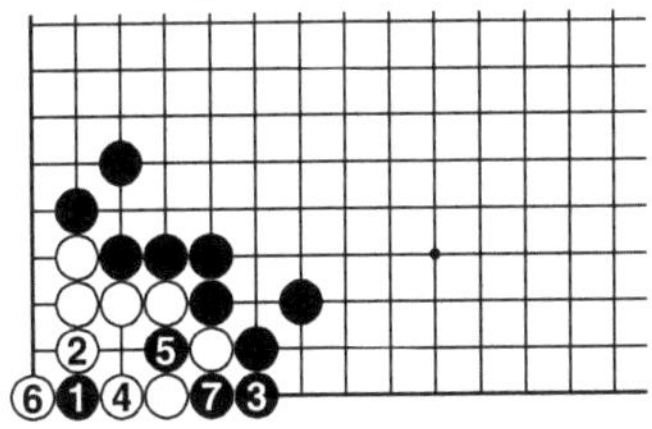

[251] Schwarz 1 bringt Weiß in Bedrängnis, sodass er einen Stein aufgeben muss. Streckt Schwarz nur auf 3, dann verteidigt Weiß auf 1.

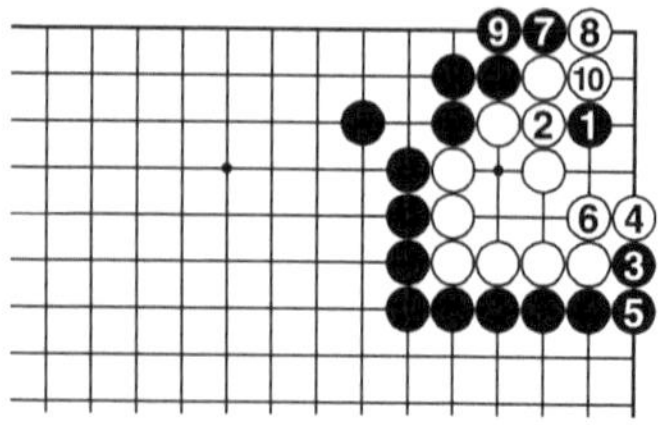

[252] Das Nozoki 1 ermöglicht es Schwarz, beide Endspiele am Rand in Vorhand zu spielen. Das wäre ohne 1 nicht möglich. Weiß hätte die Schnitte mit nur einem Zug auf 1 gedeckt.

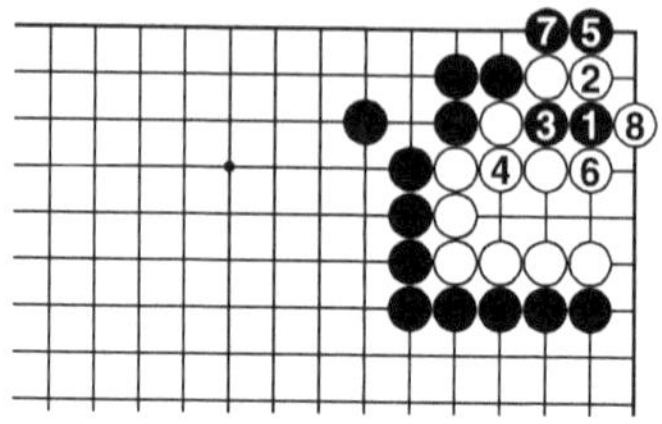

[252] Variante. Leistet Weiß nach 1 mit 2 Widerstand, dann ist mit der Abfolge bis 8 zu rechnen. Schwarz ist zufrieden in Vorhand Punkte reduziert zu haben.

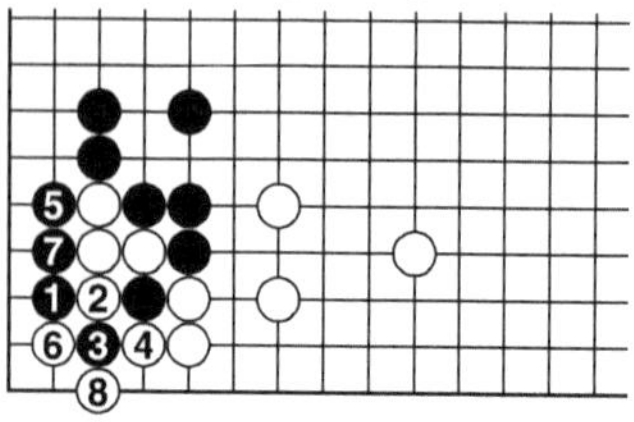

[253] Der Sprung auf 1 ermöglicht Schwarz ein großes Endspiel. Wie schon in Problem 248 wird Weiß „ausgequetscht". Und Schwarz behält die Vorhand.

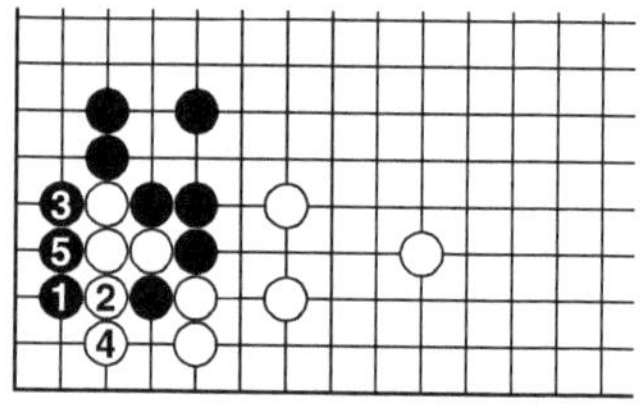

[253] Fehler. Schwarz darf 3 nicht unbedacht spielen, denn dann endet er in Nachhand.

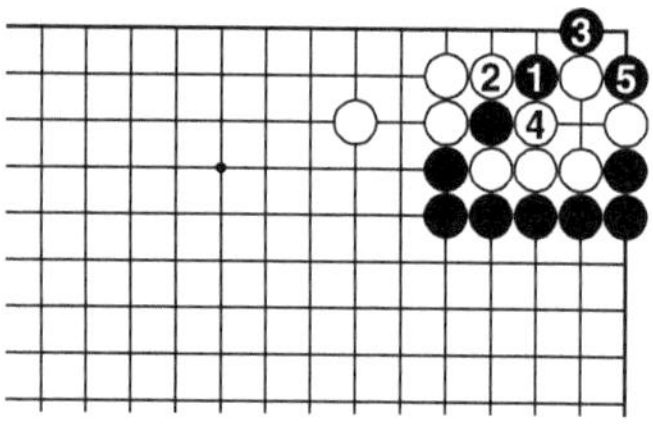

[254] Hier geht noch was: Schwarz 1 droht eine Mausefalle an. Weiß muss abwehren und nach 3 und 5 gibt es ein Ko in der Ecke.

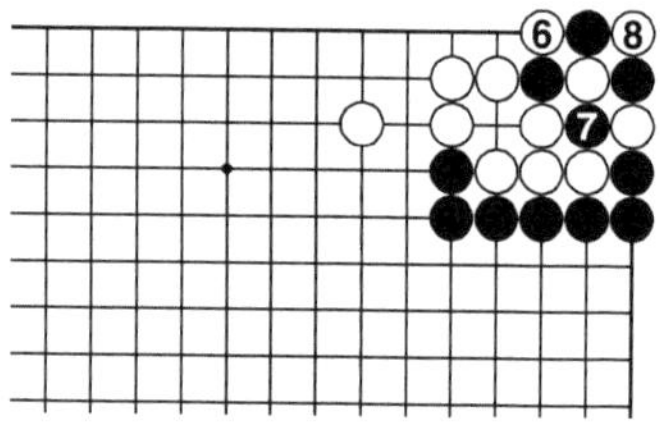

[254] Fortsetzung. Möchte Weiß das Ko vermeiden und gibt mit 6 und 8 nach, dann schlägt Schwarz auf 7 und deckt mit 9.

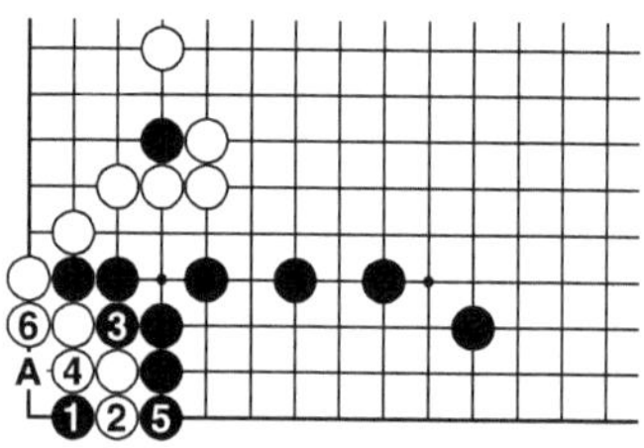

[255] Schwarz 1 ist Tesuji, um in Vorhand den Rand zu sichern. Deckt Weiß nicht auf 6, dann beginnt Schwarz auf A ein Ko um die Ecke.

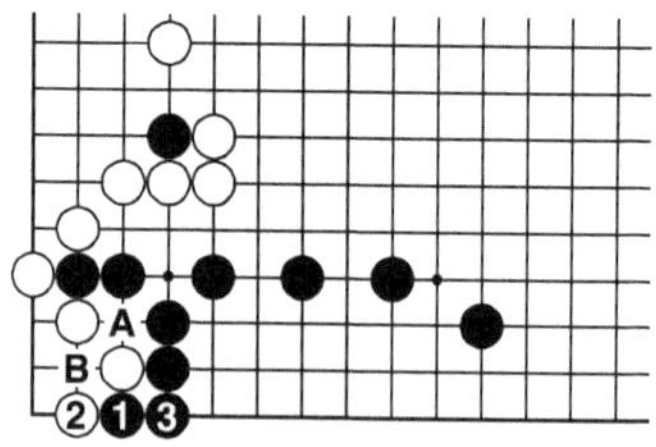

[255] Fehler. Schwarz 1 und 3 sind schwach, denn er verliert die Vorhand. Selbst wenn er noch A für B abtauschen kann, gewinnt er nur einen Punkt.

Glossar

Aji
Bezeichnet die Möglichkeiten, die in einer Stellung vorhanden sind. Bei der Nutzung dieser Möglichkeiten kommt es meist auf den richtigen Zeitpunkt an.

Hane
Zug, der um einen gegnerischen Stein umbiegt.

Joseki
Lokale Zugabfolge, die beiden Seiten ein lokal ausgeglichenes Ergebnis liefert.

Keima
Zug in Form eines kleinen Rösselsprungs

Kikashi
Spezieller Vorhandzug, der im Verhältnis zur gegnerischen Antwort einen lokalen Vorteil bringt. Oft werden diese Steine später wieder aufgegeben.

Kosumi
Diagonalzug in Relation zu einem eigenen Stein.

Miai
Zwei gleichwertige Zugmöglichkeiten.

Moyo
Gebietsanlage, die noch nicht als sicheres Gebiet angesehen werden kann.

Nozoki
„Spähzug“, ein Kikashi, das auf eine Lücke in der gegnerischen Position abzielt.

Seki
Position, in der zwei gegnerische Gruppen leben, weil sie sich nicht angreifen können; lokales Patt.

Ata und Ri im Reich der Steine

Für Ata und Ri beginnen die Sommerferien leider verregnet.

Darum beschließen die beiden Kinder den ersten Ferientag beim alten Fischer zu verbringen, denn dort gibt es immer etwas zu erleben.

Jedoch hat keiner mit solch einem aufregenden Abenteuer gerechnet ...

Ein buntes Kinderbuch für 8 bis 12-Jährige, Eltern, Lehrer, Pädagogen und alle, die Freude an Spielen haben.

Es wurde konzipiert für den Einsatz in Grundschulen, und bietet Lehrern und Schülern die Chance, gemeinsam die Regeln des Atari-Go zu entdecken.

Ausgezeichnet mit dem LesePeter November 2015.

Als Paperpack:
Art.Nr. BSV29, A5, 24 S., 3,99 EUR
ISBN 978-3-940563-29-3

Als Hardcover:
Art.Nr. BSV28, A4, 24 S., 14,90 EUR
ISBN 978-3-940563-28-6